高职高专"十一五"规划教材

物业财务管理基础

孙晓静　梁瑞智　主　编
王华新　　　副主编

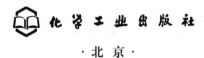
化学工业出版社
·北京·

本书以现代企业财务管理的理论和实践为依托，以物业管理公司资金运动的特征为主线，结合最新的物业管理政策法规规定，吸收物业管理公司财务管理过程中的基本经验，对物业管理公司财务管理的基本知识，物业管理公司的资金筹措、资金运用、收入与盈余管理的方法和技巧作了重点阐述，对物业管理公司的财务分析等内容作了详细的介绍。全书内容循序渐进，体现了物业管理公司资金管理的全过程。

本书既可作为高职高专院校物业管理专业教材，亦可作为物业管理从业人员培训用书，还可供广大从事物业管理财务工作的财会人员学习参考，以开阔理财思路，提高理财技巧。同时，也可供关心物业管理公司经营的广大业主等社会公众阅读。

图书在版编目（CIP）数据

物业财务管理基础/孙晓静，梁瑞智主编．—北京：化学工业出版社，2008.10（2025.8重印）
高职高专"十一五"规划教材
ISBN 978-7-122-03656-8

Ⅰ．物…　Ⅱ.①孙…②梁…　Ⅲ.物业管理：财务管理-中国-高等学校：技术学院-教材　Ⅳ.F299.33

中国版本图书馆 CIP 数据核字（2008）第 134253 号

责任编辑：李彦玲　于　卉　　　　　　文字编辑：张　娟
责任校对：郑　捷　　　　　　　　　　装帧设计：史利平

出版发行：化学工业出版社（北京市东城区青年湖南街 13 号　邮政编码 100011）
印　　装：北京天宇星印刷厂
787mm×1092mm　1/16　印张 11¼　字数 272 千字　　2025 年 8 月北京第 1 版第 6 次印刷

购书咨询：010-64518888　　　　　　售后服务：010-64518899
网　　址：http://www.cip.com.cn
凡购买本书，如有缺损质量问题，本社销售中心负责调换。

定　价：39.80 元　　　　　　　　　　　　　　　版权所有　违者必究

前　言

从我国物业管理的发展现状看，南方、经济发达地区、沿海城市、大城市开展早，发展快；北方、经济不发达地区、内陆城市和中小城市推进得较慢。国家《"十五"计划发展纲要》中明确地提出，要规范发展物业管理业。物业管理不仅能延长物业的使用寿命，使其保值增值，而且在改变城市面貌、推进城市化进程中也起到了重要的作用。物业企业的财务管理在物业管理中起着重要的作用。它可以帮助物业企业提高盈利和发展能力；它是物业公司为了以最低的成本筹集资金、最大限度地提高资本运用效果和实现利润而对企业筹资活动、投资活动和分配活动所进行的管理。

本书以现代企业财务管理的理论和实践为依托，以物业管理公司资金运动的特征为主线，结合最新的物业管理政策法规规定，以财政部最新颁布的《企业会计准则》和《企业会计准则——应用指南》为依据，吸收物业管理公司财务管理过程中的基本经验，对物业管理公司财务管理的基本知识，物业管理公司的资金筹措、资金运用、收入与盈余管理的方法和技巧作了重点阐述，对物业管理公司的财务分析等内容作了详细地介绍。全书内容循序渐进，体现了物业管理公司资金管理的全过程。

本书由孙晓静、梁瑞智主编。参加本书编写的有：河北能源职业技术学院孙晓静第一、二章；河北能源职业技术学院孙晓静、樊宝玉第三章；山东商业职业技术学院王华新第四、八章；河北能源职业技术学院刘海涛第五、六章；北京农业职业学院梁瑞智第七、九章。

由于编者水平有限，本书不足之处恳请读者批评指正。

编者

2008 年 8 月

目　录

第一章

物业企业财务管理概论

【学习目标】 本章主要从理论上总括介绍物业企业财务管理的含义、财务管理的目标、财务管理的内容、财务管理的环节以及财务管理的理财环境，使学生对物业财务管理有一个总体的了解。本章是物业财务管理的理论基础。通过本章学习，使学生掌握物业财务管理的概念、财务活动和财务关系、财务管理的目标；了解财务管理的环境，为后面各章学习打下良好的基础。

第一节　物业企业财务管理概述

"物业"是指以土地及以土地上的建筑物形式存在的不动产。物业管理是指物业产权人、使用人委托物业管理企业运用现代化的经营手段和修缮技术，对已投入使用的各类物业（包括房屋及其设备以及相关的居住环境等）统一进行维护、修缮、服务的管理活动。通过这一系列的管理活动，来提高物业的经济价值和使用价值，为物业产权人和使用人创造一个舒适方便的居住和工作环境。物业企业正是通过这一系列的管理活动，使得物业企业可以取得相对稳定的经营收入。这就是物业企业区别于其他类型企业的一大特点，它决定了物业企业财务管理有别于一般企业具有自身的特点。同时，物业管理企业和其他一般企业一样，都是一个独立的经济核算组织，追求的是以较小的投入来获取最大的收益，所以它又与一般企业有某些共性，表现在它的管理活动是一种独立的经济活动，也涉及企业资金的取得及运动情况。

一、物业企业财务管理的概念

物业企业财务管理是物业企业经营管理的一个重要组成部分，是有关资金的获得、有效运用和分配的管理工作。要理解财务管理的概念，首先要分析什么是财务活动和财务关系。

（一）物业企业财务活动

物业企业财务活动是指物业企业在经营管理过程中的资金运动及其体现的财务关系，包括资金的筹集、投放、使用、收回及分配等一系列行为。其中，资金的投放、使用和收回可统称为投资。

1. 物业企业的资金活动

物业企业在日常的物业经营活动中，要进行物业的出售、出租、维修和养护等一系列活动，会发生一系列的以现金收支为主的企业资金收支活动，我们称之为物业企业的资金运动。

随着物业企业经营活动的不断进行，资金运动将表现为从货币资金形态开始，经过资金循环，又回到货币资金形态的运动过程。首先，资金是企业进行物业经营活动不可缺少的物质基础。企业若想经营，必须以占有或能够支配一定数量的资金为前提，从各种渠道以各种形式筹集到一定数量的资金，这是资金运动的起点。通常通过吸收投资人的投资或形成负债资金这两个渠道筹集货币资金。其次，企业将采购、维护、保养使用的各种设备或材料形成各种储备，从事物业服务管理或经营活动，所以资金的形态通常是由货币资金形态转化为储备资金形态，再转化为生产资金形态。同时，这一过程还要支付工资和其他营业费用，这部分资金直接由货币资金形态转化为生产资金形态。最后，随着房产出租、出售以及对物业使用人或各业主有偿提供各种物业服务的结束，取得相应的收入，又收回了货币资金，完成了物业资金的循环。企业还要对收益在国家、企业及投资者个人之间进行分配。资金的这种周而复始的循环即物业企业的资金运动。财务管理就是对物业企业资金运动的管理，其管理对象就是收到和支付的资金。

2. 物业企业财务活动的内容

物业企业财务活动从整体上讲主要包括以下三个方面。

（1）筹资活动　指企业为了满足投资和用资的需要，筹措和集中所需资金的过程。筹资活动就是要解决如何取得企业所需要的资金，包括筹资渠道和方法、筹资时间和数量等。在筹资过程中，企业所需要解决的关键问题有两个：一是确定筹资规模，以保证投资所需要的资金；二是要合理确定筹资结构，以降低筹资成本和风险。所谓筹资结构，是指权益资金与负债资金的比例关系。该比例太大或太小对企业的经营都会产生不好的影响。一般来说，完全通过权益资金筹资是不明智的，因为企业不能得到负债经营的好处，但负债比例过大，企业随时可能因为不能清偿到期债务而陷入财务危机。因此，确定最佳筹资结构，是筹资管理的重要目标。

通过筹资活动可以形成两种不同性质的资金来源。一是权益资金，也叫自有资金，是企业通过向投资者吸收直接投资、发行股票、企业内部留存收益等方式取得的，不需要企业归还，可供企业长期使用，因此这部分资金筹资风险小，但期望的报酬率高。二是借入资金，是指企业向债权人借入的资金，包括向银行借款、发行债券、利用商业信用等方式从银行及各种金融机构取得的资金。这些资金需要按期归还本金，并支付一定的利息，有一定的风险，但要求的报酬率比筹集权益资金低。

企业筹集资金表现为资金的流入。企业偿还借款，支付利息、股利以及付出各种筹资费用等，则表现为资金的流出。这种因为资金筹集而产生的资金流入和流出，就是企业由筹资而引起的财务活动，是物业企业财务管理的主要内容之一。

（2）投资活动　通过筹资行为，企业可以取得资金，而筹资的目的是为了投资使用，以谋求最大的经济效益。否则，筹资就失去了目的和效用。

投资是指企业根据项目资金需要投出资金的行为。企业投资可分为广义的投资和狭义的投资两种。广义的投资包括对外投资（如投资购买其他公司股票、债券，或与其他企业财务管理环节联营，或投资于外部项目）和内部使用资金（如购置固定资产、无形资产、流动资产等）。狭义的投资仅指对外投资。

企业在投资过程中，必须考虑投资规模（即为确保获取最佳投资效益，企业应投入的资金数额），同时还必须通过投资方向和投资方式的选择，确定合适的投资结构，提高投资效益、降低投资风险。

（3）分配活动　企业通过投资和资金的营运活动可以取得相应的收入，并实现资金的增值。企业取得的各种收入在补偿成本、缴纳税金后，还应依据有关法律对剩余收益进行分配。广义地说，分配是指对企业各种收入进行分割和分派的行为；狭义的分配仅指对企业净利润的分配。

企业实现的净利润可作为投资者的收益，分配给投资者或暂时留存企业（作为投资者的追加投资）。企业需要依据法律的有关规定，合理确定分配规模和分配方式，确保企业取得最大的长期利益。

（二）财务关系

企业资金投放在投资活动、资金运营活动、筹资活动和分配活动中，与企业各方面有着广泛的财务关系。这些财务关系主要包括以下几个方面。

1. 企业与投资者之间的财务关系

这主要是指企业的投资者向企业投入资金，企业向其投资者支付投资报酬所形成的经济关系。

2. 企业与债权人之间的财务关系

这主要是指企业向债权人借入资金，并按合同的规定支付利息和归还本金所形成的经济关系。

3. 企业与受资者之间的财务关系

这主要是指企业以购买股票或直接投资的形式向其他企业投资所形成的经济关系。

4. 企业与债务人之间的财务关系

这主要是指企业将其资金以购买债券、提供借款或商业信用等形式出借给其他单位所形成的经济关系。

5. 企业与供货商、企业与客户之间的财务关系

这主要是指企业购买供货商的商品或接受其服务，以及企业向客户销售商品或提供服务过程中形成的经济关系。

6. 企业与政府之间的财务关系

这主要是指政府作为社会管理者，通过收缴各种税款的方式与企业发生的经济关系。

7. 企业内部各单位之间的财务关系

这主要是指企业内部各单位之间在生产经营各环节中互相提供产品或劳务所形成的经济关系。

8. 企业与职工之间的财务关系

这主要是指企业向职工支付劳动报酬过程中所形成的经济利益关系。

二、物业企业财务管理的特点

物业企业经营活动的复杂性，决定其财务管理具有如下特点。

第一，物业企业财务管理是一项综合性的价值管理工作。企业管理在实行分工、分权的过程中形成了一系列专业管理，有的侧重于使用价值的管理，有的侧重于价值的管理，有的侧重于劳动要素的管理，有的侧重于信息的管理。社会经济的发展，要求财务管理主要是运用价值形式对经营活动实施管理。通过价值形式，把企业的一切物质条件、经营过程和经营结果都合理地加以规划和控制，达到企业效益不断提高、财富不断增加的目的。因此，财务管理既是企业管理的一个独立方面，又是一项综合性的价值管理。

第二，财务管理与企业各方面具有广泛联系。在企业中，一切涉及资金的收支活动，都与财务管理有关。事实上，企业内部各部门与资金不发生联系的现象是很少见的。因此，财务管理的触角常常伸向物业经营的各个角落。每一个部门都会通过资金的使用与财务部门发

生联系，都要在合理使用资金、增收节支等方面接受财务部门的指导，并受到财务制度的制约，以此来保证企业经济效益的提高。

第三，财务管理能迅速反映物业企业经营状况。在企业管理中，决策是否得当、经营是否合理，都迅速地在企业财务指标中得到反映。例如，如果企业服务质量优良，经营管理水平高，则可带动业务发展，实现服务与经营两旺，资金周转加快，盈利能力增强，这一切都可以通过各种财务指标迅速反映出来。这也说明，财务管理工作既有其独立性，又受整个企业管理工作的制约。财务部门应通过自己的工作，向企业领导及时通报有关财务指标的变化情况，以便把各部门的工作都纳入到提高经济效益的轨道，努力实现财务管理的目标。

第二节　物业企业财务管理目标

一、物业企业财务管理目标的含义和种类

物业企业财务管理目标是企业财务管理活动所希望实现的结果。它是评价企业理财活动是否合理有效的基本标准，是企业财务管理工作的行为导向，是财务人员工作实践的出发点和归宿。财务管理目标制约着财务工作运行的基本特征和发展方向。不同的财务管理目标，会产生不同的财务管理运行机制。因此，科学地设置财务管理目标，对优化理财行为、实现财务管理的良性循环具有重要的意义。

值得注意的是，财务管理目标的设置，必须要与企业整体发展战略相一致，符合企业长期发展战略的需要，体现企业发展战略的意图。

另外，财务管理目标还应具有相对稳定性和层次性。相对稳定性是指尽管随着一定的政治、经济环境的变化，财务管理目标可能会发生变化，人们对财务管理目标的认识也会不断深化。如我国计划经济体制下，财务管理是围绕国家下达的产值指标来进行的，所以那时的财务管理目标可以看做是"产值最大化"。改革开放初期，企业经营活动的中心从关注产值转变为关注利润。这时的财务管理目标就是"利润最大化"。但是财务管理目标是财务管理的根本目的，是与企业长期发展战略相匹配的。因此，在一定时期内，应保持相对稳定。财务管理目标的层次性则是指总目标的分解，即把企业财务的总目标分解到企业的各个部门，形成部门目标，甚至再进一步分解到班组和岗位。特别值得一提的是，财务目标的分解应该与企业战略目标的分解同时进行，以保证财务目标的落实与企业战略目标的落实相一致。

企业财务管理目标有以下几种具有代表性的模式。

1. 利润最大化目标

利润最大化目标就是假定在投资预期收益确定的情况下，财务管理行为将朝着有利于企业利润最大化的方向发展，以追逐利润最大化作为财务管理的目标。其主要原因有三：一是人类从事生产经营活动的目的是为了创造更多的剩余产品，在商品经济条件下，剩余产品的多少可以用利润这个价值指标来衡量；二是在自由竞争的资本市场中，资本的使用权最终属于获利最多的企业；三是只有每个企业都最大限度地获得利润，整个社会的财富才可能实现最大化，从而带来社会的进步和发展。在社会主义市场经济条件下，企业作为自主经营的主体，所创利润是企业在一定期间全部收入和全部费用的差额，是按照收入与费用配比原则加以计算的。它不仅可以直接反映企业创造剩余产品的多少，而且也从一定程度上反映出企业经济效益的高低和对社会贡献的大小。同时，利润是企业补充资本、扩大经营规模的源泉。

因此，以利润最大化作为理财目标是有一定的道理的。

利润最大化目标在实践中存在以下难以解决的问题：①这里的利润是指企业一定时期实现的税后净利润，没有考虑资金时间价值；②没有反映创造的利润与投入的资本之间的关系；③没有考虑风险因素，高额利润往往要承担过大的风险；④片面追求利润最大化，可能导致企业短期行为，与企业发展的战略目标相背离。

2. 每股收益最大化目标

所有者作为企业的投资者，其投资目标是取得资本收益，具体表现为净利润与出资额或股份数（普通股）的对比关系。这种关系可以用每股收益这一指标来反映。每股收益是指归属于普通股东的净利润与发行在外的普通股股数的比值。它的大小反映了投资者投入资本获得回报的能力。

每股收益最大化的目标将企业实现的利润额同投入的资本或股本数进行对比，能够说明企业的盈利水平，可以在不同资本规模的企业或同一企业不同期间之间进行比较，揭示其盈利水平的差异。与利润最大化目标一样，该指标仍然没有考虑资金时间价值和风险因素，也不能避免企业的短期行为，可能会导致与企业的战略目标相背离。

3. 企业价值最大化目标

投资者建立企业的重要目的，在于创造尽可能多的财富。这种财富首先表现为企业的价值。企业价值就是企业的市场价值，是企业所能创造的预计未来现金流量的现值，反映了企业潜在的或预期的获利能力和成长能力。未来现金流量的现值这一概念，包含了资金的时间价值和风险价值两个方面的因素。因为未来现金流量的预测包含了不确定性和风险因素，而现金流量的现值是以资金的时间价值为基础对现金流量进行折现计算得出的。

以企业价值最大化作为财务管理的目标，其优点主要表现在以下几个方面。①该目标考虑了资金的时间价值和风险价值，有利于统筹安排长短期规划、合理选择投资方案、有效筹措资金、合理制定股利政策等。②该目标反映了对企业资产保值增值的要求。从某种意义上说，股东财富越多，企业市场价值就越大，追求股东财富最大化的结果可促使企业资产保值或增值。③该目标有利于克服管理上的片面性和短期行为。④该目标有利于社会资源合理配置。社会资金通常流向企业价值最大化或股东财富最大化的企业或行业，有利于实现社会效益最大化。

以企业价值最大化作为财务管理的目标也存在以下问题。①尽管对于股票上市企业，股票价格的变动在一定程度上揭示了企业价值的变化，但是股价是受多种因素影响的结果，特别是在资本市场效率低下的情况下，股票价格很难反映企业所有者权益的价值。②为了控股或稳定购销关系，现代企业不少采用环形持股的方式，相互持股。法人股东对股票市价的敏感程度远不及个人股东，对股票价值的增加没有足够的兴趣。③对于非股票上市企业，只有对企业进行专门的评估才能真正确定其价值。而在评估企业的资产时，由于受评估标准和评估方式的影响，这种估价不易做到客观和准确，这也导致企业价值确定的困难。

应当注意的是，现代企业是多边契约关系的总和。股东作为所有者在企业中承担着最大的权利、义务、风险和报酬，地位当然也最高，但是债权人、职工、客户、供应商和政府也因为企业而承担了相当的风险。①随着举债经营的企业越来越多，举债比例和规模也较以前有所扩大，使得债权人风险大大增加。②在社会分工细化的今天，由于简单的体力劳动越来越少，复杂的脑力劳动越来越多，分工越来越细化，使得职工的再就业风险也不断增加。③在现代企业制度下，企业经理人受所有者的委托，代理其管理和经营企业。在激烈竞争的市场和复杂多变的形势下，代理人所承担的责任越来越重大，风险也随之加大。④随着市场竞争和经济全球化的影响，企业与顾客以及企业与供应商之间不再是简单的买卖关系，更多的情况下是长期的伙伴关系，处于一条供应链上，并共同参与同其他供应链的竞争，创造多赢的局面。这时，供应商、顾客和企业往往会共同承担一部分风险，须彼此兼顾各方的利益。⑤政府，不论是作为国有企业的出资人，还是监管机构，其风险也是与企业各方的风险相关联的。因此，在确定企业财务管理目标时，不能忽视这些相关利益群体的利益。无论忽视了哪一方的利益，都不仅不会带来企业价值的最大化，甚至会对企业产生致命的伤害。

因此，企业价值最大化目标，就是在权衡企业相关者利益的约束下实现所有者或股东权益的最大化。这一目标的基本思想就是在保证企业长期稳定发展的基础上，强调在企业价值增值中满足以股东为首的各利益群体的利益。

企业价值最大化目标的具体内容包括以下几个方面：①强调风险与报酬的均衡，将风险限制在企业可以承受的范围内；②强调股东的首要地位，创造企业与股东之间利益的协调关系；③加强对企业代理人，即企业经理人或经营者的监督和控制，建立有效的激励机制，以便企业战略目标的顺利实施；④关心本企业一般职工的利益，创造优美和谐的工作环境和合理恰当的福利待遇，培养职工长期努力地为企业工作；⑤不断加强与债权人的关系，请债权人参与重大财务决策的讨论，培养可靠的资金供应者；⑥关心客户的长期利益，以便保持收入的长期稳定增长；⑦加强与其他企业的合作，共同面对市场竞争，并注重企业形象的宣传，遵守承诺，讲究信誉；⑧保持与政府部门的良好关系。

二、利益冲突的协调

将企业价值最大化目标作为企业财务管理目标的首要任务，就是要协调相关利益群体的关系，化解他们之间的利益冲突。协调相关利益群体的利益冲突，要把握的原则是：力求企业相关利益者的利益分配均衡，也就是减少各相关利益群体之间的利益冲突所导致的企业总体收益和价值的下降，使利益分配在数量上和时间上达到动态的协调平衡。

（一）所有者与经营者的矛盾与协调

在现代企业中，所有者一般比较分散，经营者一般不拥有占支配权地位的股权，他们只是所有者的代理人。所有者期望经营者代表他们的利益工作，实现所有者财富最大化。经营者则有其自身的利益考虑。对经营者来讲，他们所得到的利益来自于所有者。在西方，这种所有者支付给经营者的利益被称为享受成本。但问题的关键不是享受成本的多少，而是在增加享受成本的同时，是否更多地提高了企业价值。因而，经营者和所有者的主要矛盾就是经营者希望在提高企业价值和股东财富的同时，能更多地增加享受成本；所有者和股东则希望以较小的享受成本支出带来更高的企业价值或股东财富。为了解决这一矛盾，应采取让经营者的报酬与绩效相联系的办法，并辅之以一定的监督措施。

（1）解聘　这是一种通过所有者约束经营者的办法。所有者对经营者予以监督，如果经营者未能使企业价值达到最大，就解聘经营者。经营者害怕被解聘而被迫实现财务管理目标。

（2）接收　这是一种通过市场约束经营者的办法。如果经营者经营决策失误、经营不力，未能采取一切有效措施使企业价值提高，该公司就可能被其他公司强行接收或吞并。相应地，经营者也会被解聘。经营者为了避免这种接收，必须采取一切措施提高股东财富和企业价值。

（3）激励　即将经营者的报酬与其绩效挂钩，以使经营者自觉采取能提高股东财富和企业价值的措施。激励通常有两种基本方式。①"股票期权"方式。它是允许经营者以固定的价格购买一定数量的公司股票，当股票的市场价格高于固定价格时，经营者所得的报酬就越多。经营者为了获取更大的股票涨价益处，必然主动采取能够提高股价的行动。②"绩效股"形式。它是公司运用每股收益、资产收益率等指标来评价经营者的业绩，视其业绩大小给予经营者数量不等的股票作为报酬。如果公司的经营业绩未能达到规定目标，经营者也将部分丧失原先持有的"绩效股"。这种方式使经营者不仅为了多得"绩效股"而不断采取措施提高公司的经营业绩，而且为了使每股市价最大化，也采取各种措施使股票市价稳定上升，从而增加股东财富和企业价值。

（二）所有者与债权人的矛盾与协调

所有者的财务目标可能与债权人期望实现的目标发生矛盾。首先，所有者可能要求经营者改变举债资金的原定用途，将其用于风险更高的项目，这会增大偿债的风险，债权人的负债价值必然会实际降低。若高风险的项目一旦成功，额外的利润就会被所有者独享；若失败，债权人却要与所有者共同负担由此而造成的损失。这对债权人来说，风险与收益是不对称的。其次，所有者或股东可能未征得现有债权人同意，而要求经营者发行新债券或举借新债，致使旧债券或老债券的价值降低（因为相应地偿债风险增加）。

为协调所有者与债权人的上述矛盾，通常可采用以下方式。

（1）限制性借债　即在借款合同中加入某些限制性条款，如规定借款的用途、借款的担保条款和借款的信用条件等。

（2）收回借款或停止借款　即当债权人发现公司有侵蚀其债权价值的意图时，采取收回债权和不给予公司增加放款的措施，来保护自身的权益。

第三节　物业企业财务管理的基本环节

物业企业财务管理的环节是指物业企业财务管理的工作步骤与一般工作程序。一般而言，物业企业财务管理包含以下几个环节。

1. 规划和预测

财务规划和预测首先要以全局观念，根据企业整体战略目标和规划，结合对未来宏观、微观形势的预测，建立企业财务的战略目标和规划。企业战略目标的实现需要确定与之相匹配的企业财务战略目标，因此财务战略目标是企业战略目标的具体体现，财务战略规划是企业整体战略规划的具体化。

在财务战略的指导下，企业财务人员要根据企业财务活动的历史资料考虑现实的要求和条件，对企业未来的财务活动作出较为具体的预计和测算。测算各项生产经营方案的经济效益，为决策提供可靠的依据；预计财务收支的发展变化情况，以确定经营目标；测定各项定额和标准，为编制计划、分解计划指标服务。

2. 财务决策

企业财务管理人员应当按照财务战略目标的总体要求，利用专门的方法对各种备选方案进行比较和分析，并从中选出最佳方案。

财务决策是财务管理的核心，财务预测是为财务决策服务的。决策的成功与否直接关系到企业的兴衰成败。

财务决策主要包括确定决策目标、提出备选方案、方案优选等步骤。

财务决策的方法主要有两类：一类是经验判断法，是根据决策者的经验来判断选择，常用的方法有淘汰法、排队法、归类法等；另一类方法是定量分析法，是应用决策论的定量方法进行方案的确定、评价和选择，常用的方法有数学分析法、数学规划法、概率决策法、效用决策法、优选对比法等。

3. 财务预算

财务预算是指企业根据各种预测信息和各项财务决策确立的预算指标和编制的财务计划。

企业在制定财务目标、财务规划后，首先要在整个企业内部建立财务预算体系，并根据各种预测信息和各项财务决策确立财务预算的指标和编制财务计划。预算体系的建立和财务预算的编制是实现企业财务目标乃至实现企业整体战略目标的出发点和基础。财务预算就是企业财务战略规划的具体计划，是控制财务活动的依据。

财务预算一般包括以下环节：分析财务环境，确定预算指标；协调财务能力，组织综合平衡；选择预算方法，编制财务预算。

值得注意的是，财务预算应纳入到企业全面预算的体系中去，作为企业全面预算体系的重要组成部分。

4. 财务控制

财务控制就是对预算和计划的执行进行追踪监督、对执行过程中出现的问题进行调整和修正，以保证预算的实现。

在控制过程中，由于企业各个部门的运作及预算的执行都会最终以价值的形式体现出来，都会对企业的资金运动产生影响，这就需要协调企业各部门的关系，发动和激励企业全体员工参与全面预算的落实和执行，以使得企业的经营能高效运转，实现价值增值。此外，还要协调好与企业外部各方面的关系，并充分利用各方面的资源，为企业谋取更大的利益。

为保证对各部门财务预算的执行情况进行有效的监督和控制，需要设计适当合理的财务控制制度，同时保证这种财务控制制度符合企业整体对内部控制制度的要求。

更为重要的是，要对财务活动的各个环节进行风险控制和管理，以保证目标和预算的执行。风险控制和管理就是要预测风险发生的可能性，尽可能地提出预警方案，确定和甄别风险，采取有效措施规避、化解风险或减少风险所带来的危害等。

5. 财务分析、业绩评价与激励

财务分析主要是根据财务报表等有关资料，运用特定方法，对企业财务活动过程及其结果进行分析和评价的一项工作。财务分析既是对已完成的财务活动的总结，也是财务预测的前提，在财务管理的循环中起着承上启下的作用。财务分析是评价和衡量企业、部门以及各级管理人员经营业绩的重要依据，是挖掘潜力、改进工作、实现财务管理目标和企业战略目标的重要手段，是合理实施企业决策的重要步骤。财务分析包括以下步骤：占有资料，掌握信息；指标对比，揭露矛盾；分析原因，明确责任；提出措施，改进工作。

在财务分析的基础上建立的经营业绩评价体系是企业建立激励机制和发挥激励作用的依据和前提，而激励机制的有效性是企业目标实现的动力和保证。一般来说，经营业绩评价体系应该是一个以财务指标为基础，包括非财务指标的完整的体系。非财务指标主要包括企业的战略驱动因素，如客户关系、学习和成长能力、内部经营过程等。一个完善的业绩评价体系应该力求达到内部与外部的平衡和长期与短期的平衡。

上述几个环节的财务管理工作相互联系、相互依存。

第四节 物业企业财务管理环境

财务管理环境又称理财环境，是对企业财务活动和财务管理发生影响作用的企业内外各种条件的统称。

物业企业财务活动在相当大程度上受理财环境的制约，如技术、市场、物价、金融、税收等因素，对物业企业财务活动都有重大的影响。只有在理财环境的各种因素作用下实现财务活动的协调平衡，企业才能生存和发展。研究理财环境，有助于正确地制定理财策略。

这里主要介绍对企业财务管理影响比较大的经济环境、法律环境和金融环境几个因素。

一、经济环境

影响财务管理的经济环境因素主要有经济周期、经济发展水平和宏观经济政策。

1. 经济周期

经济条件下，经济发展与运行带有一定的波动性，大体上经历复苏、繁荣、衰退和萧条几个阶段的循环。这种循环叫做经济周期。在不同的经济周期，企业应相应采用不同的财务管理策略。

我国的经济发展与运行也呈现其特有的周期特征，带有一定的经济波动。过去曾经历过若干次从投资膨胀、生产高涨，到控制投资、紧缩银根和正常发展的过程，从而促进了经济的持续发展。企业的筹资、投资和资产运营等理财活动都要受这种经济波动的影响。比如，在治理紧缩时期，社会资金十分短缺，利率上涨，使得企业的筹资非常困难，甚至影响企业的正常生产经营活动。相应地，企业的投资方向会因为市场利率的上涨而转向本币存款或贷款。此外，由于国际经济交流与合作的发展，西方的经济周期影响也不同程度地波及我国。因此，企业财务人员必须认识到经济周期的影响，掌握在经济发展波动中的理财本领。

2. 经济发展水平

近年来，我国的国民经济保持持续高速增长，各项建设方兴未艾。这不仅给企业扩大规模、打开市场以及拓宽财务活动领域带来了机遇，同时，由于高速发展中的资金短缺将长期存在，又给企业财务管理带来严峻的挑战。因此，企业财务管理工作者必须积极探索与经济发展水平相适应的财务管理模式。

3. 宏观经济政策

我国经济体制改革的目标是建立社会主义市场经济体制，以进一步解放和发展生产力。在这个总目标的指导下，我国已经或正在进行财税体制、金融体制、外汇体制、外贸体制、计划体制、价格体制、投资体制、社会保障制度、会计准则体系等各项改革。所有这些改革措施，深刻地影响着我国的经济生活，也深刻地影响着我国企业的发展和财务活动的运行。如金融政策中货币的发行量、信贷规模都能影响企业投资的资金来源和投资的预期收益；财税政策会影响企业的资金结构和投资项目的选择等；价格政策能影响资金的投向和投资的回收期及预期收益；会计准则的改革会影响会计要素的确认和计量，进而对企业财务活动的事前预测、决策以及事后的评价产生影响等。可见，经济政策对企业财务的影响是非常大的。这就要求企业财务人员必须把握经济政策，更好地为企业的经营理财活动服务。

二、法律环境

市场经济的重要特征就在于它是以法律规范和市场规则为特征的经济制度。法律和政府法规为企业经营活动规定了活动空间，也为企业在相应空间内自由经营提供了法律上和制度上的保护。财务管理的法律环境主要包括企业组织形式、公司治理的有关规定以及税收法规。

1. 企业组织形式

企业是市场经济的主体，不同类型的企业在所适用的法律方面有所不同。了解企业的组织形式，有助于企业财务管理活动的开展。按其组织形式不同，可将企业分为独资企业、合伙企业和公司。

2. 公司治理和财务监控

公司治理是有关公司控制权和剩余索取权分配的一套法律、制度以及文化的安排，涉及所有者、董事会和高级执行人员等之间权力分配和制衡关系。这些安排决定了公司的目标和行为，决定了公司在什么状态下由谁来实施控制、如何控制、风险和收益如何分配等一系列重大问题。有效的公司治理取决于公司治理机构是否合理、治理机制是否健全、财务监控是否到位。

公司治理结构和治理机制的有效实现是离不开财务监控的，公司治理结构中的每一个层次都有监控的职能。从监控的实务来看，最终要归结为包括财务评价在内的财务监控。因此，有效的公司治理体系必须有完整的财务监控来支持。国资委制定的自 2006 年 5 月起实施的《中央企业综合绩效评价管理暂行办法》对国有企业的业绩评价和财务监控进行了规范和要求。

大量事实证明，信息披露特别是财务信息披露是公司治理的决定因素之一，而公司治理的体系和治理效果又直接影响信息披露的要求、内容和质量。一般而言，信息披露受内部和外部两种制度的制约。外部制度就是国家和有关机构对公司信息披露的各种规定，如我国 2005 年新修订的《公司法》以及财政部 2006 年颁布的《企业会计准则》对公司信息特别是财务信息的披露进行了规范，在内容和形式上做出了具体的规定。

信息披露制度的完善直接关系到公司治理的成败。一个强有力的信息披露制度是股东行使表决权能力的关键，是影响公司行为和保护中小投资者利益的有力工具。有效的信息披露制度有利于吸收资金，维持公众对公司和资本市场的信心；条理不清、缺失不全的信息则会丧失公众的信任，导致企业资本成本的提高和筹资困难，影响企业的发展。

3. 税法

税收是国家为了实现其职能，按照法律预先规定的标准，凭借政治权力，强制地、无偿地征收货币或实物的一种经济活动，也是国家参与国民收入分配和再分配的一种方法。税收是国家参与经济管理，实行宏观调控的重要手段之一。税收具有强制性、无偿性和固定性三个显著特征。

国家财政收入的主要来源是企业所缴纳的税金，而国家财政状况和财政政策，对企业资金供应和税收负担有着重要的影响。国家各种税种的设置、税率的调整，还具有调节生产经营的作用。国家税收制度特别是工商税收制度，是企业财务管理的重要外部条件。企业的财务决策应当适应税收政策的导向，合理安排资金投放，以追求最佳的经济效益。

三、金融环境

企业总是需要资金从事投资和经营活动。而资金的取得，除了自有资金外，主要从金融机构和金融市场取得。金融政策的变化必然影响企业的筹资、投资和资金运营活动。所以，金融环境是企业最为主要的环境因素之一。

(一) 金融机构

社会资金从资金供应者手中转移到资金需求者手中，大多要通过金融机构。金融机构包括银行业金融机构和其他金融机构。

1. 银行业金融机构

银行业金融机构是指经营存款、放款、汇兑、储蓄等金融业务，承担信用中介的金融机构。银行的主要职能是充当信用中介，充当企业之间的支付中介，提供信用工具，充当投资手段和充当国民经济的宏观调控手段。我国银行主要包括各种商业银行和政策性银行。商业银行，包括国有商业银行（如中国工商银行、中国农业银行、中国银行和中国建设银行）和其他商业银行（如交通银行、广东发展银行、招商银行、光大银行等）；国家政策性银行主要包括中国进出口银行、国家开发银行等。

2. 其他金融机构

其他金融机构包括金融资产管理公司、信托投资公司、财务公司和金融租赁公司等。

(二) 金融工具

金融工具是能够证明债权债务关系或所有权关系并据以进行货币资金交易的合法凭证，它对交易双方所应承担的义务与享有的权利均具有法律效力。金融工具一般具有期限性、流动性、风险性和收益性四个基本特征。

金融工具按期限不同可分为货币市场工具和资本市场工具。前者主要有商业票据、国库券（国债）、可转让大额定期存单、回购协议等；后者主要是股票和债券等。

(三) 金融市场

1. 金融市场的定义与功能

金融市场是指资金供应者和资金需求者双方通过金融工具进行交易的场所。金融市场可以是有形的市场，如银行、证券交易所等，也可以是无形的市场，如利用电脑、电传、电话等设施通过经纪人进行资金融通活动。

金融市场的主要功能有五项：转化储蓄为投资；改善社会经济福利；提供多种金融工具并加速流动，使中短期资金凝结为长期资金；提高金融体系竞争性和效率；引导资金流向。

从企业财务管理角度来看，金融市场作为资金融通的场所，是企业向社会筹集资金必不可少的条件。财务管理人员必须熟悉金融市场的各种类型和管理规则，有效地利用金融市场来组织资金的筹措和进行资本投资等活动。

2. 金融市场的种类

金融市场按组织方式的不同可划分为两部分。一是有组织的、集中的场内交易市场，即证券交易所。它是证券市场的主体和核心。二是非组织化的、分散的场外交易市场。它是证券交易所的必要补充。本书主要对第一部分市场的分类作一介绍。

（1）按期限划分为短期金融市场和长期金融市场　短期金融市场又称货币市场，是指以期限一年以内的金融工具为媒介，进行短期资金融通的市场。其主要特点有：①交易期限短；②交易的目的是满足短期资金周转的需要；③所交易的金融工具有较强的货币性。长期金融市场是指以期限一年以上的金融工具为媒介，进行长期投资性资金交易活动的市场，又称资本市场。其主要特点有：①交易的主要目的是满足长期投资性资金的供求需要；②收益较高而流动性较差；③资金借贷量大；④价格变动幅度大。

（2）按证券交易的方式和次数分为初级市场和次级市场　初级市场，也称一级市场或发行市场，是指新发行证券的市场。这类市场使预先存在的资产交易成为可能。次级市场，也称二级市场或流通市场，是指现有金融资产的交易场所。初级市场可以理解为"新货市场"，次级市场可以理解为"旧货市场"。

（3）按金融工具的属性分为基础性金融市场和金融衍生品市场　基础性金融市场是指以基础性金融产品为交易对象的金融市场，如商业票据、企业债券、企业股票的交易市场；金融衍生品市场是指以金融衍生产品为交易对象的金融市场。金融衍生产品是一种金融合约。其价值取决于一种或多种基础资产或指数。合约的基本种类包括远期、期货、掉期（互换）、期权，以及具有远期、期货、掉期（互换）和期权中一种或多种特征的结构化金融工具。

除上述分类外，金融市场还可以按交割方式分为现货市场、期货市场和期权市场；按交易对象分为票据市场、证券市场、衍生工具市场、外汇市场、黄金市场等；按交易双方地理上的距离划分为地方性的、全国性的、区域性的金融市场和国际金融市场。

（四）利率

利率也称利息率，是利息占本金的百分比指标。从资金的借贷关系看，利率是一定时期内运用资金资源的交易价格。资金作为一种特殊商品，以利率为价格标准的融通，实质上是资源通过利率实行的再分配。因此，利率在资金分配及企业财务决策中起着重要作用。

正如任何商品的价格均由供应和需求两方面来决定一样，资金这种特殊商品的价格——利率，也主要是由供给与需求来决定的。但除这两个因素外，经济周期、通货膨胀、国家货币政策和财政政策、国际经济政治关系、国家利率管制程度等，对利率的变动均有不同程度的影响。因此，资金的利率通常由三部分组成：纯利率、通货膨胀补偿率（或称通货膨胀贴水）、风险收益率。利率的一般计算公式可表示为

$$利率＝纯利率＋通货膨胀补偿率＋风险收益率$$

纯利率是指没有风险和通货膨胀情况下的社会平均资金利润率；通货膨胀补偿率是指由于持续的通货膨胀会不断降低货币的实际购买力，为补偿其购买力损失而要求提高的利率；风险收益率包括违约风险收益率、流动性风险收益率和期限风险收益率。其中，违约风险收益率是指为了弥补因债务人无法按时还本付息而带来的风险，由债权人要求提高的利率；流动性风险收益率是指为了弥补因债务人资产流动性不好而带来的风险，由债权人要求提高的利率；期限风险收益率是指为了弥补因偿债期长而带来的风险，由债权人要求提高的利率。

思考练习题

1. 什么是财务活动？财务活动包括哪些内容？物业企业同各方面发生的财务关系归纳起来有哪几种？
2. 怎样理解物业企业财务管理的目标？
3. 物业企业财务管理有什么样的特点？

第二章

物业企业财务管理的基础

【学习目标】 通过本章的学习，对资金时间价值和风险价值观念有一个全面、深刻的理解和掌握，会进行相应的计算。本章重点介绍资金时间价值观念和风险价值观念，这是财务管理所需具备的两个基本观念。它们对证券估价、筹资管理、营运资本管理等都有着重要影响。因此，在研究各项具体的管理内容之前，有必要研究一下资金时间价值和风险价值的基本概念及有关计算方法。

第一节　资金的时间价值

现代财务管理必须树立两个基本价值观念，即资金的时间价值和投资的风险价值。企业财务管理活动中，资金的筹集、资金的投放、资金的分配都必须考虑资金的时间价值和资金的风险价值。

一、资金时间价值的概念

资金时间价值是指资金在周转使用中由于时间因素而形成的差额价值。在商品经济中有一种现象，即现在的一元钱和一年后的一元钱其经济价值不相等，或者说其经济效率不同。现在的一元钱要比一年后的一元钱经济价值要大一些，即使没有通货膨胀也是这样。为什么会这样呢？这是因为资金使用者把资金投入生产经营，企业用它来购买所需的资源，然后生产出新的产品，产品出售时得到的货币量大于最初投入的货币量。资金的循环和周转以及因此实现的货币增值需要一定的时间。每完成一次循环，货币就增加一定数额。周转的次数越多，增值额也就越大。因此，随着时间的延续，货币总量在循环和周转中不断增长，使得货币具有时间价值。资金时间价值的实质，是资金周转使用后的增值额。

通常情况下，资金的时间价值是指在没有风险和通货膨胀条件下的社会平均资金利润率。由于竞争，市场经济中各部门投资的利润率趋于平均，企业在投资某一项目时至少应该取得社会平均的利润率，否则不如不投资。由于资金时间价值的计算方法与利息的计算方法相同，因而人们常常将两者混为一谈。实际上，利率不仅包括时间价值，而且也包括风险价值和通货膨胀的因素。国库券或政府债券几乎没有违约风险。如果通货膨胀很低，则国库券或政府债券可视同资金时间价值。

二、资金时间价值的计算

在企业财务管理中，要正确进行长期投资决策和短期经营决策，就必须弄清楚在不同时点上收到或付出的资金价值之间的数量关系，掌握各种终值和现值的换算方法。

有关资金时间价值的指标有许多种，这里着重说明单利终值和现值、复利终值和现值、年金终值和现值的计算，以利息率表示资金的时间价值。同时，为了方便起见，假设资金的流出和流入是在某一时期（通常为一年）终了时进行。

（一）单利终值和现值的计算

单利的终值就是本利和。在单利方式下，本金带来利息，利息必须在提出以后再以本金形式投入才能生息，否则不能生息。

【例 2-1】 现在的 1 元钱，年利率为 10％，从第 1 年到第 5 年，各年年末的终值是多少？

$$1 年后的终值＝1×(1＋10％×1)＝1.1（元）$$
$$2 年后的终值＝1×(1＋10％×2)＝1.2（元）$$
$$3 年后的终值＝1×(1＋10％×3)＝1.3（元）$$
$$4 年后的终值＝1×(1＋10％×4)＝1.4（元）$$
$$5 年后的终值＝1×(1＋10％×5)＝1.5（元）$$

因此，单利终值的一般计算公式为

$$F＝P(1＋in)$$

式中　P——现值，即 0 年（第 1 年初）的价值；

　　　F——终值，即第 n 年末的价值；

　　　i——利率；

　　　n——计息期数。

现值就是以后年份收到或付出资金的现在价值，可用倒求本金的方法计算，由终值求现值，叫做贴现。

（二）复利终值和现值的计算

在复利方式下，利息在下期则转列为本金，与原来的本金一起计息，即通常所说的"利上滚利"。

【例 2-2】 某人将 10000 元投资某项目，年报酬率 10％，从第 1 年到第 5 年，各年年末的终值是多少？

$$1 年后的终值＝10000×(1＋10％)＝11000（元）$$
$$2 年后的终值＝11000×(1＋10％)$$
$$＝10000×(1＋10％)×(1＋10％)$$
$$＝10000×(1＋10％)^2$$
$$＝12100（元）$$
$$3 年后的终值＝12100×(1＋10％)$$
$$＝10000×(1＋10％)^3$$
$$＝13310（元）$$
$$4 年后的终值＝13310×(1＋10％)$$
$$＝10000×(1＋10％)^4$$
$$＝14641（元）$$
$$5 年后的终值＝14641×(1＋10％)$$
$$＝10000×(1＋10％)^5$$
$$＝16105.1（元）$$

因此，复利终值的一般计算公式为

$$F＝P(1＋i)^n$$

复利现值是指以后年份收到或支出资金的现在价值，可用倒求本金的方法计算。复利现值的计算公式为

$$P = F(1+i)^{-n}$$

$(1+i)^n$ 和 $(1+i)^{-n}$，分别称为复利终值系数和复利现值系数，其简略表现形式分别为 $(F/P, i, n)$ 和 $(P/F, i, n)$。在实际工作中，可以查阅相关系数表。

【例 2-3】　如果有 100000 元，你很想买一辆新汽车，但那辆汽车价值 130000 元，假如利率为 9%，现在你必须投入多少钱才能在两年后买到那辆汽车？你现在的钱够吗？假定汽车价格保持不变。

我们必须知道两年后的 130000 元在今日的现值，假定利率是 9%，则

$$P = 130000 \times (1+9\%)^{-2} = 130000 \times 0.8417 = 109421 （元）$$

即使你愿意等待两年，现在也还差 9421 元。

（三）年金终值和现值的计算

年金是指等额、定期的系列收支，如分期付款赊销、发放养老金、分期付工程款、每年相同的销售收入等。按收付的次数和支付的时间划分，年金有以下几类：普通年金、预付年金、递延年金和永续年金。

1. 普通年金

普通年金，又称后付年金，是指各期期末收付的年金。

【例 2-4】　每年存款 1 元，年利率为 10%，经过 3 年，年金终值如图 2-1 所示。

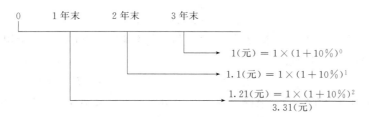

图 2-1　1 元年金 3 年的终值

普通年金终值的计算公式为

$$F = A(1+i)^1 + A(1+i)^2 + \cdots + A(1+i)^n$$
$$= A \times \sum_{i=1}^{n} (1+i)^{n-1} = A \times \frac{(1+i)^n - 1}{i}$$

式中，$\frac{(1+i)^n - 1}{i}$ 为普通年金终值系数，可缩写为 $(F/A, i, n)$，可查 1 元年金终值表获得。

偿债基金是指为使年金终值达到既定金额每年应支付的年金数额。偿债基金系数是普通年金终值系数的倒数。它把年金终值折算为每年需要支付的金额。有一种折算方法，称为偿债基金法，其理论依据是"折旧的目的是保持简单在生产"，其年折旧额就是根据偿债基金系数乘以固定资产原值计算出来的。其计算公式为

$$A = F \times \frac{i}{(1+i)^n - 1}$$

式中，$\frac{i}{(1+i)^n - 1}$ 为偿债基金系数，简写为 $(A/F, i, n)$。

【例 2-5】　5 年后还清 10000 元债务，每年存等额的一笔款项，假如利率为 10%，每年

存多少?

$$10000 \times (A/F, 10\%, 5) = 10000 \times \frac{1}{6.1051} = 1637.97 \text{（元）}$$

普通年金现值的计算是指为在期末取得相等金额的款项，现在需要投入的金额。

【例 2-6】 每年取得收益 1 元，年利率为 10%，为期 3 年，年金现值如图 2-2 所示。

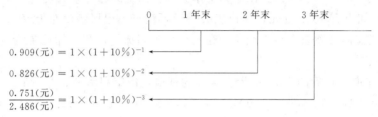

图 2-2 1 元年金 3 年的现值

普通年金现值的一般公式为

$$P = A \times \frac{1}{(1+i)^1} + A \times \frac{1}{(1+i)^2} + \cdots + A \times \frac{1}{(1+i)^n}$$

$$= A \times \sum_{i=1}^{n} \frac{1}{(1+i)^n} = A \times \frac{1-(1+i)^{-n}}{i}$$

式中，$\dfrac{1-(1+i)^{-n}}{i}$ 为年金现值系数，可简写成 $(P/A, i, n)$，则普通年金现值的计算公式可写为

$$P = A(P/A, i, n)$$

【例 2-7】 某人出国 3 年，拟请人代付房租，每年租金 10000 元，设银行存款利率为 10%，现在应在银行存多少钱?

$$P = A(P/A, 10\%, 3) = 10000 \times 2.487 = 24870 \text{（元）}$$

年资本回收额是指在约定年限内等额回收初始投入资本或清偿所欠债务的金额。

年资本回收额与年金现值互为逆运算，其计算公式为

$$A = P \times \frac{i}{1-(1+i)^{-n}}$$

式中，$\dfrac{i}{1-(1+i)^{-n}}$ 称作资本回收系数或投资回收系数，记作 $(A/P, i, n)$，等于年金现值系数的倒数。它可以把现值折算成年金。

【例 2-8】 某企业拟购柴油机更换现有的汽油机，每月可节省燃料费 60 元，但柴油机价格较汽油机高 1500 元。问:柴油机应使用多少年才合算?（假设年利率 12%，每月复利一次）

$$P = 1500, A = 60$$

$$1500 = 60 \times (P/A, 1\%, n)$$

$$(P/A, 1\%, n) = 25$$

采用插值法计算，其计算过程为

$$(P/A, 1\%, n)$$

$$\left. \begin{array}{l} 24.3164 \\ 25 \\ 25.0658 \end{array} \right\} \left. \begin{array}{l} 0.6836 \\ \\ \end{array} \right\} 0.7494 \qquad \left. \begin{array}{l} 28 \\ ? \\ 29 \end{array} \right\} x \left. \begin{array}{l} \\ \\ \end{array} \right\} 1 \quad \left. \begin{array}{l} n \\ \\ \end{array} \right.$$

$$\frac{0.6836}{0.7494} = \frac{x}{1}$$

$$x = 0.91$$

$$n = 28 + 0.91 = 28.91（月）$$

2. 预付年金

预付年金（即付年金、先付年金），是指在每期的期初有等额收付款项的年金。

预付年金和普通年金的现金流次数相同，只是由于发生时间不同，终值和现值的计算有所差异。就终值计算来看，预付年金比普通年金多计算一期利息；就现值计算来看，预付年金又恰好比普通年金少贴现一期利息。预付年金与普通年金的区别仅在于付款时间的不同。

预付年金终值的计算公式为

$$F = A \times \frac{(1+i)^n - 1}{i} \times (1+i)$$

$$= A \times \frac{(1+i)^{n+1} - (1+i)}{i}$$

$$= A \times [\frac{(1+i)^{n+1} - 1}{i} - 1]$$

或 $$F = A[(F/A, i, n+1) - 1]$$

预付年金现值的计算公式为

$$P = A \times \frac{1 - (1+i)^{-n}}{i} \times (1+i)$$

$$= A \times \frac{(1+i) - (1+i)^{-(n-1)}}{i}$$

$$= A \times [\frac{1 - (1+i)^{-(n-1)}}{i} + 1]$$

或 $$P = A[(P/A, i, n-1) + 1]$$

【例 2-9】 6 年分期付款购物，每年初付 200 元，设银行利率为 10%，则该项分期付款相当于一次性付款多少？

$$P = A[(P/A, i, n-1) + 1]$$

$$= 200 \times [(P/A, 10\%, 5) + 1]$$

$$= 200 \times (3.791 + 1)$$

$$= 958.2（元）$$

3. 递延年金

递延年金，指最初的年金现金流不是发生在当前，而是发生在若干期后。递延年金的终值计算与普通年金的终值计算一样，主要是现值计算上有所差别。

递延年金现值的计算方法有两种。

① 把递延年金视为 n 期普通年金，仅求出递延期末的现值，然后再将此现值调整到第一期初。其计算公式为

$$P = A(P/A, i, n)(P/F, i, m)$$

② 假设延期中也进行支付，先求出 $m + n$ 期的年金现值，然后扣除实际并未支付的递延期 m 的年金现值，即可得出结果。其计算公式为

$$P = A[(P/A, i, m+n) - (P/A, i, m)]$$

4. 永续年金

永续年金是指无限期定额支付的年金，如优先股股利。它是普通年金的特殊形式，即期限趋于无穷的普通年金。

永续年金现值的计算公式为

$$P = A \times \frac{1-(1+i)^{-n}}{i}$$

当 $n \to \infty$ 时，$P = \frac{A}{i}$

【例 2-10】 建一项永久的奖学金，每年计划颁发 10000 元，年利率为 10%，则现在应存入多少钱？

$$P = \frac{10000}{10\%} = 100000 \text{（元）}$$

上述关于时间价值的计算方法，在财务管理中有广泛的用途，如存货管理、养老金决策、租赁决策、资产和负债估价、长期投资决策等。随着财务问题的日益复杂化，时间价值的应用也将日益增加。

第二节 风险及其衡量

物业企业财务活动经常是在有风险的情况下进行的。企业冒着风险去投资，而获得的超过资金时间价值的额外收益，称为投资的风险价值，或称风险收益、风险报酬。

一、风险的概念及种类

（一）风险的概念

一般来讲，风险是指在一定条件下和一定时期内可能发生的各种结果的变动程度。对任何一个经济个体而言，风险都是客观存在和不确定的。比如，企业的成本、费用、销量、收入、利润等项目的发生数量都是不确定的，而这些又都成为企业总风险的组成部分。

风险事件本身的不确定性具有客观性。例如，无论企业还是个人，将其资金存入银行，收益的不确定性微乎其微；如果是投资于股票，则收益的不确定性大得多。这种风险是"一定条件下"的风险，你在何时，买何种股票，各买多少，风险是不一样的。如果投资于期货市场，风险将被放得更大。风险的存在虽然不以人的意志为转移，但确实与人的行为有一定关系。

风险的大小随时间延续而变化，是"一定时期内"的风险。我们对一个投资项目成本，事先的预计可能不很准确，越接近完工预计越准确。随着时间的延续，实践的不确定性缩小，时间终了，其结果也完全肯定了。因此，风险总是"一定时期内"的风险。

严格说来，风险和不确定性有区别。风险是指事前可以知道所有可能的结果，以及每种结果的概率。不确定性是指事前不知道所有可能的结果，或者虽然知道可能结果但不知道它们出现的概率。例如，要投资一项高科技产品的开发，事先只知道该产品开发有成功和失败两种可能，但不知道成功和失败哪一种出现的可能性大。又如，决定投资股票，对未来股票价格的走势知道有涨价和跌价两种可能，但不确定涨价或者跌价的概率是多少。这些都属于不确定性问题，而非风险问题。但是，在对具体问题进行决策分析时，二者是很难区分的。主要是风险问题的概率往往也难以准确地确定，从而其本身又成为一个不确定问题。另外，风险问题的概率也是需要估计的，而不确定性问题也可以估计其概率，只是可能在估计概率时的客观性不同。所以，在实务中二者不作区分，将不确定性视同风险加以计量，以便进行定量分析。

（二）风险的种类

1. 市场风险和公司持有风险

从个别投资主体的角度看，风险可分为市场风险和公司特有风险两类。

（1）**市场风险** 指那些影响所有公司的因素引起的风险，如战争、经济衰退、通货膨胀、高利率等。这些风险涉及所有的投资对象，不能通过多角化投资来分散，因此又称为不可分散风险或系统风险。例如，一个人投资于股票，不论买哪一种股票他都要承担市场风险。因为在经济衰退时，各种股票的价格都会不同程度地下跌。

（2）**公司特有风险** 指发生于个别公司的特有事件造成的风险，如罢工、新产品开发失败、没有争取到重要合同、诉讼失败等。这类事件是实际发生的，因而可以通过多角化投资来分散，即发生于一家公司的不利事件可以被其他公司的有利事件所抵消。这类风险又可称为可分散风险或非系统风险。例如，一个人投资股票时，买几种不同的股票，可能比只买一种风险小。

2. 经营风险和财务风险

从公司本身来看，风险分为经营风险（商业风险）和财务风险（筹资风险）两类。

（1）**经营风险** 指生产经营的不确定性带来的风险，是任何商业活动都有的，也叫商业风险。经营风险主要来自以下几个方面。

① 市场销售。市场需求、市场价格、企业可能生产的数量等的不确定，尤其是竞争导致的供产销的不确定，加大了风险。

② 生产成本。原材料的供应和价格、工人和机器的生产率、工人的奖金和工资，都有一定的不确定性，因而产生了风险。

③ 生产技术。设备事故、产品发生质量问题、新技术的出现等，很难准确预见，从而产生风险。

④ 其他。外部环境的变化，如天灾、经济不景气、通货膨胀、有协作关系的企业没有履行合同等，企业自己很难控制，从而产生了风险。

（2）**财务风险** 指因借款而增加的风险，是筹资决策带来的风险，也叫筹资风险。由于企业向银行等金融机构举债，从而产生了定期的还本付息压力。如果到期企业不能还本付息，就面临着诉讼、破产等威胁，从而遭受严重损失。

二、风险的衡量

现实中对风险的衡量，采用的是统计方法。

（一）概率

概率是用来表示随机事件后果可能性大小的数值。通常，将必然形成的后果的概率定位为 1，将不可能形成的后果的概率定位为 0，而一般随机事件的概率则为 0 与 1 之间的某一个数。概率越大，说明形成该种后果的可能性越大；相反，概率越小，说明形成该种后果的可能性越小。所有可能后果的概率之和为 1。如将概率用 P_i 表示，那么 P_i 必须符合下列条件。

$$0 \leqslant P_i \leqslant 1$$

$$\sum_{i=1}^{n} P_i = 1$$

（二）概率分布

将随机事件的各种可能后果按一定的规则排列，并列出各种后果的相应概率，这种对随机事件的揭示即称为概率分布。

根据某一时间的概率分布，可以计算出预期期望值。预期期望值是指某一事件未来后果的各种可能结果，以概率为权数计算出来的加权平均数。其计算公式为

$$\overline{E} = \sum_{i=1}^{n} X_i P_i$$

式中　$\overline{E}$——预期期望值；

　　　X_i——第 i 种可能后果；

　　　P_i——第 i 种可能后果的概率；

　　　n——可能后果的个数。

【例 2-11】　M 公司有 A、B 两个投资方案，投资额相同，其投资收益的概率分布见表 2-1 所示。

表 2-1　投资收益的概率分布

经济状况	概率 P_i	收益额 X_i	
		A 方案	B 方案
好	$P_1 = 0.3$	$X_1 = 2000$	$X_1 = 3000$
中	$P_2 = 0.5$	$X_2 = 1000$	$X_2 = 1000$
差	$P_3 = 0.2$	$X_3 = 500$	$X_3 = -1000$

根据表 2-1 的概率分布情况，分别计算 A、B 两个方案的预期收益。

A 方案 $\overline{E} = 2000 \times 0.3 + 1000 \times 0.5 + 500 \times 0.2 = 1200$（元）

B 方案 $\overline{E} = 3000 \times 0.3 + 1000 \times 0.5 - 1000 \times 0.2 = 1200$（元）

在预期收益相同的情况下，投资的风险程度同收益的概率分布有密切的关联。概率分布越集中，实际可能产生的结果就会越靠近预期收益，从而揭示出投资的风险程度相对较小；反之，概率分布越分散，则揭示出投资的风险程度相对较大。

（三）标准离差与标准离差率

不同时间风险程度的大小，可以通过计算其标准离差和标准离差率的大小来进行判断和分析。

标准离差是指各个随机事件对期望值可能发生的偏离程度。这种偏离程度即揭示出事件的风险程度。其计算公式为

$$标准离差\ \sigma = \sqrt{\sum_{i=1}^{n} (X_i - \overline{E})^2 \times P_i}$$

在不同方案期望值相同的情况下，标准离差越大，所揭示的风险越大；反之，标准离差越小，所揭示的风险越小。

标准离差率是标准离差与期望值的比值，是以相对数的方式揭示方案的风险程度。其计算公式为

$$标准离差率\ q = \frac{\sigma}{E} \times 100\%$$

标准离差率与标准离差相比，不仅可以用来对期望值相同的方案进行判断，而且也可以用来比较期望值不同的方案的风险程度，有着广泛的适用性。

根据表 2-1 的资料和相关计算结果，M 公司 A、B 两方案的标准离差和标准离差率的计算过程如下。

A 方案的标准离差为

$$\sigma_A = \sqrt{(2000-1200)^2 \times 0.3 + (1000-1200)^2 \times 0.5 + (500-1200)^2 \times 0.2} = 556.78$$

A 方案的标准离差率为

$$q_A = \frac{556.78}{1200} \times 100\% = 46.4\%$$

B 方案的标准离差为

$$\sigma_B = \sqrt{(3000-1200)^2 \times 0.3 + (1000-1200)^2 \times 0.5 + (-1000-1200)^2 \times 0.2} = 1400$$

B 方案的标准离差率为

$$q_B = \frac{1400}{1200} \times 100\% = 116.67\%$$

通过对 A、B 两个方案标准离差和标准离差率的计算结果进行比较，可以得出的判断是：A 方案的风险及风险程度相对较小，B 方案的风险及风险程度很大。

由于人们对风险所持的态度不同，也由于不同的人从自身的立场出发，对风险的处理原则不同，但人们都希望规避不同程度的风险。小心谨慎者希望将标准离差率控制在 10％ 甚至 5％ 以内；愿意冒险的人则提高标准离差率的数值。市场经济法则将风险与收益同时带入了经济生活，使经济生活本身充满了风险。

三、风险和报酬的关系

风险和报酬的基本关系是：风险越大，要求的报酬率越高。如前所述，各投资项目的风险大小是不同的，在投资报酬率相同的情况下，人们都会选择风险小的投资，竞争使其风险增加，报酬率下降。最终，高风险的项目必须有高报酬，否则就没有人投资；低报酬的项目必须风险亦低，否则也没有人投资。风险和报酬的这种关系，是市场竞争的结果。

企业拿了投资人的钱去做生意，最终投资人要承担风险，因此，他们要求期望的报酬率与其风险相对应。风险和期望投资报酬率的关系可以用公式表示如下。

期望投资报酬率＝无风险报酬率＋风险报酬率

期望投资报酬率应当包括两部分。一部分是无风险报酬率，如购买国家发行的债券，到期连本带利收回。这种无风险报酬率，可以吸引公众储蓄，是最低的社会平均报酬率。另一部分是风险报酬率，它与风险大小有关，风险越大则要求的报酬率越高，是风险的函数。

风险程度用标准离差或标准离差率来计量。标准离差率虽然能正确评价投资风险程度的大小，但还无法将风险与报酬结合起来进行分析。假设我们面临的决策不是评价与比较两个投资项目的风险水平，而是要决定是否对某一投资项目进行投资，就需要计算出该项目的风险报酬率。因此，我们还需要一个指标来将对风险的评价转化为报酬率指标，这便是风险报酬系数。风险报酬率、风险报酬系数和标准离差率之间的关系可用公式表示如下。

$$R_R = bV$$

式中　R_R——风险报酬率；

　　　b——风险报酬系数；

V——标准离差率。

在不考虑通货膨胀因素的影响时，投资的总报酬率为

$$K=R_F+R_R=R_F+bV$$

式中　K——投资报酬率；

R_F——无风险报酬率。

无风险报酬率 R_F 可用加上通货膨胀溢价的时间价值来确定。在财务管理实务中，一般把短期政府债券（如短期国库券）的报酬率作为无风险报酬率。风险报酬系数 b 则可以通过对历史资料的分析、统计回归、专家评议获得，或者由政府部门公布。如果大家都愿意冒险，风险报酬系数就小，风险溢价不大；如果大家都不愿意冒险，风险报酬系数就大，风险溢价也就比较大。

【例 2-12】　利用前例的数据，并假设无风险报酬率为 10％，风险报酬系数为 10％，计算两个方案的风险报酬率和投资报酬率。

A 方案的风险报酬率$=bV_A=10\%\times46.4\%=4.64\%$

A 方案的投资报酬率$=R_F+bV_A=10\%+10\%\times46.4\%=14.64\%$

B 方案的风险报酬率$=bV_B=10\%\times116.67\%=11.667\%$

B 方案的投资报酬率$=R_F+bV_B=10\%+10\%\times116.67\%=21.667\%$

从计算结果可以看出，B 方案的投资报酬率（21.667％）要高于 A 方案的投资报酬率（14.64％），似乎 B 方案是一个更好的选择。而从我们前面的分析来看，两个方案的预期收益是相等的，但 B 方案的风险要高于 A 方案，A 方案是应选择的项目。

风险控制的主要方法是多角经营和多角筹资。近代企业大多采用多角经营的方针，主要原因是它能分散风险。多经营几个品种，它们景气程度不同，盈利和亏损可以相互补充，减少风险。从统计学上可以证明，几种商品的利润率和风险是独立的或是不完全相关的。在这种情况下，企业的总利润率的风险也就能够因多种经营而减少。

企业通过多角筹资把投资的风险（也包括报酬）不同程度地分散给它的股东、债权人，甚至供应商、工人和政府。就整个社会来说，风险是肯定存在的，问题只是谁来承担及各承担多少。如果大家都希望风险小，都不肯承担风险，高风险的项目没人做，则社会发展速度就会趋缓下来。金融市场之所以存在，就是因为它吸纳社会资金投放给需要资金的企业，由此来分散风险，分配利润。

思考练习题

1. 某人现存入银行一笔现金，计划 8 年后每年年末从银行提取现金 6000 元，连续提取 10 年，在年利率为 7％的情况下，他现在应存入银行多少钱？

2. 某人 5 年后需用现金 40000 元，如果每年年末存款一次，在年利率为 6％的情况下，此人每年年末应在银行存入现金多少元？

3. 某人现在存入银行现金 20000 元，在银行存款利率为 6％的情况下，今后 10 年内每年年末可提取现金多少元？

4. 某人拟于明年年初借款 42000 元，从明年年末开始，每年末还本付息额均为 6000 元，连续 10 年还清。假设预期最低借款利率为 8％，问此人是否能按其计划借到款项？

5. 某企业集团准备对外投资，现有三家公司可供选择，分别为甲公司、乙公司和丙公司。

这三家公司的年预期收益及其概率如下表所示。

市场状况	概 率	年预期收益/万元		
		甲公司	乙公司	丙公司
良好	0.3	40	50	80
一般	0.5	20	20	−20
较差	0.2	5	−5	−30

要求：假定你是该企业集团的稳健型决策者，请依据风险与收益原理作出选择。

第三章

会计的基本知识

【学习目标】 通过本章的学习，要求学生了解会计的概念；掌握会计要素的定义、特征和内容的划分、会计工作的基本职能，了解会计的基本程序和会计核算方法；掌握会计基本等式，了解会计科目与账户；掌握借贷记账法下的记账符号、记账规则和账户结构，了解会计分录的编制方法；了解会计凭证的概念、分类，掌握原始凭证和记账凭证的基本内容；掌握会计账簿的概念、种类，了解会计账簿的格式和登记方法。

第一节 会 计 概 述

会计作为经济管理活动的组成部分，是随着社会生产的发展及经济管理的客观要求而产生的。任何有经济活动的地方，人们必然会按照一定的目的，用一定的形式来管理经济活动。人们对经济活动的管理，首先是对物质资料的生产和耗费的管理。任何生产者，总希望以较少的耗费生产出较多的物质资料。因此，就需要对生产耗费和生产成果进行记录、计算、对比、分析，借以反映和控制生产过程中的所耗与所得。在商品经济条件下，利用货币形式作为统一计量尺度，从价值方面来反映和控制生产过程并确定其生产经营成果的活动，就是会计管理。

一、会计的概念

会计是适应社会生产的发展和经济管理的要求而产生和发展起来的。会计所从事的记账、算账、报账等各项工作，表面上是处理数据，产生信息，实质上都是出于经济管理的需要。因此，会计的本质是向有关方面提供会计信息的一种经济管理活动。

会计所提供的信息具有全面性、连续性、系统性和综合性的特点。因此，经济越发展，会计的管理作用越重要。全面性是指会计对企业发生的能以货币计量的经济业务都要进行核算和监督。连续性是指会计应按经济业务发生的时间先后顺序自始至终不间断地进行确认、计量、记录与报告。系统性是指会计信息的取得、加工、整理要分门别类、科学有序地进行。事实上，会计以资金运动为对象，确保了会计核算与会计监督的全面性；以特定的专门方法处理会计信息，保证了其所提供会计资料的连续性和系统性；以货币为主要计量单位，使得会计所提供的信息具有高度的综合性。

在现实经济活动中，计量方式主要有实物计量、劳动计量和货币计量三种。在商品货币经济不发达的环境下，会计主要采用实物计量和劳动计量对经营活动和财务收支进行记录。这两种计量方式具有具体、直观的优点，但缺乏综合性、可比性。随着社会生产的日益发展，要求会计能对再生产过程进行全面的记录、计算、分析和比较，把各种性质的经济业务活动加以综合，求得各种综合性指标，反映经济业务的发生和结果。而在上述三种计量方式中，只有货币计量具有这种综合性。因此，现代会计以货币作为主要计量单位，但是现代会计并不排除其他两种计量方式，而是将其他计量方式作为货币计量方式的补充。

会计活动的目的就是向各有关方面提供企业财务状况和经营成果，为会计信息使用者进行筹资、投资等财务活动做出正确的决策提供依据。这就要求会计所提供的信息必须保证其真实、可靠、完整。因此，会计要求对每项经济业务的发生或完成都要有凭证记录。会计核算与监督的主要依据是会计凭证。根据真实、正确的凭证进行账簿登记是会计的基本要求。没有凭证，会计将成为无源之水、无本之木。

综上所述，可以将会计进行如下定义：会计是以货币为主要计量单位，以凭证为依据，运用一系列专门的方法，对特定主体的资金运动进行全面、连续、系统、综合的核算和监督，并向有关方面提供会计信息，旨在提高经济效益的一种经济管理活动。

二、会计要素

会计对象涉及面广且十分纷繁复杂，因此，必须将会计对象按一定的经济特征进行分类。会计要素就是对会计对象进行的基本分类，是会计对象的具体化。合理划分会计要素，有利于清楚地反映企业产权关系和其他经济关系。我国《企业会计准则》将会计要素分为资产、负债、所有者权益、收入、费用和利润六项。其中，资产、负债、所有者权益是反映企业在一定时点（月末、季末、半年末、年末）财务状况的会计要素，是企业资金运动相对静止状态的表现，称为静态会计要素。收入、费用、利润是反映企业在一定时期（月度、季度、半年度、年度）经营成果的会计要素，是企业资金运动的动态表现，称为动态会计要素。

（一）反映财务状况的会计要素

企业的财务状况是指企业一定时期的资产及权益状况，是资金运动相对静止状态的表现。反映企业财务状况的会计要素包括资产、负债、所有者权益三项。

1. 资产

资产是指企业过去的交易或者事项形成的，由企业拥有或者控制的，预期会给企业带来经济利益的资源。企业过去的交易或者事项包括购买、生产、建造行为或其他交易或者事项。预期在未来发生的交易或者事项不能形成资产。企业拥有或者控制，是指企业享有某项资产的所有权，或者虽然不享有某项资源的所有权，但该资源能被企业所控制。预期会给企业带来经济利益，是指直接或者间接导致现金和现金等价物流入企业的潜力。具体来讲，企业从事生产经营活动必须具有一定的物质资源，如货币资金、机器设备、厂房场地、原材料等。这些都是企业从事生产经营的物质基础，都属于企业的资产。此外，如专利权、商标权、著作权等不具有实物形态，但却有助于企业生产经营活动进行的无形资产，以及企业对其他单位的投资等，也都属于资产。

资产按其流动性不同，可分为流动资产和非流动资产。流动资产是指预计在一个正常营业周期中变现、出售或者主要为交易目的而持有，或者预计自资产负债表日起一年内（含一年）变现的资产，以及自资产负债表日起一年内交换其他资产或清偿负债的能力不受限制的现金或现金等价物。流动资产主要包括货币资金、交易性金融资产、应收票据、应收账款、预付款项、应收利息、应收股利、其他应收款、存货等。非流动资产是指流动资产以外的资产，主要包括长期股权投资、固定资产、在建工程、工程物资、无形资产、开发支出等。

2. 负债

负债是指企业过去的交易或者事项形成的，预期会导致经济利益流出企业的现时义务。现时义务是指企业在现行条件下已承担的义务。未来发生的交易或者事项形成的义务，不属于现时义务，不应当确认为负债。

负债按其流动性不同，分为流动负债和非流动负债。流动负债是指预计在一个正常营业周期中清偿，或者主要为交易目的而持有，或者自资产负债表日起一年内（含一年）到期应予以清偿，或者企业无权自主地将清偿推迟至资产负债表日后一年以上的负债。流动负债主要包括短期借款、应付票据、应付账款、预收账款、应付职工薪酬、应交税费、应付利息、应付股利、其他应付款等。非流动负债是指流动负债以外的负债，主要包括长期借款、应付债券等。

3. 所有者权益

所有者权益是指企业资产扣除负债后由所有者享有的剩余权益。公司的所有者权益又称为股东权益。

对任何企业而言，其资产形成的资金来源不外乎两个：一个是债权人，一个是所有者。债权人对企业资产的要求权形成企业负债；所有者对企业资产的要求权形成企业的所有者权益。所有者权益的来源包括所有者投入的资本、直接计入所有者权益的利得和损失、留存收益等。

所有者权益包括实收资本（或者股本）、资本公积、盈余公积和未分配利润。其中，资本公积是指企业收到投资者出资超过其在注册资本或股本中所占份额的部分以及直接计入所有者权益的利得和损失等。盈余公积和未分配利润又合称为留存收益。盈余公积是按税后利润的一定比例提取的公积金，未分配利润是企业历年实现的净利润留存于企业的部分。

（二）反映经营成果的会计要素

经营成果是企业在一定时期内从事生产经营活动所取得的最终财务成果，是资金运动显著变动状态的主要体现。反映经营成果的会计要素包括收入、费用、利润三项。

1. 收入

收入是指企业在日常活动中所形成的，会导致所有者权益增加的，与所有者投入资本无关的经济利益的总流入。

日常活动是指企业为完成其经营目标所从事的经常性活动以及与之相关的活动。例如，物业企业为物业产权人、使用人提供服务均属于企业的日常活动。明确界定日常活动是为了将收入与利得相区别。因为企业非日常活动所形成的经济利益的流入不能确认为收入，而应当计入利得。收入应当会导致经济利益的流入，从而导致资产的增加。例如，企业销售商品，必须要收到现金或者有权利收到现金，才表明该交易符合收入的定义。但是，企业经济利益的流入有时是由所有者投入资本的增加所导致的。所有者投入资本的增加不应当确认为收入，应当将其直接确认为所有者权益。因此，与收入相关的经济利益的流入应当将所有者投入的资本排除在外。与收入相关的经济利益的流入最终应当会导致所有者权益的增加。不会导致所有者权益增加的经济利益的流入不符合收入的定义，不应确认为收入。

2. 费用

费用是指企业在日常活动中发生的，会导致所有者权益减少的，与向所有者分配利润无关的经济利益的总流出。以工业企业为例，一定时期的费用通常由产品生产成本和期间费用两部分构成。产品生产成本由直接材料、直接人工和制造费用三个成本项目构成。期间费用包括管理费用、财务费用和销售费用三项。

3. 利润

利润是指企业在一定会计期间的最终财务成果，反映的是企业的经营业绩情况。利润通常是评价企业管理层业绩的一项重要指标，也是投资者、债权人等做出投资决策、信贷决策等的重要参考指标。

利润包括收入减去费用后的净额、直接计入当期利润的利得和损失等。其中，收入减去费用后的净额反映的是企业日常活动的经营业绩，直接计入当期利润的利得和损失反映的是企业非日常活动的经营业绩。直接计入当期利润的利得和损失，是指应当计入当期损益，最终会引起所有者权益发生增减变动的，与所有者投入资本或者向投资者分配利润无关的利得或者损失。企业应当严格区分收入和利得、费用和损失之间的区别，以便更加全面地反映企业的经营业绩。

三、会计的基本职能

会计的基本职能是指进行会计工作所发挥的基本功能。《中华人民共和国会计法》明确规定："会计机构、会计人员依照本法规定进行会计核算，实行会计监督。"可见，在我国，已将核算和监督作为法律赋予会计的基本职能。

1. 会计核算职能

核算职能指会计以货币为主要计量单位，通过确认、计量、记录、报告等会计行为从价值量上反映企事业单位各项经济活动及其结果，为有关方面提供会计信息的功能。上述所谓的确认，是指通过一套专门方法，以专业的标准确定会计事项是否发生，并以此衡量经济信息是否能进入会计核算系统。确认分为初始确认和后续确认。计量是指以货币为计量单位确定应计入会计核算系统的金额。记录是指将会计事项以会计采用的专门技术方法在会计特有的载体上登记的过程。报告是指将会计确认、计量、记录的真实资料进行汇总、加工，编制出能反映企业财务状况和经营成果的报告文件，提供给使用者。因此，可以认为确认、计量、记录、报告是执行会计核算职能的具体形式。

2. 会计监督职能

监督职能主要是指对资金运动的控制，是利用会计核算所提供的各种会计信息，依据一定监督标准，通过专门的方法，对企事业单位的经济活动过程进行指导、控制和检查，使之达到预期经营目标的功能。

会计监督的标准包括合法性和合理性两个方面。合法性是指以国家颁布的法规、制度等为标准监督经济活动，保证企事业单位的各项经济活动符合国家的有关法律法规，杜绝违法乱纪行为。合理性是指依照客观经济规律及经营管理的要求进行监督，如检查各项财务收支是否符合特定主体的财务收支计划，是否有违背内部控制制度现象等。其目的在于为加大经济效益把关。

会计监督的专门方法有预测、决策、控制、分析和考评等。

上述会计两大基本职能之间存在着相辅相成、辩证统一的关系。会计核算是会计监督的基础，没有会计核算所提供的各种信息，监督就失去了依据，而会计监督又是会计核算质量的保障，只有核算没有监督，就难以保证核算所提供信息的真实性与可靠性。

第二节 会计核算基本理论

一、会计核算的基本程序

会计核算的基本程序是指对发生的经济业务进行会计数据处理与信息加工的程序。它包括会计确认、计量、记录和报告等程序。会计确认、计量、记录和报告作为一种基本程序或方法，有其具体内容，并需要采用一系列专门方法。会计的确认、计量、记录和报告过程也就是会计信息的生成过程。

1. 会计确认

会计确认就是依据一定的标准，确认某经济业务事项能否记入会计信息系统，并列入会计报告的过程。即是否记录、何时记录、当作哪一项会计要素来记录；应否记入财务报表、何时记入、当作哪一项会计要素来报告。会计要素项目确认和时间确认是会计确认的核心。

会计要素项目确认包括两个方面：此项经济业务或会计事项是否属于会计核算内容；此项经济业务或会计事项应归属哪一个会计要素项目。

上述两项确认的基本标准是：必须符合会计要素的定义；经济业务或会计事项可以用货币进行计量。

时间确认的基本标准是按哪种会计核算基础来确认，即是按权责发生制还是收付实现制来确认交易或事项。

确认与计量是密不可分的，确认是计量的前提。计量是将已经确认的交易、事项量化后入账或列入财务报表的必要手段。与确认相对应，计量也分为初始计量与再（后续）计量。

2. 会计计量

会计计量是指在会计核算过程中，对各项财产物资都必须以某种尺度为标准确定它的量。计量即定量。计量过程包括两个方面：某一项目的实物数量；某一项目的货币金额。金额又取决于两个因素：计量单位（尺度）和计量属性。在会计计量中，主要是货币金额的计量。货币计量通常以元、百元、千元、万元等为计量单位。在计量过程中，货币一直充当着记账单位或通用标准。然而，货币具有的两重特性，给会计计量带来了一个实际问题，即货币购买力的变动。相应地，计量单位存在两种选择：一是名义货币；二是货币的购买力。当通货膨胀率居高不下时，如果无视货币购买力的变化，就会严重扭曲会计信息。

3. 会计记录

会计记录是指各项经济业务经过确认、计量后，采用一定的文字、金额和方法在账户中加以记录的过程，包括以原始凭证为依据编制记账凭证，再以记账凭证为依据登记账簿。会计记录包括序时记录和分类记录。在记录的生成方式上，有手工记录和电子计算机记录。通过会计记录，可以对价值运动进行详细与具体的描绘与量化，也可以对数据进行初步的加工、整理、分类与汇总。唯有经过会计记录这个基本的程序，会计才有可能最终生成有助于各项经济决策的会计信息。

4. 会计报告

会计报告是指以账簿记录为依据，采用一定表格和文字形式，将会计数据提供给信息使用者的手段。会计报告分为年报、半年报、季报、月报；财务报告包括基本的财务报表（核心组成部分）、财务报表附注和其他财务报告。

二、会计核算的方法

会计方法是用来核算和监督会计对象、完成会计任务的手段。会计作为经济管理的一种方法，受一定的社会经济环境的影响和制约。随着社会经济环境的发展变化，会计方法也逐步更新，会计服务的领域不断拓宽。

会计方法主要包括会计核算的方法、会计监督的方法、会计分析的方法、会计预测和决策的方法等。会计核算是会计的最基本环节，会计监督、会计分析、会计预测和决策都是在会计核算的基础上，利用会计核算资料进行的进一步加工处理。本书重点阐述会计核算的方法。

会计核算的方法是对各单位已经发生的经济活动进行完整的、连续的、系统的核算和监督所应用的方法。它主要包括以下一系列的专门方法：设置会计科目、复式记账、填制和审核凭证、登记账簿、成本计算、财产清查、编制会计报表。下面简要说明各种方法的特点和它们之间的相互联系。

1. 设置会计科目

设置会计科目是对会计对象的具体内容分类进行核算的方法。所谓会计科目，就是对会计对象的具体内容分门别类进行核算的项目。设置会计科目，是根据会计对象的具体内容和经济管理的要求，事先规定分类核算的项目。会计科目是开设账户的基础，按照会计科目开设账簿，分类地、连续地、系统地记录各项经济业务，反映由于各经济业务的发生而引起的各项会计要素的增减变动情况和结果，以便取得所需要的核算指标。会计科目的设置，是会计核算制度的一项主要内容，对于正确填制会计凭证、登记账簿和编制会计报表等核算方法都具有十分重要的意义。

2. 复式记账

复式记账是记录经济业务的一种方法。复式记账法就是对任何一笔经济业务，都必须用相等的金额在两个或两个以上相互联系的账户中进行登记的方法。采用这种方法记账，使每项经济业务所涉及的两个或两个以上的账户发生对应关系，登记在对应账户上的金额相等。通过账户的对应关系，可以了解每项经济业务的来龙去脉；通过账户的平衡关系，可以检查有关经济业务的记录是否正确。由此可见，复式记账是一种科学的记账方法。采用这种方法记录经济业务，可以相互联系地反映经济业务的全貌，也便于检查账簿记录是否正确。

3. 填制和审核凭证

会计凭证是记录经济业务、明确经济责任的书面证明，是登记账簿的重要依据。对于已经发生的经济业务，都要由经办人员或有关单位填制凭证，并签名盖章。所有的凭证都要经过会计部门和有关部门的审核。只有经过审核并认为正确无误的凭证，才能作为记账的依据。通过填制和审核凭证，可以保证会计记录有根有据，并明确经济责任，可以监督经济业务的合法性和合理性。

4. 登记账簿

账簿是用来全面、连续、系统地记录各项经济业务的簿记，也是保存会计数据资料的重要工具。登记账簿是将所有的经济业务按其发生的时间顺序，分门别类地记入有关账簿。登记账簿必须以会计凭证为依据，按照规定的会计科目设置账户，形成账簿，将所有会计凭证记录的经济业务分别记入有关账户，并定期结账。账簿所提供的各种数据资料，是编制会计报表的主要依据。登记账簿使大量分散的会计凭证归类，加工成完整、系统的数据，可以使会计信息更好地满足各方面的需要。

5. 成本计算

成本计算是指对生产经营过程中所发生的各种费用，按一定对象和标准进行归集和分配，以计算确定出各成本对象的总成本和单位成本的一种专门方法。企业在生产经营过程中必然会发生各种耗费，为了核算和监督所发生的各种费用，必须正确进行成本计算。通过成本计算，确定采购成本、生产成本和销售成本，可以核算和监督生产经营过程中所发生的各项费用是否节约或超支。成本计算提供的信息是企业管理所需要的主要信息。正确地选择成本计算方法，准确地计算成本，不仅对降低成本有重要意义，而且也是企业正确计算利润的前提条件之一。

6. 财产清查

财产清查是指通过实物盘点、核对账目，查明各项财产物资和货币资金的实有数额，保证账实相符的一种方法。通过财产清查，可以加强会计记录的正确性，保证账实相符。在财产清查中如果发现某些财产物资和货币资金的实有数额同账面结存数不一致，则应查明账实不符的原因，并调整账簿记录，使账存数额与实存数额保持一致，从而保证会计核算资料的可靠性。通过财产清查，还可以发现财产物资的保管和债权、债务的管理中存在的问题，以便对积压、贬值、损毁、短缺的财产物资和逾期未能收回的款项及时采取措施进行清理和加强财产管理，从而保证财产物资的安全、完整，加速资金周转速度，提高经济效益。

7. 编制会计报表

会计报表是以一定的表格形式，根据账簿记录定期编制的，总括反映企业、行政和事业单位特定时点和一定期间财务状况和经营成果的书面文件。编制会计报表是对日常核算的总结，将账簿记录的内容定期地加以分类整理和汇总，为会计信息使用者提供所需要的基本数据资料，不仅满足企业管理者进行决策的需要，还可以满足与企业有利害关系的单位和个人了解企业财务状况和经营成果的需要，同时满足税务部门了解企业纳税情况的需要。为了正确报告会计信息，编制会计报表时，应做到数字真实、计算准确、内容完整、说明清楚。

上述会计核算的各种方法是相互联系、密切配合的，构成一个完整的方法体系。在会计核算中，必须正确地运用这些会计核算方法。对于生产经营中发生的各项经济业务，要填制和审核会计凭证，按照会计科目设置账户，应用复式记账的方法记账；对于生产经营过程中所发生的各项费用，应当进行成本计算；对于账簿记录，通过财产清查加以核实，保证账实相符，利用无误的账簿记录，定期编制会计报表。

三、会计等式的内容

前面讲述了会计要素的基本内容，会计要素在数量上还存在着特定的恒等关系，可以用公式来表示，称为"会计等式"。

（一）资产负债表等式

企业从事生产经营活动，首先必须拥有一定数量的资金。这些资金以不同的形态存在，具体表现为银行存款、材料、房屋、设备等经济资源，这些经济资源在会计上称为资产。这些资产有一定的来源，从生产经营之初，不外乎两个渠道：一是投资者投入的，在会计上也称为所有者权益；二是从债权人借入的，在会计上也称为债权人权益。资产的提供者，即债权人和投资者，将其拥有的资本提供给企业使用并不是无偿的，对企业运用这些资本所获得的各项资产相应地拥有一种索取权。这种对企业资产拥有的索取权，在会计上称为权益。权益表示资金的来源，资产表示资金的占用。资金的来源（权益）与资金的占用（资产）是资金运动的两个方面。资产与权益是相互依存、相互转化的关系。有一定数额的资产，必然有相应数额的权益，反之亦然。因此，资产与权益在金额上必然存在着恒等的关系。如果我们用数学等式来表示这种恒等的关系，则可以得到下列的公式。

$$资产＝权益$$

等式中资产反映了企业拥有的经济资源，权益则反映了对资产总额的要求权，二者是同一事物的两个方面。上述等式表明了会计上资产与权益之间基本的资金平衡关系，是复式记账的理论基础。

从前述的分析可以得知，企业的权益可分为两种。一是债权人权益，会计上也称为负债。它是由于企业债权人向企业提供资本而形成的对企业资产的索取权，如银行借款、应付账款等。二是所有者权益。它是企业所有者向企业投入资本而形成的对企业资产的索取权，如实收资本等。负债和所有者权益反映了企业资产的两大来源，因此前述公式也可表示为

$$资产＝债权人权益＋所有者权益$$

即　　　　　　　　　　　$$资产＝负债＋所有者权益$$

上述等式将资产、负债和所有者权益三个会计要素用数学符号联系起来，清晰地反映了三者之间的关系。资产、负债、所有者权益是反映企业在特定时点财务状况的会计要素，是企业资金运动相对静止状态的表现。因此"资产＝负债＋所有者权益"也被称为静态会计等式。它是编制资产负债表的理论依据，又称为资产负债表等式。

（二）利润表等式

企业的生产经营活动都是以营利为目的的。所谓营利，就是要获取利润。随着企业生产经营的不断进行，企业投入的资金也在不断地运动变化。经过循环周转后，企业会取得一定的收入。同时，为取得收入也会发生一定的费用。一定时期的收入与费用相比较的结果，就是利润或亏损。收入、费用与利润三者之间的数量关系可表示为

$$收入－费用＝利润$$

收入、费用、利润是反映企业在一定时期经营成果的会计要素，是企业资金运动的动态表现。因此，上述等式也被称为动态会计等式。该等式也是编制利润表的理论依据，又称为利润表等式。

（三）基本会计等式

收入与费用相比较的结果可能是利润也可能是亏损。如果收入大于所发生的费用，其差额即为利润，若收入小于费用，其差额即为亏损。无论是利润还是亏损，都应属于企业的所有者。从本质上讲，利润可以增加所有者权益，亏损则会使所有者权益减少。因此，可以将以上会计要素用以下公式连接起来。

$$资产＝负债＋所有者权益＋（收入－费用）$$

上述等式反映的是要素之间的关系，是一个动态等式，是企业在会计期中（即结账前）会计等式的表现形式。到会计期末，企业将收入与费用配比，计算出利润（或亏损）。若是利润，要按规定程序进行分配，一部分形成负债，随着负债的支付流出企业，一部分留归企业转入所有者权益。若是亏损，则直接表现为所有者权益的减少。因此，上述等式又还原为最基本的会计等式：资产＝负债＋所有者权益。

综合上述分析结果可知，会计等式的表示形式多种多样，各自代表的意义也有所不同。但"资产＝负债＋所有者权益"不仅反映了资产、负债、所有者权益之间的关系，而且也反映了收入、费用、利润增减的结果，全面反映了各项会计要素之间的关系。这一等式最能反映企业资金的使用与来源情况，因此被视为会计核算中最基本的等式，既是资金平衡的理论依据，也是设置会计账户、复式记账和编制会计报表的基本依据。因此，会计上将"资产＝负债＋所有者权益"称为基本会计等式。等式的左方为资产，右方为负债和所有者权益。无论发生什么经济业务，等式的左方和右方始终是相等的。

企业在生产经营活动中，每天都发生各种各样的经济业务。所谓经济业务，是指能以货币计量的，能引起企业资产和权益发生变化的一切价值交换活动。例如，购买材料、生产领用材料、产品验收入库、产品销售等都是企业的经济业务。企业的经济业务多种多样，所发生的每项经济业务都必然伴随着资金运动，必然会引起资产、负债、所有者权益等会计要素发生增减变动，但不论怎样变动都不会破坏会计等式的恒等关系。这是因为，根据数学原理可知，在等式的一方加上并减去同一数额，等式仍然平衡；在等式的两端同时加上或减去同一个数额，同样也不会破坏等式的平衡关系。

四、会计科目的含义

为了全面、系统地反映和监督企业的经济活动，我们已经将会计的对象进一步划分为会计要素，包括资产、负债、所有者权益、收入、费用和利润。但是这种分类只是对会计对象的最基本分类。每一会计要素又包含不同的具体内容。例如，资产既包括库存现金、银行存款等流动资产，还包含固定资产、无形资产等长期资产，虽然同属于资产，但是流动资产和长期资产的性质又有很多不同。另外，这种最基本的分类，难以满足各有关方面对会计信息的需要。例如，所有者需要了解利润构成和分配情况，了解盈利能力；债权人需要了解流动比率、速动比例，了解偿债能力；税务机构需要了解企业税负的详细情况等。

由此看来，仅将会计对象分为六大会计要素仍显得过于粗略。因此，为了满足经济管理的要求，还需要对会计要素做一步的分类，即设置会计科目。

会计科目是指对会计要素按其经济内容所做的进一步分类的名称。设置会计科目，就是将会计对象中具体内容相同的归为一类，设立一个会计科目名称。凡是涉及该类内容的经济业务，都应在该会计科目下核算。每一会计科目都应明确地反映一定的经济内容。例如，一个企业购买的材料和购买的厂房、机器设备都是企业的资产，但其经济内容不同，必须分别设置"原材料"和"固定资产"两个会计科目分别核算，这样才能区分资产这个会计要素的具体内容。又如，企业向银行借入的款项和购买材料时的欠款都属于企业的负债，但其经济内容不同，也应分别设置"短期借款"、"长期借款"、"应付账款"等会计科目。同样，对于企业的其他会计要素，也要根据经济内容的不同，分别设置不同的会计科目。

设置会计科目是填制记账凭证的依据，同时也是编制会计报表的基础。不仅能够对会计对象的具体内容进行科学的分类，统一核算口径，提供有用的会计资料，而且为成本计算和财产清查提供了前提条件。

会计科目按反映经济内容的详细程度可以分为总分类科目和明细分类科目。总分类科目，又称为总账科目或一级科目。它是对会计要素具体内容进行总括分类的科目。它提供的是总括性指标，是进行总分类核算的依据。如"库存商品"、"固定资产"等就属于总分类科目。在我国会计核算中，总分类会计科目是由财政部统一制定并颁布实施的，企业可以根据自身业务的需要进行应用。明细分类科目，又称明细科目。它是对总分类科目进一步分类的科目。它提供的是详细指标，是进行明细分类核算的依据。如在"应收账款"总分类科目下按债务人分设"A 客户"、"B 客户"明细科目，具体反映哪一种产品的成本。在我国会计核算中，明细会计科目一般可根据企业自身经营管理需要自行设置。

会计科目按反映的会计要素可以分为资产类、负债类、共同类、所有者权益类、成本类和损益类。

常用的会计科目如表 3-1 所示。

五、会计账户的含义

会计账户是按照规定的会计科目开设的，具有一定格式和结构，用来分类、连续、系统反映各个会计要素增减变化情况及其结果的一种载体。会计科目是对会计要素按其经济内容所作进一步分类的名称。会计科目只有分类的名称，没有一定的格式和结构，不能把发生的经济业务连续、系统地记录下来。因此，仅有会计科目还远远不够，会计实务中还必须根据规定的会计科目设置一系列反映不同经济内容的账户，运用一定的记账方法，将该会计科目在某一会计期间的资金增减变动及其结果进行系统、连续的记录和反映。

可见，在会计学中会计科目与账户是两个不同的概念，两者之间既有联系，又有区别。它们的共同点表现为：两者都是对会计要素具体内容的分类，所体现的经济内容是相同的。因此，会计科目和账户的名称是相同的。会计科目是设置账户的依据，账户是会计科目的具体运用。会计科目所反映的经济内容就是账户所要登记的内容。它们的不同点表现为：会计科目只是对会计要素具体内容的分类，只是说明一定的经济内容，并不存在结构问题；账户有特定格式或结构，可以具体反映资金运动的增减变化，提供具体的数据资料。

（一）会计账户的基本结构

为了记录和反映各项经济业务引起的资金运动及其结果，账户不但反映具体的经济内容，而且有一定的结构。账户的结构就是账户的格式。当然，采用不同的记账方法，账户的结构是不同的。即使采用相同的记账方法，不同性质的账户结构也是不同的。企业发生的经济业务是多种多样的，但从数量上看，都可以归结为增加或减少两种情况。因此，无论什么样的账户，其基本结构是相同的，可以分为增加栏、减少栏和余额栏。因此，账户应该分为两个部分：一部分登记资金的增加额；另一部分登记资金的减少额。通常在会计实务中把账户分为左、右两方，用来登记会计要素的增加额和减少额以及增减变动的结果。

在会计实务中，账户的基本结构一般来说应该包括以下几方面内容：

① 账户的名称，即会计科目的名称；

② 日期和摘要，即记录经济业务发生的时间和对经济业务的简要说明；

③ 凭证号数，即登记账户依据记账凭证的编号；

④ 资金的增加额、减少额，即填写经济业务增加和减少的具体金额；

⑤ 资金余额，即经济业务增减变化后的结果。

在借贷记账法下，账户的基本结构如表 3-2 所示。

表 3-1　常用会计科目

编　号	会计科目名称	编　号	会计科目名称
	一、资产类	2211	应付职工薪酬
1001	库存现金	2221	应交税费
1002	银行存款	2231	应付利息
1012	其他货币资金	2232	应付股利
1101	交易性金融资产	2241	其他应付款
1121	应收票据	2314	代理业务负债
1122	应收账款	2401	递延收益
1123	预付账款	2501	长期借款
1131	应收股利	2502	应付债券
1132	应收利息	2701	长期应付款
1221	其他应收款	2702	未确认融资费用
1231	坏账准备	2711	专项应付款
1321	代理业务资产	2801	预计负债
1401	材料采购	2901	递延所得税负债
1402	在途物资		三、共同类
1403	原材料	3001	清算资金往来
1404	材料成本差异	3002	货币兑换
1405	库存商品	3101	衍生工具
1406	发出商品	3201	套期工具
1407	商品进销差价	3202	被套期项目
1408	委托加工物资		四、所有者权益类
1411	周转材料	4001	实收资本
1471	存货跌价准备	4002	资本公积
1501	持有至到期投资	4101	盈余公积
1502	持有至到期投资减值准备	4103	本年利润
1503	可供出售金融资产	4104	利润分配
1511	长期股权投资	4201	库存股
1512	长期股权投资减值准备		五、成本类
1521	投资性房地产	5001	生产成本
1531	长期应收款	5101	制造费用
1532	未实现融资收益	5201	劳务成本
1601	固定资产	5301	研发支出
1602	累计折旧	5401	工程施工
1603	固定资产减值准备	5402	工程结算
1604	在建工程	5403	机械作业
1605	工程物资		六、损益类
1606	固定资产清理	6001	主营业务收入
1611	未担保余值	6051	其他业务收入
1701	无形资产	6101	公允价值变动损益
1702	累计摊销	6111	投资收益
1703	无形资产减值准备	6301	营业外收入
1711	商誉	6401	主营业务成本
1801	长期待摊费用	6402	其他业务成本
1811	递延所得税资产	6403	营业税金及附加
1901	待处理财产损益	6601	销售费用
	二、负债类	6602	管理费用
2001	短期借款	6603	财务费用
2101	交易性金融负债	6701	资产减值损失
2201	应付票据	6711	营业外支出
2202	应付账款	6801	所得税费用
2203	预收账款	6901	以前年度损益调整

表 3-2 账户的基本结构

账户名称（会计科目）

年		凭证号数	摘 要	借 方	贷 方	借或贷	余 额
月	日						

为了教学方便，在理论教学中，可以用简化形式"T"字形账户来说明账户的基本结构，如图 3-1 所示。

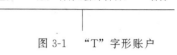

图 3-1 "T"字形账户

账户的左右两方，按相反方向来记录经济业务发生所引起的资金的增加额和减少额，即如果在左方记录增加额，就应该在右方记录减少额；反之，如果在右方记录增加额，就应该在左方记录减少额。哪一方记录增加额，哪一方记录减少额，取决于账户本身的性质和具体的记账方法。

账户的左右两方主要记录的内容有期初余额、本期增加发生额、本期减少发生额、期末余额四个核算指标。本期增加发生额和本期减少发生额，是指在一定会计期间内，账户在左右两方分别登记的资金增加金额的合计数和资金减少金额的合计数。在经济业务发生的首期，本期增加发生额与本期减少发生额相抵后的差额，就是本期的期末余额。如果将本期的期末余额转入下一会计期间，就是下一期的期初余额，即本期的期末余额就是下期的期初余额。上述四个核算指标的关系可以用公式表示为

本期期末余额＝本期期初余额＋本期增加发生额－本期减少发生额

（二）会计账户的基本分类

账户按会计要素分类也应分为资产类、负债类、所有者权益类、收入类、费用类、利润类。但由于企业获得的收入在补偿生产耗费后会形成企业的损益，因此在会计实务中，为了系统反映收入的取得和费用的发生，通常将收入和费用合并在一起统称为损益类账户。另外，无论企业在一定时期内形成的是利润或亏损，最终都要归属于企业的所有者权益，因此通常在实务中将利润类归为所有者权益类账户。

六、借贷记账法

借贷记账法是以"借"和"贷"两字作为记账符号，记录和核算会计要素增减变化情况的一种复式记账方法。"借"和"贷"两字应该理解为账户上两个对立的方向，即一方表示增加，另一方则表示减少。至于哪一方表示增加，哪一方表示减少，只有联系账户的具体性质才能确定。

（一）借贷记账法的账户结构

按照借贷记账法规定，账户的基本结构是：每一个账户都分为"借"、"贷"两方，通常情况下，账户的左方为借方，右方为贷方。前已述及，账户的借贷两方是对立的、相反的，即对每个账户来说，如果借方记录增加额，那么账户的贷方一定是登记减少额，反之亦然。一个账户既可以记录增加额，又可以记录减少额，究竟哪方登记增加金额，哪方登记减少金额，则取决于账户所反映的经济内容和账户本身的性质。不同性质的账户其结构也不同。

1. 资产类账户

资产类账户的结构为：账户的借方登记资产的增加额，贷方登记资产的减少额。在一个会计期间内，借方记录的合计数称为本期借方发生额，贷方记录的合计数称为本期贷方发生额。每一会计期间的期末（如月末）将本期借方发生额与本期贷方发生额相比较，其差额称为期末余额。资产类账户的期末余额一般在借方，期末余额将转入下期，成为下一个会计期

间的期初余额，用公式表示为

期初借方余额＋本期借方发生额－本期贷方发生额＝期末借方余额

用"T"字形账户来表示如图 3-2 所示。

借方		资产类账户	贷方
期初余额	×××		
本期增加额	×××	本期减少额	×××
本期借方发生额合计	×××	本期贷方发生额合计	×××
期末余额	×××		

图 3-2 资产类账户结构

2. 负债和所有者权益类账户

借贷记账法是以"资产＝负债＋所有者权益"这一会计等式为理论依据的。从等式可以看出，资产在等式的左边，负债和所有者权益在等式的右边，左右两边永远相等，亦应永远对立，因此负债和所有者权益类账户的结构应该与资产类账户的结构相反，即贷方登记负债和所有者权益的增加额，借方登记负债和所有者权益的减少额。每一会计期间的期末（如月末）将借方发生额与贷方发生额进行比较，其差额称为期末余额。负债和所有者权益类账户的期末余额一般在贷方，期末余额将转入下期，成为下一个会计期间的期初余额，用公式表示为

期初贷方余额＋本期贷方发生额－本期借方发生额＝期末贷方余额

负债和所有者权益类账户的结构如图 3-3 所示。

借方		负债和所有者权益类账户	贷方
		期初余额	×××
本期减少额	×××	本期增加额	×××
本期借方发生额合计	×××	本期贷方发生额合计	×××
		期末余额	×××

图 3-3 负债和所有者权益类账户结构

3. 成本类账户

企业在生产产品的过程中要有材料、人工等各种耗费。这些耗费在生产中形成产品的成本，在产品完工后形成库存商品。因此，可以将成本看作是一种资产。成本类账户的结构与资产类账户的结构是基本相同的，即账户的借方登记成本的增加额，账户的贷方登记成本的减少额，期末余额一般在借方，用公式表示为

期初借方余额＋本期借方发生额－本期贷方发生额＝期末借方余额

成本类账户的结构如图 3-4 所示。

借方		成本类账户	贷方
期初余额	×××		
本期增加额	×××	本期减少额	×××
本期发生额合计	×××	本期发生额合计	×××
期末余额	×××		

图 3-4 成本类账户结构

4. 损益类账户

损益类账户按反映的具体内容不同，可以分为收入类账户和费用类账户。企业的主要目是获得利润，在销售产品取得收入的同时，也必须付出一定的费用。前已述及，收入最终会导致所有者权益的增加，而费用最终会导致所有者权益的减少。因此，收入类账户的结构与所有者权益类账户的结构相同，费用类账户的结构与所有者权益类账户的结构相反。即收入类账户的贷方登记收入的增加额，借方登记收入的减少额；费用类账户的借方登记费用的增加额，贷方登记费用的减少额。由于有"收入－费用＝利润"这一会计等式，收入和费用最终要转到"本年利润"账户，因此收入类和费用类账户最终是没有余额的。

收入类和费用类账户的结构如图3-5、图3-6所示。

借方	收入类账户	贷方
本期减少额　×××		本期增加额　×××
本期发生额合计　×××		本期发生额合计　×××

图3-5　收入类账户结构

借方	费用类账户	贷方
本期增加额　×××		本期减少额　×××
本期发生额合计　×××		本期发生额合计　×××

图3-6　费用类账户结构

为了便于运用和掌握各类账户，将上述各类账户的结构总结如表3-3所示。

表3-3　各类账户结构

账　户　类　型	借　　方	贷　　方	余　　额
资产类	增加	减少	借方
负债和所有者权益类	减少	增加	贷方
成本类	增加	减少	借方
收入类	减少	增加	—
费用类	增加	减少	—

综上所述，借、贷两方，对于不同的账户所表示的经济内容不同。总结来看，借字可以表示资产、成本、费用的增加和负债、所有者权益、收入的减少；贷字可以表示资产、成本、费用的减少和负债、所有者权益、收入的增加；各类账户的期末余额一般在其记录增加的一方。因此，在实际业务中，可以根据账户余额所在方向来判断账户的性质。一般来说，资产类账户的余额在借方，负债和所有者权益类账户的余额在贷方。这也是借贷记账法区别于其他复式记账方法的一个重要标志。

（二）借贷记账法的记账规则

无论企业发生的经济业务多么错综复杂，都可以用借贷记账法进行记录。如何将千差万别的经济业务记录下来，其中是有规律可循的，即借贷记账法有其本身的记账规则。下面通过具体的经济业务，说明借贷记账法的记账规则。

在运用借贷记账法登记经济业务时，通常要遵循以下步骤：

① 根据发生的经济业务，确定经济业务所涉及的会计要素及账户的类别；

② 分析经济业务所涉及的账户名称及其增减的金额；

③ 根据上述分析，确定该经济业务应记入相关账户的借方或贷方，以及各账户应记金额。

下面以某物业公司发生的经济业务为例来说明借贷记账法的应用。

【例 3-1】 2008 年 5 月 1 日，公司接受甲公司的投资 200 万元，款项已经存入银行。

分析：这笔经济业务使得公司的资产和所有者权益两个会计要素发生变化。一方面使资产增加了 200 万元，应该在"银行存款"账户的借方登记；另一方面使所有者权益增加了 200 万元，应该在"实收资本"账户的贷方登记。上述经济业务涉及的账户如图3-7 所示。

图 3-7　接受投资存入银行

【例 3-2】 2008 年 5 月 3 日，公司从银行取得了流动资金借款 50 万元，款项已经存入银行。

分析：这笔经济业务使得公司的资产和负债两个会计要素发生变化。一方面使资产增加了 50 万元，应该在"银行存款"账户的借方登记；另一方面使负债增加了 50 万元，应该在"短期借款"账户的贷方登记。上述经济业务涉及的账户如图 3-8 所示。

图 3-8　借入短期借款存入银行

【例 3-3】 2008 年 5 月 10 日，公司用银行存款 20 万元买入一台设备，已投入使用。

分析：这笔经济业务使得公司的资产这个会计要素发生变化，出现了资产内部一增一减的情况。一方面使资产减少了 20 万元，应该在"银行存款"账户的贷方登记；另一方面使资产增加了 20 万元，应该在"固定资产"账户的借方登记。上述经济业务涉及的账户如图3-9 所示。

图 3-9　以银行存款购买固定资产

【例 3-4】 2008 年 5 月 10 日，公司用银行存款偿还前欠乙公司货款 8 万元。

分析：这笔经济业务使得公司的资产和负债两个会计要素发生变化。一方面使资产减少了 8 万元，应该在"银行存款"账户的贷方登记；另一方面使负债减少了 8 万元，应该在"应付账款"账户的借方登记。上述经济业务涉及的账户如图 3-10 所示。

【例 3-5】 2008 年 5 月 12 日，公司预收清洁卫生费 3000 元。

图 3-10 以银行存款偿还货款

分析：这笔经济业务使得公司的资产和负债两个会计要素发生变化。一方面使资产增加了 3000 元，应该在"银行存款"账户的借方登记；另一方面使负债增加了 3000 元，应该在"预收账款"账户的贷方登记。上述经济业务涉及的账户如图 3-11 所示。

图 3-11 预收清洁卫生费

【例 3-6】 2008 年 5 月 18 日，公司收取 5 月份物业管理费共计 21000 元，款项已经存入银行。

分析：这笔经济业务使得公司的资产和收入两个会计要素发生变化。一方面使资产增加了 21000 元，应该在"银行存款"账户的借方登记；另一方面使收入增加了 21000 元，应该在"主营业务收入"账户的贷方登记。上述经济业务涉及的账户如图 3-12 所示。

图 3-12 收取物业管理费

【例 3-7】 2008 年 5 月 20 日，公司购入水泥 10 万元，7 万元已用银行存款支付，3 万元暂欠。

分析：这笔经济业务使得公司的资产和负债两个会计要素发生变化。一方面购买材料使资产增加了 10 万元，应该在"原材料"账户的借方登记，由于用银行存款付款，资产同时也减少了 7 万元，应该在"银行存款"账户的贷方登记；另一方面使负债增加了 3 万元，应该在"应付账款"账户的贷方登记。上述经济业务涉及的账户如图 3-13 所示。

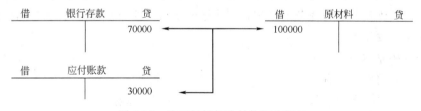

图 3-13 购买材料部分付款部分暂欠

【例 3-8】 2008 年 5 月 25 日，林海公司某物业管理企业当月停车场收入 5 万元存入银行，网球场收入 2 万元尚未收回。

分析：这笔经济业务使得公司的资产和收入两个会计要素发生变化。一方面收到收入使资产增加了 5 万元，应该在"银行存款"账户的借方登记，另外 2 万元，尚未收回，使资产又增加了 2 万元，应该在"应收账款"的借方登记；另一方面使收入增加了 7 万元，应该在"主营业务收入"账户的贷方登记。上述经济业务涉及的账户如图 3-14 所示。

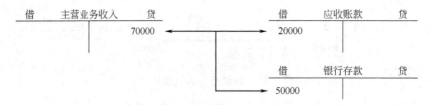

图 3-14　取得收入部分款项暂欠

通过上述经济业务的分析，可以总结借贷记账法的基本规律为：一是经济业务发生时，必须在两个或两个以上相互联系的账户中进行登记；二是每项经济业务都必须在借贷两方同时登记；三是每项经济业务记入借方的金额（或是借方金额合计）与记入贷方的金额（或是贷方金额合计）相等。这就是借贷记账法的记账规则。用一句话来概括为：有借必有贷，借贷必相等。在借贷记账法下，均应按记账规则进行账务处理。

（三）借贷记账法的会计分录

从前面的例题可以看出，采用借贷记账法，在每项经济业务发生后，都会在相关账户中形成一种相互对立又相互依存的关系，表现为一个账户与另一个账户发生这种关系，或是一个账户与另几个账户发生这种关系。这种借方账户与贷方账户之间相互依存的关系，称为账户的对应关系。具有对应关系的账户称为对应账户。

为了清晰地反映账户之间的对应关系，了解经济业务的过程和结果，并防止出现记账的差错，在每项经济业务登记账户之前，都需要先根据经济业务的内容，运用借贷记账法的记账规则，确定所涉及的账户及其应借、应贷的方向和金额。在会计实务中，这项工作是通过填制记账凭证来完成的。在理论中，为了方便教学，通过编制会计分录来代替。会计分录就是按照借贷记账法记账规则的要求，标明某项经济业务应借、应贷账户名称、方向及其金额的记录。会计分录有简单会计分录和复合会计分录之分。简单会计分录就是指一个账户与另一个账户相对应所组成的会计分录，即"一借一贷"的会计分录。它反映的账户对应关系，借方和贷方各只有一个账户。复合会计分录就是指两个以上的账户相对应组成的会计分录，即"一借多贷"、"一贷多借"或"多借多贷"的会计分录。它所反映的账户对应关系，借方或贷方只有一个账户，而贷方或借方则有两个或两个以上的账户，或者是借方和贷方均有两个或两个以上的账户。复合会计分录实质上是由几个简单会计分录组合成的。编制复合会计分录可以全面反映某些经济业务的全貌，简化记账手续。简单会计分录反映问题直观，账户对应关系清楚，便于检查。

会计分录的基本格式如下。

借：×××（账户名称）　　　　　　　　×××（金额）
　贷：×××（账户名称）　　　　　　　×××（金额）

【例 3-9】　以【例 3-1】～【例 3-8】的经济业务为例，说明会计分录的编制。

(1) 借：银行存款　　　　　　　　　　2000000
　　　贷：实收资本　　　　　　　　　　2000000
(2) 借：银行存款　　　　　　　　　　500000
　　　贷：短期借款　　　　　　　　　　500000
(3) 借：固定资产　　　　　　　　　　200000
　　　贷：银行存款　　　　　　　　　　200000

（4）借：应付账款　　　　　　　　　80000

　　　贷：银行存款　　　　　　　　　　80000

（5）借：银行存款　　　　　　　　　3000

　　　贷：预收账款　　　　　　　　　　3000

（6）借：银行存款　　　　　　　　　21000

　　　贷：主营业务收入　　　　　　　　21000

（7）借：原材料　　　　　　　　　100000

　　　贷：银行存款　　　　　　　　　　70000

　　　　　应付账款　　　　　　　　　　30000

（8）借：银行存款　　　　　　　　　50000

　　　　　应收账款　　　　　　　　　20000

　　　贷：主营业务收入　　　　　　　　70000

第三节　会计凭证和会计账簿

一、会计凭证

会计凭证简称凭证，是记录经济业务发生和完成情况，明确经济责任的书面证明文件，是登记会计账簿的依据。在会计实务中使用的会计凭证种类繁多，可以按不同的标准予以分类，但最基本的分类标准是按照凭证的填制程序和用途进行分类。会计凭证按其填制程序和用途不同，可以分为原始凭证和记账凭证两大类。

填制和审核会计凭证是会计核算的基础，也是会计核算的一种专门方法。正确填制和审核会计凭证对于保证会计信息的真实性、正确性、完整性，以及加强财产物资的管理，完成会计核算任务，发挥会计监督职能，都具有十分重要的意义。

（一）原始凭证

原始凭证又称为单据，是在经济业务发生或完成时填制或取得的，用以记载经济业务的发生和完成情况，明确经济责任，具有法律效力的书面证明，是进行会计核算的原始资料和重要依据。

1. 原始凭证的种类

原始凭证按其来源不同进行分类，可分为外来原始凭证和自制原始凭证两类。外来原始凭证是指由业务经办人员在经济业务发生或完成时，从外部单位或个人取得的，证明经济业务发生或完成情况的原始凭证，如购买货物取得的增值税专用发票、对外单位支付款项时取得的普通发票、职工出差取得的车船票等。自制原始凭证是指在经济业务发生或完成时，由本单位的经办部门和经办人员填制的，证明经济业务发生或完成情况的原始凭证，如仓库保管人员在原材料、产成品验收入库时填制的入库单、生产车间领用材料时填制的领料单及工资结算表、发货单、成本计算单等。

原始凭证按其填制方法及内容不同进行分类，可分为一次原始凭证、累计原始凭证、汇总原始凭证。一次原始凭证是指一次填制完成，只记录一项经济业务的原始凭证。外来原始凭证都是一次凭证。自制原始凭证中的大部分是一次凭证，如收料单、领料单、借款单等。累计原始凭证是指在一定时期内连续多次记载若干项同类重复发生的经济业务，并在一张凭证中多次填制才能完成的原始凭证。累计原始凭证一般为自制原始凭证。如工业企业的"限额领料单"就是最常见的累计原始凭证。累计原始凭证的特点是平时随时登记发生的经济业务，并随时能够结出累计数，便于同计划、预算数进行比较，促使材料耗用、费用发生在定额、预算范围内，达到加强成本管理、事前控制的作用。汇总原始凭证又称为原始凭证汇总表，是指根据一定时期内若干项反映同类经济业务的原始凭证汇总编制的原始凭证，如发料汇总表。使用汇总原始凭证可以减少填制记账凭证和记账工作。

2. 原始凭证的基本内容

由于经济业务的复杂多样和经营管理的不同要求，记载经济业务发生情况的原始凭证在名称、内容、格式上必然存在差异。但无论何种原始凭证，都应能客观地反映经济业务的发生和完成情况，表明经济业务的性质，明确经办单位和经办人员的经济责任等基本要素。归纳起来，原始凭证主要包括原始凭证的名称、接受凭证单位的名称、填制凭证的日期和凭证编号、经济业务的内容摘要、经济业务的数量、单价和金额、填制凭证的单位签章、经办人员等有关人员的签名或签章。原始凭证的上述内容不得缺少。除此之外，在实际工作中，为了满足其他经济业务需要，某些原始凭证还可列入其他相关内容，以便使原始凭证发挥更大的作用。

（二）记账凭证

记账凭证是会计人员根据审核无误的原始凭证或原始凭证汇总表填制的，用来确定会计分录，并据以登记账簿的会计凭证。

进行会计核算过程中，原始凭证不能作为登记会计账簿的直接依据，而是先根据原始凭证填制记账凭证，再根据记账凭证登记账簿。因为原始凭证反映的只是经济业务发生或完成的具体情况，其内容和格式多种多样，没有表明应借应贷会计科目的名称和方向，如果直接以其登记账簿，不仅容易发生错误，而且不便于审核和日后查阅。因此，为便于记账，防止差错，在将它们反映到账簿之前，由会计人员按照借贷记账法的方法和要求，根据原始凭证填制记账凭证，指明经济业务应记会计科目的名称、方向和金额。原始凭证则为记账凭证的附件，附于记账凭证的后面，作为支持性凭证。

1. 记账凭证的分类

记账凭证可以按照不同的划分标准进行分类。记账凭证按其适用业务范围不同，可分为专用记账凭证和通用记账凭证。

（1）专用记账凭证 指分别适用于不同类别经济业务的记账凭证，包括收款凭证、付款凭证和转账凭证三种。采用专用记账凭证，需要将经济业务按是否与现金、银行存款收付有关划分为收款业务、付款业务和转账业务，分别填制不同类型的专用记账凭证。收款业务是指与现金、银行存款收入有关的经济业务；付款业务是指与现金、银行存款支出有关的经济业务；转账业务是指与现金、银行存款收入、支出无关的经济业务。

① 收款凭证。收款凭证是根据记录现金、银行存款收款业务的原始凭证填制的，用来反映库存现金、银行存款收款业务的专用记账凭证。收款凭证又可分为现金收款凭证和银行存款收款凭证。它们是登记库存现金日记账、银行存款日记账以及有关明细账和总账的依据，也是出纳人员收讫款项的依据。收款凭证的借方科目必须是库存现金或银行存款，贷方科目一定无库存现金或银行存款。其格式如表3-4所示。

② 付款凭证。付款凭证是根据记录现金、银行存款付款业务的原始凭证填制的，用来反映库存现金、银行存款付款业务的专用记账凭证。付款凭证又分为现金付款凭证和银行存款付款凭证。它们是登记库存现金日记账、银行存款日记账以及有关明细账和总账的依据，

表 3-4 收款凭证

借方科目：   年　月　日   收字第　号

摘　要	贷方科目		记账√	金　额	
	总账科目	二级或明细科目			附
					件
					张
合　计					

财务主管：　　记账：　　出纳：　　审核：　　制单：

也是出纳人员支付款项的依据。付款凭证的贷方科目必须是库存现金或银行存款。其格式如表 3-5 所示。

表 3-5 付款凭证

贷方科目：   年　月　日   付字第　号

摘　要	借方科目		记账√	金　额	
	总账科目	二级或明细科目			附
					件
					张
合　计					

财务主管：　　记账：　　出纳：　　审核：　　制单：

对于现金和银行存款之间互转业务，为避免重复记账，统一规定只填制付款凭证，不填制收款凭证。例如，将现金存入银行只填制现金付款凭证；从银行提取现金只填制银行存款付款凭证。

③ 转账凭证。转账凭证是根据记录转账业务的原始凭证填制的，用来反映与现金、银行存款收入、支出无关的转账业务的专用记账凭证。它们是登记有关明细账和总账的依据。其格式如表 3-6 所示。

表 3-6 转账凭证

年　月　日   转字第　号

摘　要	会计科目		记账√	借方金额	记账√	贷方金额	
	总账科目	二级或明细科目					附
							件
							张
合　计							

财务主管：　　记账：　　审核：　　制单：

专用记账凭证适用于规模大、经济业务多的会计主体，为便于识别，防止差错。不同类别的专用记账凭证应使用不同的颜色印刷。

（2）通用记账凭证　指适用于所有经济业务的记账凭证。采用通用记账凭证不需考虑经济业务的类别，日常发生的收款业务、付款业务或转账业务，统一采用同一种格式的记账凭证。通用记账凭证适用于规模较小、经济业务较少的会计主体，其格式与转账凭证基本相同。通用记账凭证的格式如表 3-7 所示。

表 3-7　通用记账凭证

年　　月　　日　　　　　　　　　　　　　　　　　总　号

摘　要	会计科目		记账√	借方金额	记账√	贷方金额
	总账科目	二级或明细科目				
合　计						

财务主管：　　　　记账：　　　　审核：　　　　制单：

2. 记账凭证的基本内容

记账凭证是以审核无误的原始凭证为基础编制的，是登记账簿的直接依据。它一方面要概括原始凭证所反映的经济业务的基本情况，另一方面要能满足正确登记账簿的要求。记账凭证要同时兼顾上述两方面的需要，必须具备下列基本内容：

① 记账凭证的名称，如"收款凭证"、"付款凭证"；

② 填制单位的名称；

③ 填制凭证的日期和凭证编号；

④ 经济业务的内容摘要；

⑤ 经济业务所涉及的会计科目（包括一级、二级或明细科目）及记账方向和金额；

⑥ 所附原始凭证的张数；

⑦ 记账符号；

⑧ 记账凭证的填制、复核、记账、出纳、会计主管等有关人员的签章。

二、会计账簿

会计账簿，简称账簿，是指由具有专门格式、相互联系的账页组成，按照会计科目开设账户、账页，以会计凭证为依据，连续、分类、系统、全面地记录和反映各项经济业务的簿籍。

设置和登记会计账簿是会计工作的一个重要环节，是会计核算的专门方法。科学地设置账簿和正确地登记账簿，对完成会计核算任务、加强企业管理起着非常重要的作用。

由于会计凭证的种类和数量较多，每一张会计凭证只能反映某一项或某一类经济业务的具体情况，不能对会计主体在某一会计期间的经济业务进行连续、分类、系统、全面的反映和监督，不具有系统性，不能完全满足会计信息使用者管理和决策的需要。因此，必须在填制和审核会计凭证的基础上，把分散在会计凭证中的零散资料进行归集、整理，使之提供的信息能够满足使用者的需求。

设置账簿就是在一定格式的账页上填写会计科目名称，该账页成为反映和记录该会计科目所核算内容的账户。账页是账户的载体，账簿是账页的集合。登记账簿就是根据记账凭证中注明的会计科目名称、记账方向、金额等，将经济业务内容记入设立在账簿中的账户内，对会计核算资料进行分门别类的登记、核算。

（一）会计账簿的分类

不同单位的经济业务具有各自的特点，生产和经营的具体要求也不同。会计核算中应用的账簿种类繁多，为了更好地使用各种账簿，有必要对账簿按照不同的标准进行分类。常见的分类有以下几种。

1. 按用途分类

账簿的用途是指账簿用来登记什么经济业务以及如何进行登记。账簿按用途不同可分为序时账簿、分类账簿和备查账簿三类。

（1）序时账簿　又称日记账，是按照经济业务发生或完成时间的先后顺序，逐日逐笔进行登记的账簿。日记账又可分为普通日记账、转账日记账和特种日记账。普通日记账是用来记录全部经济业务的序时账簿，也称为分录簿。转账日记账是用来记录转账业务的序时账簿。特种日记账是用来登记内容相同的特定类别经济业务的序时账簿。在我国，大多数企业一般只设置库存现金日记账和银行存款日记账，而不设置普通日记账和转账日记账。

（2）分类账簿　指根据经济业务的性质和类别，按照总分类账户和明细分类账户设置的，对所有经济业务进行分类登记的账簿。按其提供会计信息的详细程度不同，分类账簿又可分为总分类账簿和明细分类账簿。总分类账簿简称总账，是根据总分类科目设置的，登记全部经济业务的账簿。明细分类账簿简称明细账，是根据总分类科目所属的明细分类科目开设的，用来登记某一类经济业务的账簿。总分类账簿提供总括核算资料，统驭明细分类账簿；明细分类账簿提供详细、具体的核算资料，对总分类账簿起补充说明的作用。

（3）备查账簿　又称辅助账簿，是对某些在序时账簿和分类账簿等主要账簿中未能记载或记载不全的经济业务进行补充登记的账簿。它可以为经营管理提供某些补充资料。例如，经营性租入固定资产备查账簿、应收票据贴现备查账簿就是最典型的备查账簿。是否设置或设置多少备查账簿应视实际需要而定，一般在特定时间或发生特定经济业务时才设置。如对经营性租入的固定资产，会计主体对其没有所有权，因而不能在"固定资产"账户中进行核算。为加强实物资产管理，保证租入固定资产的安全完整，就需要设置租入固定资产备查账簿，对经营性租入固定资产进行登记。备查账簿没有固定格式，与其他账簿没有依存关系。

2. 按外表形式分类

账簿按外表形式不同可分为订本式账簿、活页式账簿和卡片式账簿。

（1）订本式账簿　简称订本账，是指账簿启用前，即将具有一定格式的账页连续编号并装订成固定账册的账簿。其优点是能够避免账页散失和防止被抽换，保证账簿记录的安全完整。其缺点是不便于会计人员分工记账，不便于合理准确预留账页，在会计电算化环境下，不利于计算机打印记账。订本式账簿主要适用于比较重要、发生频繁的业务，如总分类账、库存现金日记账、银行存款日记账。

（2）活页式账簿　简称活页账，是指账簿启用前，暂不对账页连续编号，而是将零散的、具有一定格式的账页装在账夹内，可以随时根据需要取放、增减账页的账簿。当账簿登记完毕之后（通常是一个会计年度结束之后），才将账页予以装订，加具封面，并给各账页连续编号。该类账簿的优点是有利于分工记账，比较方便和灵活，适宜计算机打印记账。其缺点是由于年末之前不装订在一起，如果管理不善，极容易造成账页散失或被抽换。活页账主要适用于各类明细分类账。

（3）卡片式账簿　又称卡片账，是指使用一定格式的卡片作为账页，存放在卡片箱里作为账簿，可以随时根据需要取放、增减。该类账簿的作用类似于活页账，主要用于固定资产的核算和实物管理。固定资产明细账一般采用卡片式账簿，卡片账具有可以长期使用，且能够随实物资产使用部门的改变或存放地点的转移而重新排列的优点。少数企业在材料核算中也可使用材料卡片账。

（二）日记账、总账和明细账的格式及登记方法

1. 库存现金日记账的格式与登记方法

库存现金日记账是用来核算和监督库存现金每天收入、支出和结存情况的账簿。为了及时掌握库存现金的收付和结存情况，加强货币资金的管理，各个单位必须设置"库存现金日记账"。库存现金日记账外表形式必须采用订本式，账页格式可采用三栏式或多栏式。

库存现金日记账由出纳人员根据同现金收付业务有关的现金收款记账凭证、现金付款记账凭证，以及与现金有关的银行付款记账凭证，按照时间先后顺序逐日逐笔登记，即收入栏根据现金收款记账凭证或与现金有关的银行付款记账凭证登记，支出栏根据现金付款记账凭证登记。每日业务终了，应分别结出当日现金收入和支出合计数及账面余额。结出的当日现金收入和支出合计数及账面余额应在当日最后一笔记录的下一行进行记录，不得跳行隔页，并在"摘要"栏注明"本日合计"。在该行下面画一条通栏单红线，以便识别。库存现金账面余额计算公式如下。

$$库存现金本日余额＝上日余额＋本日收入合计－本日支出合计$$

每日结出的现金余额应与库存现金实有数核对相符，做到日清月结。

库存现金日记账格式如表 3-8 所示。

表 3-8　库存现金日记账

年		凭证		摘　要	对方科目	收　入	支　出	结　余
月	日	字	号					

2. 银行存款日记账的格式与登记方法

银行存款日记账是反映银行存款收入、支出和结余情况的账簿。银行存款日记账格式与库存现金日记账的格式相同，可采用三栏式和多栏式两种。

银行存款日记账由出纳人员根据同银行收付业务有关的银行收款记账凭证、银行付款记账凭证，以及与银行存款有关的现金付款凭证，按照时间先后顺序逐日逐笔登记，即收入栏根据银行收款记账凭证或与银行有关的现金付款记账凭证登记，支出栏根据银行付款记账凭证登记。每日业务终了，应分别结出当日银行存款收入和支出合计数及余额。银行存款账面余额计算公式如下。

$$银行存款本日余额＝上日余额＋本日收入合计－本日支出合计$$

银行存款日记账格式如表 3-9 所示。

银行存款日记账应定期与银行对账单核对，每月至少核对一次。每月月末，银行存款的账面余额与银行对账单余额如有差额，应查明原因进行处理，属未达账项造成的，应编制"银行存款余额调节表"试算调节相符。

表 3-9　银行存款日记账

| 年 | | 结算凭证 | 凭证 | | 摘　要 | 对方科目 | 收　入 | 支　出 | 结　余 |
月	日		字	号					

3. 总账的格式设置

总账是按照一级会计科目设置的，可以全面、系统、总括地反映经济活动的情况和结果，可以为编制会计报表、会计分析提供总括的资料。因此，每一会计主体都必须设置总账。

总账一般采用订本式、三栏式账页。一本总账基本上包括了一个会计主体的所有一级账户。每个一级账户在总账中占有独立的账页，账页的多少应视经济业务的多少而定。经济业务少的账户只需一张账页，经济业务多的账户可以预留若干张账页。

总账的记账依据和登记方法取决于企业所采用的账务处理程序。目前，我国采用的账务处理程序主要有记账凭证账务处理程序、科目汇总表账务处理程序、汇总记账凭证账务处理程序等。企业应当根据实际情况选择相应的会计核算程序，并据以登记总账。无论采用何种登记方法，月份终了全部经济业务登记完毕后，必须结出本期借方发生额、贷方发生额和期末余额，并注明余额的性质。

例如，如果采用记账凭证账务处理程序，登记总账就是根据记账凭证逐笔连续登记各账户，即根据记账凭证的日期和编号，登记账户的"年月日"栏和"凭证字号"栏，写明"摘要"，把应借、应贷的金额记入各该账户的借方栏或贷方栏，每日登记完毕应结出余额，并确定余额的性质（借或贷）。

4. 明细账的设置和登记方法

明细账是根据总账所属的二级科目或明细科目开设的账簿，用以登记某一类经济业务，提供明细核算资料的账簿。它能够具体、详细地反映经济活动的情况和结果，有利于加强财产物资的管理，监督往来款项的结算，也能为编制会计报表提供必要的资料。因此，企业在设置总账的基础上，还应根据本单位经济业务的特点和企业管理的需要，设置必要的明细账。

明细账一般采用活页式账簿，其账页格式可根据各项经济业务的具体内容和经营管理的实际需要来设置。明细账的账页格式主要有三栏式、多栏式、数量金额式和横线登记式四种。

不同类型经济业务的明细账，可根据核算和管理的需要，依据记账凭证、原始凭证或原始凭证汇总表逐日逐笔或定期汇总登记。

（1）三栏式明细账　账页格式与总账相同，一般只设"借方"、"贷方"和"余额"三个金额栏。这种明细账适用于只需要进行金额核算，不要求进行数量核算的明细账户，如"应收账款"、"应付账款"、"应交税费"、"实收资本"、"长期借款"等账户。

三栏式明细账一般根据记账凭证及其所附原始凭证或原始凭证汇总表逐日逐笔登记或定期汇总登记，但应收、应付款等往来明细账应逐日逐笔进行登记。应收账款明细账格式如表3-10所示。三栏式明细账中的"年月日"、"凭证字号"、"摘要"栏根据记账凭证相关栏目内容填写，"借方"金额和"贷方"金额栏根据记账凭证及其所附原始凭证或原始凭证汇总表中相关数字填写，并随时结出余额，注明余额性质。月份终了时结算出本月发生额合计和期末余额。

表 3-10　应收账款明细账

明细科目：××公司

年		凭证		摘　要	借　方	贷　方	借或贷	余　额
月	日	字	号					

（2）多栏式明细账　指将属于同一总账科目下的各个明细科目在一张账页上进行登记的账簿。即多栏式明细账不按明细科目设置若干账页，而是在同一张账页上记录某一总分类科目下所属的各明细科目的内容。它适用于在总分类科目下分设有若干相对固定的明细科目或需要按经济业务明细项目提供详细资料的经济业务。多栏式明细账的专栏数量应根据企业经营业务的特点、核算对象的内容、经营管理对核算指标数量、详细程度的要求和重要性原则确定。管理费用明细账格式如表3-11所示。

表 3-11　管理费用明细账

年		凭证		摘　要	借方（项目）					贷方	余额
月	日	字	号		公司经费	董事会费	税金	…	合计		

（3）数量金额式明细账　设置"借方"、"贷方"和"余额"三个基本栏目，每栏再分设"数量"、"单价"和"金额"三小栏，同时可以根据实际需要在账页的上端设置一些必要的项目。它以实物和货币两种计量单位同时核算经济业务所引起的实物数量变化和价值变化。数量金额式明细账适用于既要进行金额核算，又要进行数量核算的明细账户，主要有"原材料"、"固定资产"等财产物资账户。数量金额式明细账"借方"栏可根据记账凭证及其所附的原始凭证，逐笔登记数量、单价和金额。表3-12为原材料明细账的格式，"贷方"栏和"余额"栏的登记因发出材料计价方法不同而有差异。

表 3-12 原材料明细账

最高储量：　　　　　　　最低储量：　　　　　　　计量单位：

存放地点：　　　　名称：　　　　类别：

年		凭证		摘　要	借　方			贷　方			余　额		
月	日	字	号		数量	单价	金额	数量	单价	金额	数量	单价	金额

思考练习题

1. 简述六个会计要素。

2. 会计的职能有哪些？

3. 会计的核算方法有哪些？他们之间的相互关系是怎样的？

4. 什么是借贷记账法？简述借贷记账法的记账规则。

5. 什么是会计分录？如何编制会计分录？

6. 借贷记账法下各账户的结构如何？

7. 什么是会计凭证？会计凭证如何分类？

8. 什么是会计账簿？会计账簿如何分类？

9. 日记账、总账和明细账如何设置和登记？

10. 某物业公司5月份发生如下经济业务：

（1）用银行存款归还前欠货款30000元；

（2）某投资者投入流动资金50000元，存入银行；

（3）收到购货单位的货款24000元存入银行；

（4）购进水泥一批价值25000元，已经验收入库，款暂欠；

（5）取得商业用房收入24000元，存入银行；

（6）维修房屋领用水泥5000元；

（7）用银行存款偿还到期的短期借款28000元；

（8）从银行提取现金500元备用。

要求：根据上述资料编制会计分录。

第四章
物业企业的筹资管理

【学习目标】 通过本章的学习，使学生了解企业筹集资金的渠道和方式，使学生掌握权益资金、债务资金筹措方式的优缺点，了解资本成本计算的重要性；掌握各类资本成本的计算方法、杠杆原理及其作用，以及资本结构的含义和最佳资本结构的确定。

第一节 物业企业筹资管理概述

一、物业企业筹资的概念

筹集资金是物业企业的一项基本财务活动，是物业企业财务管理的一项重要内容。

物业企业筹资，又称物业企业融资，是指物业企业根据其经营管理、对外投资及调整资金结构等活动对资金的需要，通过一定的筹资渠道和金融市场，采取适当的筹资方式，经济有效地获取所需资金的一种行为。

物业企业在生存及发展过程中，需要始终维持一定的资金规模。比如，物业企业要进行持续不断的经营管理活动，不断产生对资金的需求；物业企业对外开展投资活动，也需要一定的资金；基于调整资本结构的策略，也需要及时地筹集资金。

二、物业企业筹资动机

物业企业筹资的基本目的是生存和发展，但是其具体的筹资活动往往受到特定的筹资动机的驱使。由于物业企业经营对资金需求的复杂性，企业筹资的具体动机是多种多样的，概括起来，主要有以下几种类型。

1. 设立性筹资动机

设立性筹资动机是为取得资本金设立物业企业而产生的筹资动机。物业企业最初创建就需要筹资，以获得设立一个物业企业必需的初始资本。在取得会计师事务所验资证明，到工商管理部门办理注册登记后，才能开展正常的生产经营活动。设立物业企业必须有法定的资本金。

所谓资本金，是指企业在工商行政管理部门登记的注册资金。我国《公司法》为不同类型的公司规定了最低的注册资金数额，即法定资本金。注册资金必须高于这个最低数才能被获准开业。所有者对企业投入的资本金是企业从事正常经济活动、承担经济责任的物质基础，是企业在经济活动中向债权人提供的基本财务担保。资本金制度是国家对有关资本的筹集、管理以及企业所有者的责权利等所作的法律规范。

2. 扩张性筹资动机

扩张性筹资动机是物业企业因扩大经营规模或追加对外投资的需要而产生的追加筹资的动机。处于成长期、具有良好发展前景的物业企业通常会产生这种筹资动机。这种动机产生的直接后果是物业企业资产总额与资本总额的增加。

3. 调整性筹资动机

调整性筹资动机，是物业企业因调整现有的资本结构的需要而产生的筹资动机。资本结构是指企业各种筹集资金方式的组合和比例关系。在不同时期，由于筹资方式的不同组合，会形成不同的资本机构。随着物业企业经营管理情况的变化，现有的资本结构可能不再合理，需要相应地予以调整，使之更加合理。

4. 混合性筹资动机

混合性筹资动机是物业企业为了满足多种需要而产生的筹资动机。通过混合性筹资，企业既可以扩大自己的资金规模，又可以偿还部分旧债，还可以缓解临时财务困境，即融合了扩张性筹资、调整性筹资等筹资动机。

三、物业企业筹资的渠道与方式

（一）筹资渠道

筹资渠道是指企业取得资金来源的方向与通道，体现着资本的源泉和流量。目前我国物业企业取得资金的渠道主要有六个方面。

1. 国家财政资金

国家财政资金是国家对企业的投资，是指有权代表国家投资的政府部门或机构，以国有资产向物业企业投资而形成的资金。国家财政资金具有广阔的源泉和稳固的基础，是国有物业企业筹资的重要渠道。

2. 银行信贷资金

这是各类企业重要的资金来源。银行一般分商业性银行和政策性银行。前者可以为各类企业提供商业性贷款，后者主要为特定企业提供政策性贷款。银行信贷资金拥有居民储蓄、单位存款等经常性的资金源泉，贷款方式灵活多样，可以满足各类企业债权资本筹集的需要。

3. 非银行金融机构资金

非银行金融机构是指除了银行以外的各种金融机构及金融中介机构。在我国，非银行金融机构主要有信托投资公司、租赁公司、保险公司、证券公司、基金管理公司等其他金融机构。它们能为企业直接提供部分资金或为其筹资提供服务。这种筹资渠道的财力比银行要小，但它是银行借贷资金的补充，具有广阔的发展前景。

4. 其他企业资金

其他企业资金是指其他企业以购买股票、债券等形式投入企业的资金，或者企业以赊购存货及其他资产的形式从其他企业借入的资金。它包括联营、入股、债券及各种商业信用，既有长期稳定的联合，又有短期临时的融通。这也为企业筹资提供了一定的资金来源。

5. 民间资金

民间资金是指企业、事业单位的职工和城乡居民手中暂时闲置未用的资金，可以对企业进行投资，形成民间资金来源渠道。随着证券市场的发展和股份经济的推广，这一筹资渠道将会发挥越来越大的作用。

6. 企业内部资金

企业内部资金主要有通过提取盈余公积金和保留未分配利润而形成的资金。这是企业内部形成的筹资渠道，比较便捷，有盈利的企业通常都可以加以利用。随着企业经济效益的提高，企业自留资金的数额将日益增加。

7. 外商资金

外商资金是指外国投资者以及我国港、澳、台地区投资者投入的资金。这是合资及外资企业的主要资金来源。吸收外资，不仅可以满足我国建设资金的需要，而且能够引进先进技术和管理经验，促进我国技术的进步和产品水平的提高。

（二）筹资方式

筹资方式是指物业企业筹措资金所采用的具体形式。物业企业筹资管理的重要内容是针对客观存在的筹资渠道，选择合理的筹资方式筹集资金。目前，我国物业企业筹资方式主要有吸收直接投资、发行股票、利用留存收益（内部积累）、银行借款、利用商业信用、发行债券、租赁。

（三）渠道与方式的对应关系

物业企业的筹资方式与筹资渠道有着密切的关系。筹资渠道是解决资金从哪里来的问题；筹资方式是解决如何取得资金的问题。物业企业对不同渠道的资金可以用不同的方式加以筹集。一定的筹资方式可能只适用于某一特定的筹资渠道。但是，同一渠道的资金往往可以采取不同的方式取得，而同一筹资方式又往往适用于不同的筹资渠道。所以，物业企业筹集资金时，必须实现两者的合理配合。筹资方式与筹资渠道的对应关系见表 4-1。

表 4-1　筹资方式与筹资渠道的对应关系

筹资渠道 ＼ 筹资方式	吸收直接投资	发行股票	利用留存收益	银行借款	利用商业信用	发行债券	租赁
国家财政资金	✓	✓					
银行信贷资金				✓			
非银行金融机构资金	✓	✓		✓		✓	✓
其他企业资金	✓	✓			✓	✓	✓
民间资金	✓	✓				✓	
企业内部资金	✓	✓	✓				
外商资金	✓	✓		✓	✓	✓	✓

四、物业企业筹资的类型

（一）根据物业企业资金的属性不同分为产权筹资和债权筹资

企业的资金有两个来源，一方面是由企业所有者提供的资金，称为企业产权资金或权益资金，如企业通过发行股票、吸收直接投资和内部积累等方式所筹资金；另一方面是由企业债权人提供的资金，称为债权资金或借入资金，如企业通过发行债券、向银行借款和融资租赁等方式所筹资金。也就是说，企业所有的资金由产权资金和债权资金两部分组成。

（二）根据物业企业所筹资金的期限分为短期资金和长期资金

短期资金是指使用期限在一年以内的资金，主要用以满足企业流动资产周转中对资金的需求。短期资金一般包括短期借款、应付账款和应付票据等项目，主要通过短期借款、商业信用等方式来筹集。长期资金是指使用期限在一年以上的资金。长期资金主要通过吸收直接投资、发行股票、发行长期债券、长期银行借款、融资租赁和内部积累等形式来筹集。它是企业长期、持续、稳定地进行生产经营的前提和保证。

（三）根据资金的取得方式分为内部筹资和外部筹资

内部筹资是指物业企业通过留存利润而形成的资本来源。它是企业内部"自然"形成的，一般无须花费筹资费用，包括企业盈余公积和未分配利润等。外部筹资是指企业在内部筹资不能满足需要时，向企业外部筹资而形成的资金来源。企业外部筹资的渠道和方式很多，但是大多需要花费筹资费用。

（四）根据筹资活动是否通过中介金融机构分为直接筹资和间接筹资

直接筹资是指资金供求双方通过一定的金融工具直接形成债权债务关系或所有权关系的筹资形式，无须经过金融中介机构而实现资金的转移。间接筹资是指资金供求双方借助金融中介机构来实现资金融通的活动。两者最大的区别就在于直接筹资中资金短缺方不必通过中介机构获得资金。

第二节 产权性筹资

权益资金（或自有资金）是物业企业最基本的资金来源。它包括所有者投入企业的资本金及企业在经营过程中形成的积累，如实收资本（股本）、盈余公积、资本公积和未分配利润等。物业企业权益资金的筹集主要通过吸收直接投资、发行股票和利用留存收益等方式进行。

一、吸收直接投资

吸收直接投资是物业企业以协议等形式吸收国家、其他企业、个人和外商等直接投入资本，形成企业资本金的一种筹资方式。吸收直接投资不以股票为媒介，适用于非股份制企业。它是非股份制企业筹集自有资本的一种基本方式。

（一）吸收直接投资的种类

从投资者看，吸收直接投资可分为吸收国家直接投资（主要为国家财政拨款）、吸收企业事业单位等法人的直接投资、吸收企业内部职工和城乡居民的直接投资、吸收外国投资者和我国港澳台地区投资者的直接投资，分别形成国家资本金、法人资本金、个人资本金和外商资本金。

从出资形式看，吸收直接投资可分为吸收现金直接投资、吸收实物直接投资和吸收无形资产直接投资等。

（二）吸收直接投资的程序

1. 确定吸收直接投资的数量

企业新建或扩大规模而吸收直接投资时，应当合理确定所需吸收直接投资的数量。国有独资物业企业的增资须由国家授权投资的机构或部门决定；合资或合营物业企业的增资须由出资各方协商决定。

2. 选择吸收直接投资的具体形式

筹资方应选择相宜的投资者，投资形式应以现金为主。当然，这些都要通过谈判协商才能最后确定。

3. 签署协议

筹资企业与投资者商定投资意向和具体条件后，便可签署投资协议。由于投资者投资的数额不同，从而享有的权益和承担的风险也不同。因此，企业在吸收直接投资时必须与各投资者签署具有法律效力的投资合同或协议，以明确各投资者间的权利和责任。对于国有企业，应当由国家授权投资的机构或部门签署创建或增资拨款决定；对于合资企业，应当由合资各方签订协议，明确各方投资比例。

4. 按期取得资金

根据出资协议中规定的出资期限和出资方式，筹资企业应该按计划或规定取得资金。筹资企业与投资者按协议约定，办好投资交接及有关手续后，投资者即按投资合同或协议的有关条款享有利润分配的权利和承担相应的责任。

吸收国家以现金投资的，通常有拨款计划，确定拨款期限、每期数额及划拨方式，企业可按计划取得现金。吸收出资各方以实物资产和无形资产投资的，应进行资产评估，然后办理产权的转移手续，取得资产。

（三）吸收直接投资的优缺点

1. 优点

① 与股票等筹资方式相比，吸收直接投资不需要经过审批等中间环节，筹资方式简便。

② 吸收直接投资所筹资本属于企业的自有资本，与借入资本相比较，它能够提高企业的资信和借款能力。

③ 吸收直接投资不仅可以取得一部分现金，而且能够直接获得所需的先进设备和技术，尽快形成生产经营能力。

④ 吸收直接投资的财务风险较低。

2. 缺点

① 资本成本高，因为要给所有者带来丰厚的回报。

② 由于该筹资方式没有以证券为媒介，产权关系有时不够明晰，也不便于产权交易。

③ 投资者资本进入容易出来艰难，难以吸收大量的社会资本参与，筹资规模受到限制。

二、发行普通股股票

股票是股份制物业公司发给股东用来证明其在公司投资入股的权益凭证。它作为一种所有权凭证，代表着对一定经济利益的分配和支配权。

股票按股东权利、义务的不同分为普通股和优先股。普通股股票，简称普通股，是股份公司发行的具有管理权而股利不固定的股票。普通股是最基本的股票。通常情况下，股份有限公司只发行普通股。优先股股票，简称优先股，是股份制物业公司发行的具有一定优先权，股利固定的股票。优先股有固定的股利率，在分配股利时，优先股先于普通股分到股利；在公司清算时，优先股先于普通股（后于债权人）获得清偿。

（一）普通股股票分类

1. 按股东有无记名分为记名股和无记名股

记名股是在股票上载有股东姓名或名称的股票。这种股票除了股票上所记载的股东外，其他人不得行使其股权，且股份的转让有严格的法律程序和手续，需办理过户。我国《公司法》规定，向发起人、国家授权投资机构、法人发行的股票，应为记名股票。

无记名股是指在股票上不记载股东姓名或名称的股票。这类股票的转让、继承无须办理过户手续，只要将股票交付受让者，就发生转让效力。

2. 按股票是否标明金额分为面值股票和无面值股票

面值股票是指在股票的票面上标有一定金额的股票。

无面值股票是指在股票的票面不标注金额，只标注所占公司股本总额的比例或股份数的股票。无面值股票的价值随着公司财产的增减而变动，而股东对公司享有的权利和承担义务的大小，直接依据股票标明的比例而定。目前，我国《公司法》规定不允许发行无面值股票，股票必须标明票面金额，并且其发行价不得低于票面金额。

3. 按照投资主体不同分为国有股、法人股、个人股等

国有股包括国家股和国有法人股，是有权代表国家投资的部门或机构以国有资产向公司投资而形成的股份。

法人股是企业法人依法以其可支配的财产向公司投资而形成的股份，或具有法人资格的事业单位和社会团体以国家允许用于经营的资产向公司投资而形成的股份。

个人股是社会个人或公司内部职工以个人合法财产投入公司而形成的股份。

4. 按发行对象和上市地区的不同可将普通股份为 A 股、B 股、H 股和 N 股等

A 股是供我国内地个人或法人买卖的，以人民币标明票面金额并以人民币认购和交易的股票。

B 股、H 股和 N 股是专供外国和我国港、澳、台投资者买卖的，以人民币标明票面金额，但以外币认购和交易的股票（注：自 2001 年 2 月 19 日起，B 股开始对境内居民开放）。其中，B 股在上海、深圳上市；H 股在我国香港上市；N 股在纽约上市。

（二）股票发行

股份有限公司在设立时要发行股票。此外，公司设立之后，为了扩大经营、改善资本结构，也会增资发行新股。股份的发行，实行公开、公平、公正的原则，必须同股同权、同股同利。任何单位和个人所认购的股份，每股应支付相同的价款。同时，发行股票还应受国务院证券监督管理机构的管理与监督。

1. 股票发行的基本条件

根据国家有关法律法规和国际惯例，发行股票必须具备一定的发行条件。

① 每股金额相等。同次发行的股票，每股的发行条件、价格应当相同。

② 股票发行价格可以按票面金额，也可以超过票面金额，但不得低于票面金额。

③ 股票应当载明公司名称、公司登记日期、股票种类、票面金额及代表的份数、股票编号等主要事项。

④ 向发起人、国家授权的机构、法人发行的股票，应当为记名股票；对社会公众发行的股票，可以为记名股票，也可以为无记名股票。

⑤ 公司发行记名股票的，应当备置股东名册，记载股东的姓名或者名称、住所、各股东所持股份、各股东所持股票编号、各股东取得其股份的日期；发行无记名股票的，公司应当记载其股票数量、编号及发行日期。

⑥ 公司发行新股，必须具备下列条件：

a. 具备健全且运行良好的组织结构；

b. 具有持续盈利能力，财务状态良好；

c. 最近三年财务会计未见虚假记载，或其他重大违法行为；

d. 证券监督管理机构规定的其他条件。

⑦ 公司发行新股，应由股东大会作出有关下列事项的决议：新股种类及数量、新股发行价格、新股发行的起止日期、向原有股东发行新股的种类及数量。

2. 发行程序

股份有限公司在设立时发行股票与增资发行股票，程序上有所不同。

（1）设立时发行股票的程序

① 提出募集股份申请。

② 公告招股说明书，制作认股书，签订承销协议和代售股款协议。

③ 招认股份，缴纳股款。

④ 召开创立大会，选举董事会、监事会。

⑤ 办理设立登记，交割股票。

（2）增资发行新股的程序

① 股东大会作出发行新股的决议。

② 由董事会向国务院授权的部门或省级人民政府申请并经批准。

③ 公告新股招股说明书和财务会计报表及附属明细表，与证券经营机构签订承销合同，定向募集时向新股认购人发出认购公告或通知。

④ 招认股份，缴纳股款。

⑤ 改组董事会、监事会，办理变更登记并向社会公告。

（三）发行方法与销售方式

1. 发行方式

股票发行方式，指的是物业企业通过何种途径发行股票。总的来讲，股票发行方式可分为如下两类。

（1）公开间接发行　指通过中介机构公开向社会公众发行股票。我国股份有限公司采用募集设立方式公开发行新股时，须由证券公司承销的做法，就属于股票公开间接发行。

（2）不公开直接发行　指不公开对外发行股票，只向少数特定的对象直接发行，因而不需经中介机构承销。我国股份有限公司采用发起设立和以不向社会公开募集方式发行新股的做法，就属于股票不公开直接发行。

2. 销售方式

（1）自销　指发行公司将股票直接销售给认购者。

（2）委托承销　指发行公司将股票销售业务委托给证券经营机构代理。这种销售方式是发行股票所普遍采用的。我国《公司法》规定股份有限公司向社会公开发行股票，须与依法设立的证券公司签订承销协议，由证券公司承销。

（四）发行定价

股票的发行价格是股票发行时所使用的价格。以募集设立方式设立的公司首次发行股票的价格，由发起人决定；公司增资发行新股的股票价格，由股东大会做出决议。

普通股发行价格的确定方法主要有市盈率法和现金流量折现法等。

（1）市盈率法　市盈率指股票的每股市价与每股盈余的比率，反映投资者愿意以大于每股盈余若干倍的价格来购买股票。上市公司一般根据同行业的参考市盈率，结合公司的盈利预测来确定公司的股票投资价值，即每股市价。目前，我国上市公司多采用此法定价。

$$每股市价＝参考市盈率×预测每股收益$$

【例 4-1】　某公司预测每股收益为 1.5 元。经统计，公司同行业的股票平均市盈率为 20。求该公司的股票价值。

每股市价＝1.5×20＝30（元）

（2）现金流量折现法 即股票价值等于预期未来可收到的全部现金性股息的现值之和。这种方法适用于对公司未来收益能做出准确判断的情况。

我国《公司法》规定，股票发行价格可以按票面金额，也可以超过票面金额，但不得低于票面金额。

（五）普通股股票筹资的优缺点

1. 普通股筹资的优点

① 普通股筹资具有永久性，无到期日，无须归还。这对保证公司对资本的最低需要、维持公司长期稳定发展有利。

② 普通股筹资没有固定的股利负担，因此没有固定的到期还本付息的压力，筹资风险较小。

③ 普通股筹资是公司的最基本资金来源，可作为其他方式筹资的基础。

④ 普通股筹资限制少，较易筹集到资金。

2. 普通股筹资的缺点

① 普通股的资本成本较高。普通股的股利从税后利润中支付，不像债券利息可从税前扣减，因而不具抵税作用。此外，普通股的发行费用也一般高于其他证券，资本成本相对较高。

② 容易分散公司的控制权。增发新股可能会分散和降低老股东的控制权，削弱原有股东对公司的控制。

三、发行优先股股票

（一）优先股的特征

优先股股票是指由股份有限公司发行的，在分配公司收益和剩余财产方面比普通股股票具有优先权的股票。优先股常被看成是一种混合证券，是介于股票与债券之间的一种有价证券。优先股股票具有如下特征。

① 优先股股票是一种具有双重性质的证券，同时具有权益资本与债务资本的若干特征。普通股的股东一般把优先股看成是一种特殊债券。这是因为，它必须在普通股之前取得收益，分享资产。从债券的持有人来看，优先股则属于股票，因为它对债券起保护作用，可以减少投资的风险，属于主权资金。

② 优先股虽没有固定的到期日，不用偿还本金，但往往需要支付固定的股利，成为财务上的一项负担。

（二）优先股的种类

公司发行优先股，在操作方面与发行普通股无较大差别，但由于公司与优先股股东的约定不同，从而有多种类型的优先股。

1. 按股息是否可以累积可分为累积优先股与非累积优先股

累积优先股，是指可以将以往营业年度公司拖欠未付的股息累积起来由以后营业年度的盈利来一并支付的优先股股票。非累积优先股，是指公司对过去年度拖欠的股息不再补付的优先股股票。我国的有关法规规定，优先股股东无表决权，但公司连续三年不支付优先股股息，优先股股东就享有普通股股东的权利。

2. 按优先股能否参与剩余利润的分派和参与程度可分为全部参与优先股、部分参与优

先股和不参与优先股

不参与优先股，是指优先股股东只按优先股票面约定的固定股息率取得股息收入，不能参与剩余利润的分配。全部参与优先股，是指优先股股东在利润分配上与普通股股东同股同利，即每元优先股股本与每元普通股股本分得相等的公司税后利润。部分参与优先股，是指优先股股东除了按约定的固定股息率获得股息收入外，还有权在一定幅度内参与剩余利润的分配。优先股股票还可以根据需要组合成累积的非参与优先股、非累积非参与优先股、累积的全部参与优先股、累积的部分参与优先股等。

3. 可转换优先股、可赎回优先股、有投票权的优先股与股息率可调整的优先股。

可转换优先股，是指其持股人可以在特定条件下，把优先股股票转换成普通股股票或公司债券的优先股。一般说来，对这类优先股股票都规定了转换的条件、时间和比例。

可赎回优先股，是指发行公司可以按一定价格赎回发行在外的优先股股票，即优先股股票的票面上有公司可提前赎回的条款。如在公司发行优先股 5 年后公司可按优先股面值的 109％ 的价格赎回。

有投票权的优先股，是指公司在一定时期内始终未能发放优先股股息时，可以被赋予一定投票权的优先股。赋予优先股的投票权是为了保护优先股股东的利益。

股息率可调整的优先股，是指优先股的股息率不是固定不变的，可按照某一参照物的变动而相应调整（一般调高不调低）。参照物主要有国库券的利率、长期银行存款利息率。发行这种优先股在于保护优先股股东的利益，扩大公司优先股股票的销售量。

筹资企业在选择不同类别的优先股时，应充分考虑投资者对不同类型优先股的偏好。一般来说，在经济出现剧烈波动或经济衰退时，宜发行累积优先股；在公司的经营状况稳定增长时，可发行非累积优先股；在投资者要求较高持有收益时，可发行全部参与或部分参与优先股；在投资者要求较高资本收益和较大的对公司支配权，而甘愿承担一定风险时，可发行可转换为普通股的优先股；对于保守的投资者，可发行可转换为债券的优先股；在国际金融市场动荡不安，利率市场经常波动的条件下，宜发行股息率可调整的优先股；对于收入不稳定、支出有异常的投资者，可发行可赎回优先股。

（三）优先股股东的权利

1. 优先分配股利权

优先股通常有固定股利，一般按面值的一定百分比来计算。除股利固定外，优先股的股利还必须在支付普通股股利之前予以支付，即收益优先分配。

2. 优先分配剩余财产权

在企业破产清算时，出售资产所得的收入，优先股位于债权人的求偿之后，但先于普通股。

3. 部分管理权

优先股的管理权限是有严格限制的。通常，在公司的股东大会上，没有投票表决权，没有参与公司重大经营决策的权利。但是，当公司研究与优先股有关的问题时有权参加表决。

（四）优先股筹资的优缺点

1. 优先股筹资的优点

① 筹集的资金是权益资金，可以降低公司负债比例，增强公司举债能力，从而有利于增强公司的信誉。

② 与债券相比，没有固定的到期日，无须偿还。

③ 优先股一般没有到期日，实际上可将优先股看成一种永久性负债，但不需要偿还本金。

④ 与普通股相比，优先股的发行并不增加能够参与公司经营管理的股东人数，不会导致原有普通股股东控制公司的权利分散。

2. 优先股筹资的缺点

① 资本成本较高。优先股的股息不能作为应税收益的抵减项目，在公司税后利润中支付，得不到税收上的好处。优先股的资本成本虽低于普通股，但高于债券。

② 筹资限制多。发行优先股，通常有许多限制条款，如对普通股股利支付上的限制、对公司举债限制等。

四、留存收益筹资

《公司法》规定，公司分配当年税后利润时，应当提取利润的10％列入公司法定公积金，并提取利润的5％～10％列入公司法定公益金。公司法定公积金累计额为公司注册资本的50％以上的可以不再提取。由此可以看出，企业在实现利润的时候大多数情况下要将一部分利润留在企业。企业将实现利润的一部分甚至全部留下来，被称为留存收益。

留存收益，即为企业从历年实现税后利润中提取或形成的留存于企业内部的积累，主要包括盈余公积、未分配利润，是权益资金的一种。除了公益金专门用于职工集体福利设施的支出，其他盈余公积金和未分配利润可投入到企业再生产过程中去。因此，视为企业产权资金的一种来源。留存收益是企业内部的资金来源。利用留存收益筹资属于企业内部筹资方式，无筹资费用发生。

(一) 留存收益筹资的优点

① 无筹资费用。企业从外界筹集长期资本，无论采用发行股票、发行债券，还是通过银行贷款，都需要支付大量的筹资费用，而通过保留盈余实现的筹资则无须发生这种开支。

② 可使企业的所有者获得税收上的利益。我国《个人所得税法》规定，股息、红利所得属于应纳税项目，税率20％，而资本利得目前暂不收个人所得税。因此，股东往往愿意将收益留存企业而通过股票价格的上涨获得资本利得，以获取税收上的收益。

③ 性质上属于主权筹资，可以用作偿债而为债权人提供保障，相应增强了企业获取信用的能力。

(二) 留存收益筹资的缺点

① 留存收益筹资的数量常常会受到某些股东的限制。有些股东依靠股利维持生活，希望多发股利；有些股东对风险很反感，宁愿当前收到较少的股利，也不愿等到将来再收到不肯定的较多股利或以较高的价格出售股票的价款。所以，有些企业的所有者总是要求股利支付比率维持在一定的水平上，以消除风险。

② 留存收益筹资过多，股利支付过少，可能会影响今后的外部筹资。过多地利用内部筹资，限制现金股利的发放，对企业今后的外部筹资有不利的影响。一般来说，股利支付比率较高的企业的股票容易出售。较多地支付股利，虽然不利于内部筹资，但会有利地说明企业具有较高的盈利水平和较好的财务状况。

③ 留存收益筹资过多，股利支付过少，可能不利于股票价格的上涨，影响企业在证券市场的形象。

第三节 债权性筹资

企业债权性筹资是指通过负债筹集资金。按照所筹资金使用时间的不同，债权性筹资可分为长期负债筹资和短期负债筹资两类。

长期负债是指期限超过一年的负债。目前在我国，长期负债筹资主要有长期借款和发行债券两种方式。另外，租赁筹资也有所发展。短期负债筹资最主要的形式是商业信用和短期借款。

一、长期借款筹资

长期借款是指企业向银行或其他非银行金融机构借入的使用期限超过一年的借款，主要用于构建固定资产和满足长期流动资金占用的需要。

（一）长期借款筹资的种类

① 按照用途，可分为固定资产投资借款、更新改造借款、科技开发和新产品试制借款等。

② 按照提供贷款的机构，分为政策性银行贷款、商业银行贷款等。此外，企业还可以从信托投资公司取得实物或货币形式的信托投资贷款、从财务公司取得各种中长期贷款等。

③ 按照有无担保，分为信用贷款和抵押贷款。信用贷款指不需要企业提供抵押品，仅凭其信用或担保人信誉而发放的贷款。抵押贷款指要求企业以抵押品为担保的贷款。抵押品可以有房屋、建筑物、机器设备、股票、债券等。

④ 按偿还方式的不同，可分为一次偿还借款和分期偿还借款。一次偿还借款是指企业在借款到期时一次偿还本息，或定期支付利息、到期一次偿还本金的借款。分期偿还借款是指企业在借款到期之前定期等额或不等额偿还本息的贷款。

（二）长期借款筹资的信用条件

按照国际惯例，银行发放贷款企业取得借款时，往往涉及一些信用条件，如授信额度、周转授信协议、补偿性余额等。

1. 授信额度

授信额度是借款企业与银行在协议中规定的允许借款人借款的最高限额。通常在授信额度内，企业可随时按需要向银行申请借款，但在非正式协议下，银行并不承担按最高借款限额保证贷款的法律义务。

2. 周转授信协议

这是一种经常被大公司使用的正式授信额度。银行对周转授信协议负有法律义务。它是银行从法律上承诺向企业提供不超过某一最高限额的贷款协定。企业使用周转授信协议，通常要对贷款限额的未使用部分付给银行一笔承诺费用。

$$企业应付承诺费用＝未使用的贷款余额×规定的承诺费用率$$

3. 补偿性余额

补偿性余额是银行要求借款企业在银行中保持按贷款限额或实际借用额的一定百分比（通常为$10\%\sim20\%$）计算的最低存款余额。补偿性余额有助于银行降低贷款风险。对借款企业来说，补偿性余额则提高了借款的实际利率，加重了企业的利息负担。

$$补偿性余额借款实际利率=\frac{名义利率}{1-补偿性余额比率}$$

【例 4-2】 某企业按年利率 8% 从银行借款 80000 万元,银行要求维持贷款额的 20% 作为补偿性余额,企业实际可以动用的借款只有 64000 万元。计算该笔借款的实际利率。

$$企业借款实际利率=\frac{8\%}{1-20\%}=10\%$$

(三) 长期借款筹资的程序

① 企业申请。企业申请借款必须符合贷款原则和条件。

② 银行进行审批。银行针对企业的借款申请,按照有关规定和贷款条件,对借款企业进行审查,依据审批权限,核准企业申请的借款金额和用款计划。

③ 签订借款合同。正式的借款合同明确规定贷款的数额、利率、期限、保证条款、违约责任及一些限制性条款。

④ 企业取得借款。

⑤ 企业归还借款本息。

(四) 长期借款筹资的成本

长期借款筹资的成本通常高于短期借款筹资,因为长期借款的利率要高于短期借款。长期借款利率有固定利率和浮动利率两种。对借款企业而言,若预测市场利率将要上升,则应与银行签订固定利率合同;反之,则应签订浮动利率合同。

除了利息之外,银行还会向借款企业收取其他费用,如实行周转授信协议所收取的承诺费、要求借款企业在本银行中保持补偿余额所形成的间接费用等。这些费用都会增加长期借款筹资的成本。

(五) 长期借款筹资的优缺点

1. 优点

① 筹资速度较快。与其他筹资方式相比,利用长期借款筹资所需时间短、程序简单,可以快速获得现金。

② 筹资成本较低。与股票相比,借款利息可在所得税前列支。利用银行借款所支付的利息比发行债券所支付的利息低,另外,也无须支付大量的发行费用。

③ 借款弹性好。企业可以直接与银行接触,协商借款金额、期限和利率,并且如有正当理由,还可延期归还。

④ 可以发挥财务杠杆作用。

2. 缺点

① 财务风险较大。借款通常有固定的利息负担和固定的还款期限,在经营不利的情况下,可能会产生不能偿付的风险。

② 限制条款较多。可能会影响企业以后的筹资和投资活动。

③ 筹资数额有限。银行一般不愿借出巨额的长期借款。因此,一般不如股票、债券那样可以一次筹集到大笔资金。

二、发行债券筹资

债券是经济主体为筹集资金而发行的,用以记载和反映债权债务关系的有价证券。

(一) 债券的种类

债券有多种形式,大致有如下分类。

① 按发行的主体，可分为政府债券、金融债券和公司债券。

② 按有无担保，可分为信用债券、抵押债券和担保债券。

③ 按偿还期限，可分为短期债券和长期债券。

④ 按是否记名，可分为记名债券和无记名债券。

⑤ 按计息标准，可分为固定利率债券和浮动利率债券。

⑥ 按是否可转换成普通股，可分为可转换债券和不可转换债券。

⑦ 按偿还方式，分为到期一次偿还债券和分期偿还债券。

（二）债券发行条件及程序

1. 债券的发行条件

公司发行债券应当符合《证券法》规定的发行条件：

① 股份有限公司的净资产额不低于人民币 3000 万元，有限责任公司的净资产额不低于 6000 万元；

② 累计债券总额不超过净资产的 40％；

③ 最近 3 年平均可分配的利润足以支付公司债券 1 年的利息；

④ 筹集资金投向符合国家产业政策；

⑤ 债券的利率不得超过国务院限定的水平；

⑥ 国务院规定的其他条件。

公司有下列情形之一的，不得再次公开发行公司债券：

① 前一次公开发行的公司债券尚未募足；

② 对已公开发行的公司债券或者其他债务有违约或者延迟支付本息的事实，且仍处于继续状态；

③ 改变公开发行公司债券所募资金的用途。

2. 债券的发行程序

发行债券要经过一定的程序，办理规定的手续。一般为：

① 发行债券的决议；

② 发行债券的申请与批准；

③ 制定募集办法并予以公告；

④ 募集借款。

（三）债券的发行价格

债券的发行价格是债券发行时使用的价格，亦即投资者购买债券时所支付的价格。债券的发行价格一般有三种：平价、溢价、折价。平价，即发行价格等于票面金额；溢价，即发行价格高于票面金额；折价，即发行价格低于票面金额。

债券发行价格之所以偏离面值，是因为债券票面利率与市场平均利率水平不一致。若债券票面利率大于市场平均利率，则债券溢价发行。溢价是由于债券票面利率高于市场平均利率而应对未来多计利息的扣减。若债券票面利率小于市场平均利率，则债券折价发行。折价是由于债券票面利率小于市场平均利率而对未来少计利息的补偿。若债券票面利率等于市场平均利率，则债券平价发行。

债券发行价格的计算公式为

$$债券发行价格 = \frac{票面金额}{(1+市场利率)^n} + \sum_{t=1}^{n} \frac{票面金额 \times 票面利率}{(1+市场利率)^t}$$

式中，n 指的是债券期限；t 指的是付息期数。市场利率是债券发行时的市场利率。

（四）债券的偿还方式

（1）到期偿还 又包括分期偿还和到期一次偿还两种。

（2）提前偿还（即提前赎回） 包括强制性赎回、通知赎回和选择性赎回三种形式。强制性赎回指举债公司可以以规定的价格在任何时间强制性赎回债券。通知赎回指举债公司在到期日前准备赎回债券时，要提前一段时间向债券持有人发出赎债通知，告知赎回债券的时间和条件。选择性赎回是指举债公司有选择债券到期前赎回全部或部分债券的权利。

（3）滞后偿还 债券在到期日后偿还，包括转期、转换两种形式。转期是指将较早到期的债券换成到期日较晚的债券，实际上是将债务的期限延长。转换通常指股份有限公司发行的债券可以按一定的条件转换成本公司的股票。

（五）债券筹资的优缺点

1. 债券筹资的优点

① 筹资成本较低。债券利息作为财务费用在税前列支，具有避税作用，因而资本成本较低。

② 可以发挥财务杠杆作用。债券的利息是固定的，当公司投资报酬率高于债券资本成本时，多发行债券能给股东带来更大的收益。

③ 保障股东控制权。由于债券筹资属于负债筹资，债券持有人只有到期收回本金和利息的权利，无权干涉企业的经营管理，因此，企业的控制权不易分散。

④ 有利于调整资金结构。企业通过将可转换公司债券转换成股票，将负债资金转换成权益资金，从而有利于优化资金结构。

2. 债券筹资的缺点

① 财务风险较大。债券有固定的利息和到期日，当企业经营不善时，仍要支付本息，因此，财务风险较大。

② 限制条款较多。发行债券的限制条件一般比借款、租赁筹资要多且严格，从而限制了企业对债券筹资方式的使用。

③ 筹资数额有限。我国《证券法》规定累计债券余额不得超公司净资产 40%。

三、租赁筹资

租赁是出租人以收取租金为条件，在一定期间内将其所拥有的资产转让给承租人使用的一种交易。

（一）租赁的种类

租赁的种类很多，目前我国主要有按性质分的经营租赁和融资租赁两种。

1. 经营租赁

经营租赁是出租人提供租赁设备，并提供设备维修和人员培训等服务性业务的租赁形式。经营租赁是传统的租赁，主要特征如下。

① 租赁是为了满足承租人对资产的临时性需要，承租人并不寻求对租赁资产的长期占有，所以租赁资产的报酬与风险由出租人承受。

② 租赁的期限较短，不涉及租赁双方长期而固定的义务和权利。

③ 出租人通常负责租赁资产的折旧计提和日常维护。

④ 租赁期满，租赁资产归还出租人。

⑤ 租赁合同灵活，在合理的范围内可较方便地解除租赁契约。

2. 融资租赁

融资租赁是企业根据自身设备投资的需要向租赁公司提出设备租赁的要求，租赁公司负责筹资并采购相应的设备，然后交付承租企业使用的信用业务。它是通过融物来达到筹资的目的，是现代租赁的主要形式。融资租赁的主要特征如下。

① 租赁是为了满足承租人对资产的长期需要，租赁资产的报酬和风险由承租人承受。

② 租赁的期限较长，一般会超过租赁资产寿命的一半（如我国会计制度规定，融资租赁的租赁期应占租赁资产尚可使用年限的大部分）。

③ 租金与租赁资产的价值接近（如我国会计制度规定，租赁开始日承租人的最低付款额的现值应几乎相当于租赁开始日租赁资产账面原值）。

④ 承租人通常负责租赁资产的折旧计提和日常维护。

⑤ 承租人可以在租赁期满后廉价购买租赁资产（如我国会计制度规定，承租人有购买租赁资产的选择权，且所订立的购价应低于行使选择权时租赁资产的公允价值的5%）。

⑥ 租赁合同稳定，非经双方同意，中途不可撤销。

⑦ 一般是先由承租人（企业）向出租人提出租赁申请，出租人按照承租人的要求引入资产，再交付承租人使用。

融资租赁是现代租赁的代表类型，特别是以上特征中的第一项、第四项，使得这类租赁实质上类似于以分期付款的方式购买资产，对承租人（企业）的筹资意义明显。

融资租赁按照租赁手段，又可进一步区分为直接租赁、杠杆租赁和售后租回等几种形式。

直接租赁，即直接向租赁公司或生产厂商租赁生产经营所需设备的一种租赁形式。

杠杆租赁是有贷款者参与的一种租赁形式。在这种形式下，出租人引入资产时只支付引入款项（如购买资产的货款）的一部分（通常为资产价值的20%～40%），其余款项则以引入的资产或出租权等为抵押，向另外的贷款者借入；资产租出后，出租人以收取的租金向债权人还贷。这样，出租人利用自己的少量资金就推动了大额的租赁业务，故称为杠杆租赁。杠杆租赁是一种涉及三方面关系人的租赁形式：承租人（企业）、出租人、贷款人（也可能由出租人提供贷款。如果这样，出租人的身份就有了变化，既是资产的出租者，同时又是贷款人）。

售后租回是承租人（企业）先将某资产卖给出租人，再将该资产租回的一种租赁形式。这种形式下，承租人（企业）一方面通过出售资产获得了现金；另一方面又通过租赁满足了对资产的需要，而租金却可以分期支付。

（二）融资租赁的程序

① 选择租赁公司。

② 办理租赁委托。

③ 签订购货协议。

④ 签订租赁合同。

⑤ 办理验货、付款与保险。

⑥ 支付租金。

⑦ 合同期满处理设备。

（三）融资租赁筹资的优缺点

1. 融资租赁筹资的优点

① 筹资速度快，可迅速获得所需资产。融资租赁集"筹资"与"融物"于一身，往往比借款购置设备更迅速。

② 限制条款较少。企业运用股票、债券、借款等方式筹资，都受到相当多的资格条件限制，相比而言，租赁筹资的限制条件较少。

③ 设备遭淘汰风险小。科技进步使得固定资产更新周期日趋缩短，企业设备陈旧过时风险很大。相对于自己拥有固定资产而言，利用融资租赁筹资可降低这一风险。

④ 到期还本负担轻。租金分摊在整个租期，不必到期归还大量本金。

⑤ 税收负担轻。租金可在税前扣除，具有避税效用。

2. 融资租赁筹资的缺点

资本成本较高，固定租金负担重。一般来说，租金总额通常要高于固定资产价值的30%，且融资租赁的内含利率要高于借款筹资和债券筹资的利率。

第四节　筹 资 成 本

一、资本成本概述

（一）资本成本的概念

资本成本是指企业筹集和使用资金所付出的代价，是筹资企业为获得资金必须支付的最低价格。资本成本率是投资者提供资金要求的最低报酬率。

资本成本的内容具体包括筹资费用和使用费用两部分。

（1）筹资费用　指企业在资金筹集阶段为获得资金而支付的各项费用，如借款时所支付的手续费，发行股票、债券所支付的咨询、评估、审计及发行费等。其特点是在筹资时通常一次性全部支付，获取资金后的用资过程中将不再发生，因而可视为筹资额的扣除项。

（2）使用费用　指因为使用资金而支付的费用，如股息、银行借款和债券的利息等。

资本成本通常用资本成本率来表示。不考虑货币时间价值的情况下，资本成本率是企业使用资本所支付的费用与有效筹资额（筹集的资金总额－资金筹集费用）的比率。公式为

$$K = \frac{D}{P-F}$$

或

$$K = \frac{D}{P(1-f)}$$

式中，P 指的是筹集的资金总额；K 指的是资本成本率；D 指的是资金使用费；F 指的是资金筹集费用；f 指的是资金筹集费用率，即资金筹集费用与筹集的资金总额之比。

（二）资本成本的意义

资本成本是财务管理的一个非常重要的概念，其作用表现为以下几方面。

① 从企业筹资的角度，资本成本是选择资金来源、确定筹资方案的重要依据。企业力求选择资本成本最低的筹资方式。

② 从企业投资的角度，资本成本是评价投资项目、决定投资取舍的重要标准。

③ 从企业经营的角度，资本成本是衡量企业经营成果的尺度，即经营利润率应该高于

资本成本，否则表明企业业绩欠佳。

二、资本成本的计量

一般来说，企业筹集和使用的各种资金都要计算资本成本。资本成本按计算对象的不同分为个别资本成本、加权平均资本成本和边际资本成本。

（一）个别资本成本

个别资本成本，是指按各种长期资金的具体筹资方式确定的成本。它进一步细分为长期借款资本成本、债券资本成本、股票资本成本和留存收益资本成本等。

1. 长期债权资本成本

（1）长期借款资本成本　包括借款利息和筹资费用两部分。由于借款利息在税前扣除，因此可以起到一定地抵减所得税的作用。企业的长期借款资本成本率可按以下公式进行测算。

$$K_L = \frac{I_L}{L(1-f_L)} \times (1-T)$$
$$= \frac{I_L(1-T)}{L(1-f_L)}$$

式中，K_L 指的是长期借款资本成本率；I_L 指的是长期借款年利息；T 指的是所得税税率；L 指的是长期借款本金（筹资额）；f_L 指的是长期借款筹资费用率。

上式也可以写成如下形式。

$$K_L = \frac{R_L(1-T)}{1-f_L}$$

式中，R_L 指的是长期借款的年利率。

【例 4-3】　某公司从银行取得一笔五年期长期借款 1000 万元，手续费 1%，年利率 10%，每年结息一次，到期一次还本。企业所得税税率为 33%。求该项长期借款的资本成本率。

$$K_L = \frac{1000 \times 10\% \times (1-33\%)}{1000 \times (1-1\%)} = 6.77\%$$

当借款的筹资费用（主要是借款的手续费）很小时，也可以忽略不计。此时，长期借款的资本成本率公式可以表示为

$$K_L = R_L(1-T)$$

【例 4-4】　根据【例 4-3】，但是不考虑借款的手续费，求这笔借款的资本成本率。

$$K_L = 10\% \times (1-33\%) = 6.7\%$$

在借款合同附加补偿性余额条款的情况下，企业可动用的借款筹资额应扣除补偿性余额，这时借款的实际利率和资本成本率将会上升。

【例 4-5】　某公司从银行取得一笔五年期长期借款 1000 万元，年利率 10%，每年结息一次，到期一次还本。银行要求补偿性余额 20%，企业所得税税率为 33%。求该项长期借款的资本成本率。

$$K_L = \frac{1000 \times 10\% \times (1-33\%)}{1000 \times (1-20\%)} = 8.375\%$$

（2）债券资本成本　主要是债券利息和筹资费用。债券利息的处理与长期借款利息的处理相同，均应以税后的债务成本为计算依据。此外，债券的筹资费用一般较高，不能在计算

资本成本时忽略掉。企业一次还本、分期付息债券的资本成本率计算公式为

$$K_B = \frac{I_B(1-T)}{B(1-f_B)}$$

式中，K_B 指的是债券的税后资本成本率；I_B 指的是债券的年利息；B 指的是债券筹资额（发行总价，而不是指债券的面值）；f_B 指的是债券筹资费用率。

【例 4-6】　某公司拟平价发行面值 1000 元，期限 5 年，票面利率 8％的债券 1000 张，每年结息一次。发行费用为发行价格的 5％，企业所得税税率为 33％。求该批债券的资本成本率。

$$K_B = \frac{1000 \times 8\% \times (1-33\%)}{1000 \times (1-5\%)} = 5.64\%$$

【例 4-7】　上述债券若溢价 100 元发行，求其资本成本率。

$$K_B = \frac{1000 \times 8\% \times (1-33\%)}{1100 \times (1-5\%)} = 5.13\%$$

【例 4-8】　上述债券若折价 100 元发行，求其资本成本率。

$$K_B = \frac{1000 \times 8\% \times (1-33\%)}{900 \times (1-5\%)} = 6.27\%$$

2. 普通股资本成本

普通股资本成本主要包括股东的股利和发行费用。由于普通股股利具有不确定性，因此使得普通股资本成本的计算比较困难。从理论上看，股东期望投资收益率即为公司普通股资本成本率。在计算时，常常将此作为计算的依据，主要采用股利贴现模型、资本资产定价模型、税前债务成本风险溢价法等来具体确定普通股资本成本。

（1）股利贴现模型　基本形式为

$$P_0 = \sum_{t=1}^{\infty} \frac{D_t}{(1+K_C)^t}$$

式中，P_0 是指普通股筹资净额，即普通股发行价格减去发行费用；D_t 是指普通股第 t 年的股利；K_C 是指普通股投资必要报酬率，即普通股资本成本率。

用上述模型测算普通股资本成本，计算公式将因具体的股利政策而有所不同。

① 如果运用固定股利政策，即每年分派现金股利 D 元，则普通股资本成本率可用下式计算。

$$K_C = \frac{D}{P_0}$$

【例 4-9】　某公司拟发行普通股，发行价格 20 元，每股发行费用 2 元，预定每年分派现金股利 1.2 元/股。求其资本成本率。

$$K_C = \frac{1.2}{20-2} = 6.67\%$$

② 如果运用固定增长股利的政策，股利固定增长率为 G，第一年分派现金股利 D_1 元，则普通股资本成本率可用下式计算。

$$K_C = \frac{D_1}{P_0} + G$$

【例 4-10】　某公司拟发行普通股，发行价格 20 元，每股发行费用 2 元，预定第一年分派现金股利 1.2 元/股，以后每年股利增长 5％。求其资本成本率。

$$K_C = \frac{1.2}{20-2} + 5\% = 11.67\%$$

（2）资本资产定价模型　也称贝他系数法。其含义可以简单描述为：普通股投资的必要报酬率等于无风险报酬率加上风险报酬率。用公式表示为

$$K_C = R_f + \beta(R_m - R_f)$$

式中，R_f 是无风险报酬率；R_m 是市场平均报酬率；β 是股票的市场风险系数。

在已确定无风险报酬率、市场平均报酬率和某种股票的 β 值后，就可以测算该股票的必要报酬率，即资本成本率。

【例 4-11】　已知某股票的 β 值为 1.3，市场平均报酬率为 10%，无风险报酬率为 5%。求该股票的资本成本率。

$$K_C = 5\% + 1.3 \times (10\% - 5\%) = 11.5\%$$

（3）税前债务成本风险溢价法　这种方法是在企业发行的长期债券利率的基础上加上风险溢酬率，以便得到普通股的资本成本率。对同一家公司而言，从投资者的角度，股票投资的风险要高于债券，因此股票投资的必要报酬率可以在债券利率的基础上再加上股票投资风险报酬率。这种方法简单，但主观判断色彩浓厚，误差较大。

【例 4-12】　某公司债券的资本成本率为 9%，根据该公司普通股的风险状况分析该公司股票的投资风险报酬率为 5%，求该公司股票的资本成本率。

$$K_C = 9\% + 5\% = 14\%$$

3. 优先股资本成本

优先股资本成本，主要是指优先股的固定股利支出。其资金占用费是向股东分派的股利和股息，而股息是以所得税后净利支付的，因此不存在抵减所得税的作用。优先股资本成本率的计算公式为

$$K_P = \frac{D}{P_0}$$

式中，K_P 指的是优先股资本成本率；D 指的是优先股每期所支付的固定股利；P_0 指的是优先股筹资净额，即发行价格扣除发行费用后的净额。

【例 4-13】　某公司拟发行一批优先股，发行价格为 10 元，每股发行费用为 1.5 元，预定每年分派现金股利 1.2 元/股。求其资本成本率。

$$K_P = \frac{1.2}{10-1.5} = 14.12\%$$

4. 留存收益资本成本

留存收益是企业税后净利在扣除当年股利后形成的，为普通股股东所有。从表面上看，留存收益筹资不需要现金流出，似乎不用计算其资本成本，其实不然。留存收益的资本成本是一种机会成本，体现为股东追加投资要求的报酬率。因此，留存收益也必须计算资本成本率，其计算方法与普通股相似。唯一的区别是留存收益没有资本取得成本，即留存收益成本等于无发行费用的普通股成本。

（二）加权平均资本成本

由于受多种因素的制约，企业不可能只使用某种单一的筹资方式，往往需要通过多种方式筹集所需资金。为进行筹资决策，就要计算确定企业全部长期资金的总成本——加权平均资本成本。

加权平均资本成本一般以加权平均资本成本率或综合资本成本率为表现形式，一般

是以各种资本占全部资本的比重为权数，对个别资本成本率进行加权平均确定的。其计算公式为

$$K_W = \sum_{j=1}^{n} K_j W_j$$

式中，K_W 指的是加权平均资本成本率；K_j 指的是第 j 种个别资本成本率；W_j 指的是第 j 种个别资本占全部资本的比重（权数）。

【例 4-14】 某企业账面反映的资金共 500 万元。其中，长期借款 100 万元，应付长期债券 50 万元，普通股 250 万元，留存收益 100 万元。其个别资本成本率分别为 6%、8%、10% 和 15%。求该企业的加权平均资本成本率。

$$K_W = \frac{100}{500} \times 6\% + \frac{50}{500} \times 8\% + \frac{250}{500} \times 10\% + \frac{100}{500} \times 15\% = 10\%$$

上述计算中的个别资本占全部资本的比重，是按账面价值确定的，其资料容易取得。但当资本的账面价值与市场价值差别较大时，如股票、债券的市场价格发生较大变动，计算结果会与实际有较大的差距，从而贻误筹资决策。为了克服这一缺陷，个别资本占全部资本比重的确定还可以按市场价值或目标价值确定，分别称为市场价值权数、目标价值权数。

市场价值权数，指债券、股票以市场价格确定权数。这样计算的加权平均资本成本能反映企业目前的实际情况。同时，为弥补证券市场价格变动频繁的不便，也可选用平均价格。

目标价值权数，是指债券、股票以未来预计的目标市场价值确定权数。这种权数能体现期望的资本结构，而不是像账面价值权数和市场价值权数那样只反映过去和现在的资本结构。所以，按目标价值权数计算的加权平均资本成本更适用于企业筹措新资金。然而，企业很难客观合理地确定证券的目标价值，又使这种计算方法不易推广。

（三）边际资本成本

1. 边际资本成本的概念

企业无法以某一固定的资本成本来筹措无限的资金。当其筹集的资金超过一定限度时，原来的资本成本就会增加。企业追加筹资时，需要知道筹资额在什么数额时便会引起资本成本的变化，这就需要用到边际资本成本的概念。

边际资本成本，是指资金每增加一个单位而形成的成本，即增量资金的成本。企业追加筹资时往往要用边际资本成本来决策。边际资本成本的表现形式为边际资本成本率。

当企业资本筹集方式不止一种时，综合资本的边际资本成本率也是按加权平均计算的，称为加权平均边际资本成本率。

2. 边际资本成本率的计算与应用

下面以一个实例来说明边际资本成本率的计算与应用。

【例 4-15】 某公司拥有长期资金 400 万元。其中，长期借款资金 100 万元，资本成本率为 8%；普通股资金 300 万元，资本成本率为 12%。平均资本成本率为 11%。由于扩大经营规模的需要，拟筹集新资金。试测算建立追加筹资的边际资本成本率规划。

步骤：

（1）确定公司最优资本结构

财务人员经过分析，认为筹集新资金后仍然应该保持目前的资本结构，即长期借款占 25%，普通股占 75%。

（2）确定各种筹资方式的资本成本率

财务人员分析了资本市场状况和公司的筹资能力,认为随着公司筹资规模的扩大,各种资本的成本率也会发生变化,并测算了随着筹资的增加各种资本成本率的变化,见表4-2。

表4-2　目标资本结构与个别资本成本率分段情况

筹　资　方　式	目标资本结构	筹资的数量范围/万元	资本成本率/%
长期借款	25%	0～40	4
		40以上	8
普通股	75%	0～75	10
		75以上	12

(3)计算筹资分界点

筹资分界点即特定筹资方式成本变化的分界点。因为一定的资本成本率只能筹集到一定限度的资金,超过这一限度多筹集资金就要多花费资本成本,引起原资本成本的变化,于是我们把保持某一资本成本条件下可以筹集到的资金总限度称为筹资分界点。在筹资分界点范围内筹资,原来的资本成本不会改变;一旦筹资额超过筹资分界点,即使维持现有的资本结构,其资本成本也会增加。筹资分界点的计算公式为

$$筹资分界点 = \frac{第 i 种筹资方式的成本分界点}{目标资本结构中第 i 种筹资方式所占的比例}$$

按上述公式计算各种情况下的筹资分界点的计算结果见表4-3。

表4-3　筹资分界点计算

筹资方式及目标资本结构	资本成本率/%	特定筹资方式的筹资范围/万元	筹资分界点	筹资总额/万元
长期借款(25%)	4	0～40	40÷25%=160	0～160
	8	40以上		大于160
普通股(75%)	10	0～75	75÷75%=100	0～100
	12	75以上		大于100

(4)计算各种筹资范围的边际资本成本率

根据计算出的分界点,可得出若干组新的筹资范围,对各筹资范围分别计算加权平均资本成本率,即为各种筹资范围的边际资本成本率。具体计算结果见表4-4。

表4-4　不同筹资总额范围的边际资本成本率计算

筹资总额的范围/万元	筹　资　方　式	目标资本结构/%	资本成本率/%	边际资本成本率/%
100以下	长期借款	25	4	1
	普通股	75	10	7.5
综合资本的边际资本成本率=8.5				
100～160	长期借款	25	4	1
	普通股	75	12	9
综合资本的边际资本成本率=10				
160以上	长期借款	25	8	2
	普通股	75	12	9
综合资本的边际资本成本率=11				

第五节 筹资决策

资本结构是企业各种资本的构成及其比例关系。筹资决策的中心就是确定最优资本结构。企业在确定最优资本结构时，不仅要考虑资本成本，还要考虑筹资风险。杠杆原理用来帮助确定筹资风险。合理运用杠杆原理，有助于企业合理规避风险。

一、杠杆效应

财务管理中的杠杆效应是指由于特定费用（如固定生产经营成本或固定的财务费用）的存在而导致的，当某一财务变量以较小幅度变动时，另一相关变量会以较大幅度变动的现象。即由于固定费用的存在而导致的，当业务量发生比较小的变化时，利润会产生较大幅度的变动。

（一）经营杠杆

1. 经营杠杆的概念

固定成本在销售收入中的比例大小，对企业风险有重要影响。在某一固定成本比例的作用下，销售量变动对利润产生的作用被称为经营杠杆。经营杠杆具有放大企业风险的作用。

在单价和成本水平不变的情况下，销售量增加，变动成本将同比例增加，销售收入也同比例增加，但不会改变固定成本总额，会降低单位产品分摊的固定成本，从而提高单位产品利润，使息税前利润的增长率大于销售量的增长率。反之，销售量的减少会提高单位产品分摊的固定成本，降低单位产品利润，使息税前利润下降率大于销售量的下降率。如果不存在固定成本，则息税前利润的变动率同销售量的变动率完全一致，但是固定成本为零的企业现实经济生活中是不存在的。所以，只要固定成本存在，息税前利润的变化与销售量的变化就不同步。

2. 经营杠杆的计量

经营杠杆的大小一般用经营杠杆系数（degree of operation leverage，DOL）表示，它是息税前利润变动率与销售量变动率之间的比值，即 1% 的销售量变动导致的息税前利润变动的百分比。其计算公式为

$$DOL = \frac{\Delta EBIT/EBIT}{\Delta Q/Q}$$

式中，DOL 是经营杠杆系数；Q 是变动前的销售量；ΔQ 是销售量变动额；EBIT 是变动前息税前利润；$\Delta EBIT$ 是息税前利润变动额。

假定企业的成本-销量-利润保持线性关系，可变成本在销售收入中所占的比例不变，固定成本也保持稳定，经营杠杆系数便可通过销售额和成本来表示。

$$DOL_q = \frac{Q(P-V)}{Q(P-V)-F} \qquad (4-1)$$

式中，DOL_q 指的是销售量为 Q 时的经营杠杆系数；P 指的是产品单位销售价格；V 指的是产品单位变动成本；F 指的是总固定成本。

$$DOL_s = \frac{S-VC}{S-VC-F} \qquad (4-2)$$

式中，DOL_S 指的是销售额为 S 时的经营杠杆系数；S 指的是销售额；VC 指的是变动成本总额。

在实际工作中，式(4-1) 可用于计算单一产品的经营杠杆系数；式(4-2) 除了用于单一产品外，还可用于计算多种产品的经营杠杆系数。

【例 4-16】 某企业生产 A 产品，固定成本为 40 万元，变动成本率为 60%，当企业的销售额分别为 400 万元、200 万元、100 万元时，求经营杠杆系数。

$$DOL_{400} = \frac{400 - 400 \times 60\%}{400 - 400 \times 60\% - 40} = 1.33$$

$$DOL_{200} = \frac{200 - 200 \times 60\%}{200 - 200 \times 60\% - 40} = 2$$

$$DOL_{100} = \frac{100 - 100 \times 60\%}{100 - 100 \times 60\% - 40} = \infty$$

以上计算结果说明如下。

第一，在固定成本不变的情况下，经营杠杆系数说明了销售额增长（减少）所引起利润增长（减少）的幅度。比如，DOL_{400}，说明在销售额 400 万元时，销售额的增长（减少）会引起利润 1.33 倍的增长（减少）；DOL_{200} 说明在销售额 200 万元时，销售额的增长（减少）将引起利润 2 倍的增长（减少）。

第二，在固定成本不变的情况下，销售额越大，经营杠杆系数越小，经营风险也就越小；反之，销售额越小，经营杠杆系数越大，经营风险也就越大。比如，当销售额为 400 万元时，DOL_{400} 为 1.33；当销售额为 200 万元时，DOL_{200} 为 2。显然，后者利润的不稳定性大于前者，故后者的经营风险大于前者。

企业一般可以通过增加销售额、降低产品单位变动成本、降低固定成本比重等措施使经营杠杆系数下降，降低经营风险，但往往会受到一些条件的制约。

（二）财务杠杆

1. 财务杠杆的概念

财务杠杆是企业对固定财务费用的利用，指由于固定财务费用的存在，而导致的普通股每股利润变动率大于息税前利润变动率的杠杆效应。为什么会存在财务杠杆效应呢？可以用息税前利润与每股收益之间的关系来说明。下式为普通股每股收益的计算公式。

$$EPS = \frac{(EBIT - I)(1 - T) - D_P}{N}$$

式中，EPS 表示普通股每股利润；EBIT 指的是息税前利润；I 指的是债务利息；T 指的是企业所得税税率；D_P 指的是优先股股利；N 指的是普通股股数。

从上式可看出，随着息税前利润的增加，普通股每股利润也会增加。在企业资本结构一定的情况下，不论息税前利润是多少，债务的利息、优先股股利通常都是固定不变的。当息税前利润增大时，每一元盈余所负担的固定财务费用就会相对减少，这能给普通股股东带来更多的盈余；反之，当息税前利润下降时，每一元盈余所负担的固定财务费用就会相对增加，这就会使普通股股东盈余大幅度减少。

2. 财务杠杆的计量

与经营杠杆作用的表示方式类似，财务杠杆作用的大小通常用财务杠杆系数（degree of financial leverage，DFL）表示。财务杠杆系数是指普通股每股利润的变动率相当于息税前利润变动率的倍数。财务杠杆系数越大，表明财务杠杆作用越大，财务风险也就越大；财务

杠杆系数越小，表明财务杠杆作用越小，财务风险也就越小。财务杠杆系数的计算公式为

$$DFL = \frac{\Delta EPS/EPS}{\Delta EBIT/EBIT}$$

式中，DFL 表示财务杠杆系数；ΔEPS 指的是普通股每股收益变动额；EPS 表示变动前的普通股每股收益。

上式在实际应用中很不方便，因此利用数学微积分的方法将上式进一步推导为

$$DFL = \frac{EBIT}{EBIT - I - \dfrac{D_P}{1-T}}$$

如果企业没有优先股，上式还可以简化为

$$DFL = \frac{EBIT}{EBIT - I}$$

【例 4-17】 某公司有 1000 万元的长期筹资（100%用普通股筹资），流通在外的普通股股数为 25 万股。公司打算新增筹资 500 万元，有两个方案。

方案 1：全部使用普通股来筹资，发行价格 25 元/股，共 20 万股。

方案 2：发行浮息债券筹资，票面利率为 10%。

方案实施后，预计 EBIT＝300 万元；企业所得税税率为 30%，试计算各个方案的财务杠杆系数。

$$方案 1 的财务杠杆系数 \ DFL_{300} = \frac{300}{300 - 0 - \dfrac{0}{1-30\%}} = 1$$

$$方案 2 的财务杠杆系数 \ DFL_{300} = \frac{300}{300 - 500 \times 10\% - \dfrac{0}{1-30\%}} = 1.2$$

计算结果表明，方案 1 没有固定利息和固定股利，因此没有财务杠杆效应，财务杠杆系数为 1；方案 2 有固定利息，财务杠杆系数为 1.2。1.2 表明企业普通股每股利润的变动是息税前利润变动的 1.2 倍。

该计算反映了债权性筹资的财务杠杆现象。当企业没有债务和优先股筹资时，不论息税前利润多少，财务杠杆系数总是等于 1，每股利润随息税前利润同比例变动。若企业采用债务和优先股筹资，财务杠杆系数必然大于 1。运用债务和优先股筹资的比例越大，企业每股利润变动的幅度越大，即财务风险越高。

（三）复合杠杆

1. 复合杠杆的概念

从以上内容可知，经营杠杆通过扩大销售影响息税前利润，而财务杠杆通过扩大息税前利润影响每股收益。如果两种杠杆共同起作用，那么销售稍有变动就会使每股收益产生更大的变动。通常把这两种杠杆的连锁作用称为复合杠杆作用（或总杠杆作用）。复合杠杆就是指企业对固定成本的利用。

2. 复合杠杆效应的计量

复合杠杆作用的程度，可用复合杠杆系数（degree of total leverage，DTL）表示，它是经营杠杆系数和财务杠杆系数的乘积。其计算公式为

$$DTL = \frac{\Delta EPS/EPS}{\Delta Q/Q}$$

复合杠杆系数并非一种新的效应，只是经营杠杆系数与财务杠杆系数共同作用的结果。三者的关系可表示如下。

$$DTL = DOL \times DFL$$

复合杠杆系数的简化公式为

$$DTL = \frac{Q(P-V)}{Q(P-V)-F-I}$$

或

$$DTL = \frac{S-VC}{S-VC-F-I}$$

【例 4-18】 某公司的经营杠杆系数为 2，财务杠杆系数为 1.5，求复合杠杆系数。

$$DTL = 2 \times 1.5 = 3$$

复合杠杆系数的意义如下。首先，在于能够估计出销售变动对每股收益造成的影响。比如，上例中销售每增长（减少）1 倍，就会造成每股收益增长（减少）3 倍。其次，它使我们看到了经营杠杆与财务杠杆之间的相互关系，即为了达到某一复合杠杆系数，经营杠杆和财务杠杆可以有很多不同的组合。比如，经营杠杆较高的公司可以在较低的程度上使用财务杠杆；经营杠杆较低的公司可以在较高的程度上使用财务杠杆。这有待于公司在考虑了各有关具体因素之后做出选择。

二、资本结构决策

（一）资本结构的概念

资本结构是指企业各种长期资金筹集来源的构成和比例关系。短期资金的需要量和筹集是经常变化的，且在整个资金总量中所占比重不稳定，因此不列入资本结构管理范围，而作为营运资金管理。

在通常情况下，企业的资本结构由长期债务资本和权益资本构成。资本结构指的就是长期债务资本和权益资本各占多大比例。判断最优资本结构的标准一般有如下几个：①资本成本最低；②普通股每股收益最大；③股票市价和公司总体价值最大。

（二）资本结构的影响因素

影响资本结构决策的因素主要有如下几个。

1. 经营风险的大小

按照杠杆原理，在经营杠杆很大的情况下，经营风险往往很大，此时，资本结构中的债务比例应适当降低，以将总风险控制在可接受的范围内。

2. 公司的纳税状况

利用债务筹资的一个重要原因是债务筹资的利息可以享受税收抵免，从而降低实际的债务成本。但如果公司的大部分收入已经通过固定资产的加速折旧或者亏损税收递延而无须纳税，此时债务筹资的好处则不如高税率时大。

3. 公司的财务机动能力或者在紧急状况下以合理条件及时筹资的能力

稳定的资本供给对企业顺利经营至关重要。当公司经营发生困难时，一个合理而健康的资产负债表对资本的取得十分有利。因此，公司应更多地进行产权性筹资，以加强资本基础和财务稳定性。

4. 公司对负债经营的态度与管理风格

公司管理者是激进型还是保守型，对决定目标资本结构有极大的影响。

（三）最优资本结构的确定

所谓最优资本结构，是指在一定条件下使企业加权平均资本成本最低、企业价值最大的资本结构。其判断标准如前所述，对应着确定资本结构的三种方法。

1. 资本成本比较法

资本成本比较法，是指企业在适度风险的条件下，测算可供选择的不同资本结构或筹资组合方案的加权平均资本成本率，并以此为标准相互比较来确定最优资本结构的方法。

最优方案确定的原理：以加权平均资本成本率最低为决策标准。

此法是确定最优资本结构的常用方法，但受到所拟方案的限制，有时可能漏掉最优方案。

企业筹资可以分为创立初期的初始筹资和发展过程中的追加筹资两种情况。与此相对应，企业的资本结构决策可以分为初始筹资的资本结构决策和追加筹资的资本结构决策。下面分别比较说明资本成本比较法在这两种情况下的运用。

（1）初始筹资的资本结构决策 在公司筹资实务中，公司对拟定的筹资总额可以采用多种筹资方式来筹资，每种筹资方式的筹资额亦可有不同的安排，由此会形成若干预选资本结构或筹资组合方案。在资本成本比较法下，可以通过加权平均资本成本率的测算及比较来作出选择。

【例 4-19】 某公司在初创时需资本总额 1000 万元，有如下三个筹资组合方案可供选择，有关资料经测算汇入表 4-5。

表 4-5　某公司初始筹资组合方案资料测算

筹资方式	筹资方案 I		筹资方案 II		筹资方案 III	
	初始筹资额/万元	资本成本率/%	初始筹资额/万元	资本成本率/%	初始筹资额/万元	资本成本率/%
长期借款	125	6	200	6.5	250	7
长期债券	250	7	300	8	250	7
普通股	625	15	500	15	500	15
合计	1000		1000		1000	

假定该公司的第 I、II、III 三个筹资组合方案的财务风险相当，都是可以承受的。下面分两步来测算这三个筹资组合方案的加权平均资本成本率并比较其高低，从而确定最佳筹资组合方案，即最佳资本结构。

第一步，计算各个方案的加权平均资本成本率，见表 4-6。

表 4-6　某公司初始筹资组合加权平均资本成本率测算

筹资方式	筹资方案 I			筹资方案 II			筹资方案 III		
	资本权重	资本成本率/%	加权平均资本成本率/%	资本权重	资本成本率/%	加权平均资本成本率/%	资本权重	资本成本率/%	加权平均资本成本率/%
长期借款	0.125	6	0.750	0.200	6.5	1.300	0.250	7	1.750
长期债券	0.250	7	1.750	0.300	8	2.400	0.250	7	1.750
普通股	0.625	15	9.375	0.500	15	7.500	0.500	15	7.500
合计	1.000		11.875	1.000		11.200	1.000		11.000

第二步，比较各个筹资组合方案的加权平均资本成本率并作出选择。筹资组合方案Ⅰ、Ⅱ、Ⅲ的加权平均资本成本率分别为11.875%、11.2%和11%。经比较，方案Ⅲ的加权平均资本成本率最低。在适度财务风险的条件下，应选择筹资组合方案Ⅲ作为最佳筹资组合方案，由此形成的资本结构可确定为最佳资本结构。

（2）追加筹资的资本结构决策　公司在持续的生产经营活动过程中，由于经营业务或对外投资的需要，有时会追加筹资。因追加筹资以及筹资环境的变化，公司原定的最佳资本结构未必仍是最优的，需要进行调整。因此，应在有关情况的不断变化中寻求最佳资本结构，实现资本结构的最优化。

公司追加筹资可有多个筹资组合方案供选择。按照最佳资本结构的要求，在适度财务风险的前提下，公司选择追加筹资组合方案可用如下方法：分别将各备选追加筹资方案与原有最佳资本结构汇总，测算比较各个追加筹资方案下汇总资本结构的加权平均资本成本率，从中比较选择最佳筹资方案。下面通过举例说明这个问题。

【例4-20】　某公司拟追加用资1000万元，现有两个追加筹资方案可供选择，有关资料经测算整理后列入表4-7。

表4-7　某公司追加筹资方案资料测算

筹资方式	追加筹资方案Ⅰ		追加筹资方案Ⅱ	
	追加筹资额/万元	资本成本率/%	追加筹资额/万元	资本成本率/%
长期借款	200	6.5	300	7.5
普通股	300	15	200	15
合计	500		500	

首先，汇总追加筹资方案和原资本结构，形成备选追加筹资资本结构，如表4-8所示。

表4-8　追加筹资方案和原有资本结构资料汇总

筹资方式	原有资本结构		追加筹资方案Ⅰ		追加筹资方案Ⅱ	
	资本额/万元	资本成本率/%	资本额/万元	资本成本率/%	资本额/万元	资本成本率/%
长期借款	250	7	200	6.5	300	7.5
长期债券	250	7				
普通股	500	15	300	15	200	15
合计	1000					

其次，测算汇总资本结构下的加权平均资本成本率，如表4-9、表4-10所示。

表4-9　方案Ⅰ汇总加权平均资本成本率测算

筹资方式	原有资本结构			追加筹资方案Ⅰ		
	资本权重	资本成本率/%	加权平均资本成本率/%	资本权重	资本成本率/%	加权平均资本成本率/%
长期借款	0.167	7	1.169	0.133	6.5	0.8645
长期债券	0.167	7	1.169			
普通股	0.333	15	4.995	0.200	15	3.000
合计	0.667		7.333	0.333		3.8645

根据表 4-9，方案 I 汇总后的加权平均资本成本率为 7.333％＋3.8645％＝11.1975％。

表 4-10 方案II汇总加权平均资本成本率测算

筹 资 方 式	原有资本结构			追加筹资方案II		
	资本权重	资本成本率/％	加权平均资本成本率/％	资本权重	资本成本率/％	加权平均资本成本率/％
长期借款	0.167	7	1.169	0.200	7.5	1.500
长期债券	0.167	7	1.169			
普通股	0.333	15	4.995	0.133	15	1.995
合计	0.667		7.333	0.333		3.495

根据表 4-10，方案II汇总后的加权平均资本成本率为 7.333％＋3.495％＝10.828％。

最后，比较两个追加筹资方案与原有资本结构汇总后的加权平均资本成本率。追加方案II与原有资本结构汇总后的加权平均资本成本率为 10.828％，低于追加方案I与原有资本结构汇总后的加权平均资本成本率 11.1975％。因此，在适度财务风险的前提下，追加筹资方案II优于追加筹资方案I，由此形成该公司新的资本结构为最佳资本结构。

资本成本比较法的测算原理容易理解，测算过程简单。其不足之处是，仅仅以资本成本率最低为决策标准，没有具体测算财务风险因素，其决策目标实质上是利润最大化。

2. 每股收益分析法

每股收益分析法，是利用息税前利润（EBIT）和每股收益（EPS）之间的关系来确定最优资金结构的方法。每股收益的高低不仅受资本结构的影响，还受经营利润水平的影响。处理这三者的关系，可以运用每股收益分析法。

每股收益分析是利用每股收益的无差别点进行的。所谓每股收益的无差别点，是指每股收益不受融资方式影响的经营利润水平。据此可以分析判断在什么样的经营利润水平下适于采用何种资本结构。

假设企业没有优先股，根据前述公式 $EPS = \dfrac{(EBIT - I)(1 - T)}{N}$，可以计算出每股收益无差别点息税前利润。

在每股收益无差别点上，无论采用负债融资，还是权益融资，每股收益都是相等的。若以 EPS_1 代表负债融资下的每股收益，EPS_2 代表权益融资下的每股收益，则有

$$EPS_1 = EPS_2$$

$$\frac{(EBIT - I_1)(1 - T)}{N_1} = \frac{(EBIT - I_2)(1 - T)}{N_2}$$

使得上式成立的息税前利润水平 EBIT，就是每股收益无差别点息税前利润。

【例 4-21】 某公司原有资本 1100 万元。其中，债务资本 300 万元（每年负担利息 36 万元），普通股资本 800 万元（发行普通股 40 万股，每股面值 20 元）。由于扩大业务，需追加融资 600 万元，其融资方式有以下两种：一是全部发行普通股，增发 30 万股，每股面值 20 元；二是全部筹借长期债务，债务利率为 12％，每年利息为 72 万元。公司的所得税税率为 33％。

$$\frac{(EBIT - 36) \times (1 - 33\%)}{40 + 30} = \frac{[EBIT - (36 + 72)] \times (1 - 33\%)}{40}$$

$$EBIT = 204 （万元）$$

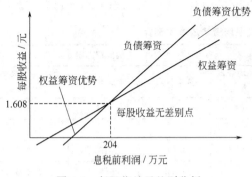

图 4-1　每股收益无差别分析

此时，每股收益为

$$\frac{(204-36)\times(1-33\%)}{40+30}=1.608(元)$$

上述每股收益无差别分析，可绘制成图 4-1。

决策：追加筹资后，如果息税前利润＝204 万元，则利用债券筹资和股票筹资无差别；预计追加筹资后，如果息税前利润＞204 万元，则选择债券筹资；预计追加筹资后，如果息税前利润＜204 万元，则选择股票筹资。

这个方法只考虑了资本结构对每股利润的影响，并假设每股利润最大，股票价格也就最高。但把资本结构对风险的影响置于视野之外，是不全面的，也就是该方法没有考虑风险的影响。

3. 总价值分析法

总价值分析法，是通过计算和比较各种资本结构下公司的市场总价值进而确定最佳资本结构的方法。

最佳资本结构应当是可使公司的总价值最高，而不是每股收益最大的资本结构。同时，总价值最高的资本结构，其资本成本也是最低的。公司的市场总价值 $V=$ 股东权益的市场价值 $S+$ 债券的市场价值 B。

假设债券的市场价值等于面值，股票的市场价值可通过下式计算。

$$S=\frac{(EBIT-I)(1-T)}{K_S}$$

式中，K_S 指权益资本成本率。

权益资本成本率 K_S 可通过资本资产定价模型确定，其计算公式为

$$K_S=R_f+\beta(R_m-R_f)$$

式中，R_f 指无风险报酬率；β 指股票的市场风险系数；R_m 指的是市场平均的股票必要报酬率。

企业的加权平均资本成本率 K_W，可通过下式计算。

$$K_W=K_b\frac{B}{V}(1-T)+K_S\frac{S}{V}$$

式中，K_b 指的是债务税前资本成本率；B 指债务价值；B/V 指债务占总资本的比重；S/V 指的是股东权益占总资本的比重。

最优资本结构在现实中往往是一种理想状态，通过公司理财，应努力接近这个目标。

思考练习题

1. A 公司 3 年前发行了一种面额为 1000 元的优先股，票面股息率为 10％。该优先股目前市价 900 元。计算该优先股目前的资本成本率为多少？如果 ABC 公司目前发行优先股，发行费率 5％，则相关的资本成本率为多少？

2. 某公司发行一笔期限为 5 年的债券，债券面值为 1000 万元，溢价发行，实际发行价格为

面值的110%，票面利率为10%，每年末付一次利息，筹资费率为5%，所得税税率为33%。计算该债券资本成本率。

3. 某企业向银行借入一笔长期借款，借款年利率为12%，借款手续费率0.2%，所得税税率33%。计算该银行借款资本成本率。

4. 某公司按面值发行1000万元优先股，筹集费率为3%，年股利率为11%，所得税税率33%，计算该优先股资本成本率。

5. 某公司发行普通股股票2000万股，筹资费用率6%，预计第一年股利率为12%，股利每年增长2%，所得税税率33%。计算该普通股资本成本率。

6. 企业计划筹集资金100元，所得税税率30%。有关资料如下：（1）向银行借款10万元，借款年利率为7%，手续费率为2%；（2）发行优先股30万元，预计年股利率为12%，筹资费率为4%；（3）发行普通股60万元，每股发行价格为10元，筹资费率为6%，预计第一年每股股利1.2元，以后每年按8%递增。要求：计算该企业加权平均资本成本率。

7. 某企业资本总额为150万元，权益资本占55%，负债利率为12%，当前销售额100万元，息税前利润为20万元。该企业优先股股息为2万元，所得税税率为33%。计算财务杠杆系数。

8. 某公司基期实现销售收入300万元，变动成本总额为150万元，固定成本为80万元，利息费用为10万元。计算该公司经营杠杆系数。

9. 某公司2002年销售产品10万件，单价65元，单位变动成本30元，固定成本总额100万元。公司负债600万元，年利息率为12%，并须每年支付优先股股息10万元，所得税税率为33%。计算2002年边际贡献、2002年息税前利润总额和该公司总杠杆。

10. 某企业目前外发普通股总数2000万股，外发10%年利率的债券总计6000万元。目前该企业计划为一新建项目筹集资金6000万元。该项目投产后，可以使企业的息税前利润（EBIT）增加到3000万元。目前有两个备选的筹资方案：

（1）以年利率13%的债券筹资6000万元；

（2）以每股30元的价格发行新股筹集资金，已知该企业适用的所得税税率为30%。

分别计算两个备选方案的每股收益；每股利润无差异点的息税前利润；两个备选方案的财务杠杆系数；判断哪个方案更优？

11. 某公司拟筹资1000万元，现有甲、乙两个备选方案有关资料如下表。要求：确定该公司最佳资本结构。

筹资方式	甲方案		乙方案	
	筹资额/万元	资本成本率/%	筹资额/万元	资本成本率/%
长期借款	150	9	200	9
债券	350	10	200	10
普通股	500	12	600	12
合计	1000		1000	

第五章
物业企业流动资金管理

【学习目标】 通过本章学习使学生了解流动资产的概念、特点；掌握现金的持有动机，了解现金日常管理的内容和方法；熟悉应收账款的作用和成本构成；掌握应收账款的信用政策及其决策、应收账款的日常管理内容；熟悉存货的成本及存货需要量的预测方法；掌握存货控制的方法。

第一节 现金管理

流动资产是指预计在一个正常营业周期中变现、出售或耗用，或者主要为交易目的而持有，或者预计在资产负债表日起一年内（含一年）变现的资产，或者自资产负债表日起一年内交换其他资产或清偿负债的能力不受限制的现金或现金等价物。

流动资产是企业生产经营活动中的主要资产，是企业资产的重要组成部分。企业在财务管理活动中，必须根据自身的特点，对流动资产的性质及运动规律进行深入细致的研究，并且按照财务制度的规定，加强流动资产的管理，提高流动资产的使用效果。

在物业企业，流动资产所占的比重较大，且分布于物业经营和物业管理的各个阶段。因此，流动资产的管理是物业企业财务管理的一个重要内容。

同固定资产相比，流动资产具有如下的特点。

第一，回收期短。占用在流动资产上的资金一般在一年或一个营业周期内收回，对企业影响的时间较短。基于这一点，流动资产投资所需要的资金可用商业信用、短期银行借款等加以解决。

第二，变现能力强。流动资产在资金的周转与循环过程中，其资金形态是不断变化的，且循环往复。如遇意外情况，企业出现资金周转不灵、现金短缺时，可迅速变卖这些流动资产，以获得现金。这对于满足临时性资金需求具有重要意义。

第三，数量波动大。流动资产的数量会随着企业内外条件及供产销情况的变化而变化，其资金占用时高时低，波动很大。随着流动资产数量的变动，流动负债的数量也会相应变化。

第四，具有并存性。在流动资产循环周转过程中，从其循环的某一瞬间看，不同形态的流动资产同时存在。因此，合理地配置流动资产各项目的比例，是流动资产得以顺利周转的保证。

本章主要介绍现金、应收账款和存货等流动资产的管理。

现金的概念有广义和狭义之分。狭义的"现金"仅指企业库存现金，包括库存的人民币和外币。广义的现金，既包括库存现金还包括银行存款和现金等价物。持有一定数量的现金是企业组织生产经营活动的必备条件。

在流动资产中，现金是流动性和变现能力最强的资产。它可以用来满足物业经营、管理和服务开支的各种需要，也是还本付息和履行纳税义务的保证。拥有足够的现金，对于降低企业的风险，增强企业资产的流动性和债务的可清偿性有着重要的意义。同时，现金又是盈利性最低的资产，企业现金的持有量过多，导致持有现金的机会成本增加，使企业的收益水平降低。因此，现金的管理目标就是要合理确定现金持有量，减少企业闲置的现金数量，以最低的现金持有量来满足企业对现金的需要，使多余的货币资金用于其他方面的投资，提高资金收益率。

一、企业持有现金的动机

物业企业持有一定数量的现金是物业管理和经营的需要，主要基于以下三个方面的动机。

1. 交易动机

交易动机，即企业持有现金是为了满足日常管理和经营业务的需要。例如，为了组织日常的经营管理活动，企业必须持有一定数额的现金用于支付职工工资、零星采购材料、上缴各种税金、偿还债务等。此外，由于企业的现金收入和支出不可能同时等额进入和等额支出，为了满足企业交易性的需求和日常管理的需求，企业也必须保持一定的现金余额来保证企业的正常支付。否则，企业的经营管理和服务活动就很难正常地进行下去。

2. 预防动机

预防动机，即企业持有现金是为了应付紧急情况对现金的需求。企业保留的现金需求量一般是正常情况下的需求量，没有考虑到个别的意外情况发生。事实上，企业在日常经营管理和服务过程中会有许多意外的情况发生，需要支付现金。火灾等自然灾害及偶发的赔偿款等打破了企业正常的现金收支计划。因此，企业保留一定量的现金可以作为预防性现金，是企业的安全存量。企业未来现金支出的不确定性越小，持有的预防性现金的数额也就越少。企业为应付紧急情况所持有的现金余额主要取决于以下三个方面：一是企业愿意承担风险的程度；二是企业临时举债能力的强弱；三是企业对现金流量预测的可靠程度。

3. 投机动机

投机动机，即企业持有现金是为了抓住各种稍纵即逝的市场机会，开展各种投机活动，从中得到较大的收益。对物业企业而言，专为投机性需求而设立现金储备的不多。当企业面临不寻常的购买机会时，通常是筹集临时资金来解决现金的需求。

总之，物业企业在确定现金需求量时，一般应综合考虑各方面的动机。现金过多，会降低企业收益；现金过少，又会影响企业的正常经营管理和服务活动。因此，现金的管理应力求既能保证物业企业经营管理服务正常开支的需要，降低风险，又能使企业没有过多的闲置现金，以增加收益。另外，上述各种动机所需保持的现金并不要求必须是货币形态，也可以是能够随时变现的有价证券以及能够随时转换成现金的其他各种形态，如可随时借入的银行信贷资金等。

二、现金管理的基本要求及原则

1. 现金管理的基本要求

现金收支应严格遵守国家的有关规定，如《现金管理暂行规定》、国家规定的各种结算办法，并按实际发生额计价入账。就企业内部讲，应当建立健全现金及各种存款的内部控制制度。

2. 现金管理的基本原则

（1）实行内部牵制制度　在现金管理中，要实行管钱的不管账，管账的不管钱，使出纳人员和会计人员互相牵制、互相监督。凡有库存现金收付，应坚持复核制度，以减少差错，堵塞漏洞。

（2）现金收支两条线　在现金管理中，不坐支现金。企业收到的现金要及时准确入账，并及时送存银行。企业经营活动所需支付的现金，应在现金定额范围内，经核准后开支。企业不得将收到的应送存银行的现金直接开支。超过规定限额的开支，不能使用现金，应通过银行转账。

（3）及时进行现金清理　在现金管理中，要及时进行现金的清理。库存现金的收支应做到日清月结，确保库存现金的账面余额与实际库存余额互相符合，保证账实相符。严禁以"白条"充抵现金，不得挪用现金。如发现账实不符，应及时查明原因，进行处理。

（4）尽量缩短货币资金收款时间　加速收款，尽早使应收回的货币资金参加物业经营周转。同时，在规定限定的时间内尽可能延缓货币资金支出时间，利用结算中的时间差，将暂时尚未支付的货币资金最大限度地利用起来。

（5）做好银行存款管理　企业超过库存现金限额的现金应存入银行，由银行统一管理。

（6）遵守现金的使用范围。

三、现金的日常控制

在现金管理中，物业企业必须进行现金的日常控制。

现金日常控制包括以下内容。

1. 收款控制

物业企业收款的来源主要包括服务性收入、公用设施收入等。凡交来的款项，都要填制"收款清单"，送交会计。会计根据审核过的"收款清单"和"银行存款回单"编制记账凭证，登记账簿。另外，应加速收款，提高现金的使用效率。企业加速收款的任务不仅是要尽量使顾客早付款，而且要尽快地使这些付款转化为现金。

2. 付款控制

按照现金管理的有关规定，超过现金限额支付的款项应通过银行办理转账结算。对于报销的现金，企业应严格按照报销制度，报销各种支出要有严格的审批制度。出纳员付款应以加盖核准戳记的支出凭单为依据。付款记录应及时入账。物业管理公司应根据国务院颁发的《现金管理暂行条例》和中国人民银行制定的《现金管理暂行条例实施细则》，在以下范围内支付现金。

① 支付职工工资、奖金、津贴和福利补助金等。

② 支付各种社会保险和社会救济，如退职金、退休金、抚恤金等。

③ 对城乡居民个人或不能转账支付的集体劳动报酬。

④ 向城乡居民个人采购农副产品和其他物质。

⑤ 支付出差人员随身携带的差旅费。

⑥ 结算起点（1000元）以下的零星支出。

3. 零用现金的控制

按现金管理制度，每个企业都由银行核定其库存现金限额，称为限额使用现金制度。库存现金限额一经核定，必须遵照执行。企业库存现金未达到定额数，可向银行提取；超过定额，必须及时送交银行。

第二节　应收账款管理

物业企业在开展经营活动和提供服务过程中，不可避免地会和客户发生往来结算业务，从而形成应收票据、应收账款、预收账款和其他应收款等结算业务。物业企业为了加强结算资金的管理，加速资金周转，应该做好各种应收款项管理。

一、应收账款概述

应收账款是企业因对外赊销商品、提供劳务等而应向购货或接受劳务的单位收取的款项。这是狭义的概念。广义的应收账款则包括应收账款、应收票据、预付账款、其他应收款等。应收账款管理是当前流动资产管理的焦点，其管理得好坏直接影响企业的资金流转是否顺畅。本节着重讨论狭义的应收账款管理。

应收账款控制中应遵循的管理原则有以下几项。

1. 利润最大化原则

应收账款控制的任务不是使信用条件越低越好，也不是使坏账损失越少越好，而是要使企业利润达到最大。不应过分回避风险，避免出现坏账损失，而是要全面权衡，既要考虑坏账损失、机会成本，也要考虑企业利润大小，以利润最大为决策原则。

2. 区别对待原则

对应收账款控制，企业不应在所有业主或客户中平均分摊精力，而应区别对待，把大部分精力用于对那些信誉差、可靠性较低的客户的调查分析，对其严格控制。

3. 从长远利益出发的原则

应收账款管理是动态的，企业不仅要看眼前的利益，而且要注重长远利益，以便在市场上占有地位，同业主或客户建立长期的良好关系及网络。这对物业管理企业在市场上的生存和发展非常重要。

二、应收账款的成本

持有应收账款也会付出一定的代价，即应收账款成本，具体包括以下几种。

1. 机会成本

应收账款的机会成本是指企业的资金因占用于应收账款而不能用于其他投资，由此丧失的投资收益。机会成本可用有价证券利息率、预期报酬率、资金成本率等衡量，其中有价证券利息率最常用。应收账款机会成本的大小通常还与企业维持赊销业务所需的资金量有关。其计算公式为

$$应收账款的机会成本＝维持赊销业务所需的资金量×有价证券利息率$$

其中，维持赊销业务所需的资金量可按下列步骤计算。

（1）计算应收账款平均余额

$$应收账款平均余额＝\frac{年赊销额}{360÷平均收账天数}＝\frac{年赊销额}{应收账款周转次数}$$

$$应收账款周转次数＝\frac{360}{平均收账天数}$$

（2）计算维持赊销业务所需的资金量

$$维持赊销业务所需的资金量=应收账款平均余额\times\frac{变动成本}{销售收入}$$

$$=应收账款平均余额\times变动成本率$$

$$变动成本率=\frac{变动成本}{销售收入}\times100\%$$

上述是从保守角度（即从成本而非售价角度）计算机会成本的，同时还假设企业的成本水平保持不变（即单位变动成本不变，固定成本总额不变）。在此情况下，只有变动成本随着赊销业务的扩大而增加。

【例 5-1】 假设某企业预测的年度赊销额为 150 万元，应收账款平均收账天数为 60 天，变动成本率为 80%，有价证券利息率为 5%。求应收账款机会成本。

$$应收账款平均余额=\frac{1500000}{360\div60}=250000（元）$$

$$维持赊销业务所需的资金量=250000\times80\%=200000（元）$$

$$应收账款的机会成本=200000\times5\%=10000（元）$$

2. 管理成本

应收账款的管理成本是指从应收账款发生到收回期间所有与应收账款管理系统运行有关的费用，包括：

① 调查顾客信用情况的费用；

② 收集各种信息的费用；

③ 应收账款的记录与监管费用；

④ 应收账款收账费用；

⑤ 其他费用。

管理成本中除了收账费用波动较大、较难预计之外，其他部分一般来说较为固定。

3. 坏账成本

应收账款的坏账成本是指不能收回应收账款而给企业造成的损失。由于各种各样的原因，应收账款中会有一部分不能如数收回而发生损失。它一般与应收账款发生的数量成正比，即应收账款越多，坏账成本也越大。

三、信用政策的制定

信用政策是指企业对应收账款的发生和收回所制定的一系列政策，是企业财务政策的一个重要组成部分。信用政策包括信用标准、信用条件和收账政策等内容。

1. 信用标准

信用标准是客户获得商业信用所应具备的最低条件，通常以预期的坏账损失率表示，也可以用信用分数等衡量。过高的信用标准表示较紧的信用政策。如果信用标准较高，只对信誉很好、坏账损失率很低的顾客给予赊销，固然可以减少坏账成本和应收账款的机会成本，但同时也会减少业务量。如果信用标准较低，则情况正好相反。因此，企业应根据具体情况权衡利弊。决策原则是只有信用标准变化带来的收益大于其成本时，才可提供商业信用。

信用标准可从定性及定量两方面进行分析。

（1）信用标准的定性分析　首先，分析客户资信情况。客户的资信是提供商业信用的前提条件。衡量客户资信程度一般可通过"五 C"系统进行。"五 C"为品质、能力、资本、担保、情况。品质（character）是指客户对付款义务履行的"态度"。它决定着债务人未来付款的可能性。能力（capacity）是指客户偿还债务的能力。资本（capital）是与能力相关但又有其特殊意义的一个衡量指标，是指客户的经济实力和财务状况。担保（collateral）是客户对所承担的付款责任的一种保证，由客户提供或指定的资产予以体现出来。情况（conditions）是指可能影响顾客还款能力的经济环境。一般取决于宏观经济状况、所处行业、地区以及企业应变能力等。

上述五个方面的信用资料可以通过访问客户、直接查阅与分析客户的财务报表获得，也可以通过银行提供的客户信用资料以及与该客户的其他单位交换有关信用资料而间接取得。其次，结合企业自身状况，如同行竞争状况、企业承担违约风险的能力、外部经济环境对本企业的影响等进行信用标准的定性分析。

（2）信用标准的定量分析 信用标准的定性分析不够明确和具体，还必须从定量角度对客户的信用进行描述。定量分析的基本做法有两种。一是进行正面的信用评分。首先确定与企业信用政策相关的若干个财务指标，在此基础上确定这些若干个相关财务指标的标准值以及在指标体系中的权数，再结合客户相对应的指标情况进行比较，以确定总评分，据此决定是否给予对方适当的信用。二是进行信用评级。根据各指标所决定的累计风险系数（以坏账损失率为标准），从反面角度判定信用等级。累计风险系数越高，则信用水平越低，反之则信用水平越高。

2. 信用条件

信用条件是指企业要求客户支付赊购货款的条件。它由信用期限、现金折扣期限及现金折扣率几个部分组成。如信用条件为"2/10，N/30"表示企业给出的信用期限是30天，如果在现金折扣期10天内付款，则可享受2％的现金折扣。信用条件可在行业惯例的基础上，结合企业自身确定的信用标准而给出。

（1）信用期限的确定 信用期限是指企业允许客户延迟付款的最长期限。信用期限越长，表明可以无偿地占用应收账款的时间越长，相当于在信用期限内节约了一笔资金的融资成本。较长的信用期限，可吸引更多的客户，刺激销售，但同时也会带来管理成本、机会成本和坏账成本的上升。制定信用期限时，一般应考虑以下几个方面的因素。

① 本企业正常情况下应收账款的平均周转时间。

② 客户的正常存货时间。

③ 延长信用期限带来的边际收入及边际成本，即通过对两者之间的比较来确定信用期限。

④ 行业惯例。信用期限的确定有时还较多地受行业惯例的影响，如行业竞争程度。

⑤ 外部环境影响，如周边经济、相关的宏观经济政策等。

（2）现金折扣政策的确定 现金折扣政策由现金折扣期限和现金折扣率两部分组成。企业可以制定单一的现金折扣政策，也可以制定包含两种或两种以上折扣方式的现金折扣政策。如"3/10，2/20，N/45"，表示信用期限为45天的情况下，如果在10天的现金折扣期限内付款，可享有3％的现金折扣；如果在20天的现金折扣期限内付款，则仅享有2％的现金折扣。折扣期限越短，现金折扣率越大，反之则越小。

与延长信用期限一样，采用现金折扣方式在可以刺激销售、加速现金收回及减少坏账损失的同时，同样也需要付出一定的代价。这种代价就是由于对方享受了现金折扣而企业损失的现金收入。如前例，由于客户可以享受10天内付款将得到3％的现金折扣优惠，则该客户由于提前 35 天付款而实际获得了年利率为 $31.81\%\left(\dfrac{3\%}{1-3\%}\times\dfrac{360}{45-10}\right)$ 的优惠。当该客户的资本成本率或投资报酬率低于该利率时，等于获得了一笔净收益。对销货企业来说，由于采取现金折扣政策而带来了现金折扣损失。采取现金折扣政策必然会给企业带来收益，集中表现为货款的加速收回、销量的扩大、坏账损失的减少。

因此，是否实行现金折扣政策以及设计何种程度的现金折扣政策，其基本的思路是以该项现金折扣政策带来的现金折扣损失与收益相比较。若其净收益大于未采用现金折扣政策或采用原现金折扣政策的净收益，则表明该现金折扣政策较优。从边际收益理论的角度说，当一个现金折扣能使边际利益刚好等于边际成本时，则这个现金折扣可确定为最佳现金折扣。

3. 收账政策

收账政策是指超过了规定的信用期限仍未收到应收账款而向客户催收的一系列程序与方法的组合。收账政策应建立在一个适宜的范围之内。如果过于消极，收账工作将很难发生实际的效用，应收账款的机会成本和坏账损失将会提高；如果过于严格，则在降低机会成本和坏账损失的同时，提高了相应的收账费用，还会影响与客户的正常业务关系而导致一些其他问题。一项适宜的收账政策，应该是对这些成本与效益的此消彼长关系进行分析并在此基础上进行权衡的结果。

一般地，收账费用与机会成本、坏账损失的消长关系有如下表现：

① 开始发生一些收账费用，机会成本与坏账损失有一定幅度的下降；

② 收账费用继续增加，机会成本与坏账损失会有较大幅度的下降；

③ 收账费用增加到一定限度，机会成本与坏账损失的下降大大减慢，甚至停滞。

收账费用与机会成本、坏账损失的关系如图 5-1 所示。

图 5-1 中出现转折的 P 点被称为饱和点。当收账费用增加到该点之后，继续增加收账费用的意义已经不大。企业在制定收账政策时，应避免使收账费用超过这一点。收账费用不宜过高，也不宜过低，而应该有一个适当的点。那么如何找到这个点，使得在该点上达到最合理的状态呢？通过图 5-2，我们可以用成本分析模式进行观察。

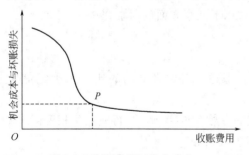

图 5-1　收账费用与机会成本、
坏账损失的关系

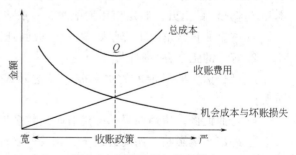

图 5-2　收账费用与机会成本、
坏账损失的最佳组合状态

图 5-2 中，随着横轴收账政策的由宽至严，收账费用线逐渐上升，而机会成本和坏账损失线逐渐下降，总成本线是两条线的和。总成本线上有一最低点 Q，此点的收账费用与机会成本、坏账损失实现最佳组合。

最后必须指出，信用标准、信用条件及收账政策是企业整个信用政策系统的有机组合。在单独制定其中任何一个方面时，应将之置于整个信用政策体系下进行考虑，以发挥信用政策的整体效果。

四、应收账款的日常管理

应收账款的日常管理主要包括信用政策的执行与修改、建立坏账准备制度、收账绩效的考核。

1. 信用政策的执行与修改

（1）信用标准与信用条件的执行与修改 基本思路是通过比较信用标准、信用条件调整前后收益与成本的变动对边际收益与边际成本的增减影响，对原方案进行判断与修改。

【例 5-2】 甲企业为加强市场竞争，拟降低原信用标准与信用条件，为此设计了 A、B 两套方案。预计的赊销收入、应收账款平均收款期及管理费用、坏账损失率等变化，以及由此而引起的边际利润的变化，如表 5-1 所示。

表 5-1 赊销收入、应收账款平均收款期及管理费用、
坏账损失率及边际利润的变化 单位：元

项 目	原信用标准与条件	A 信用标准与条件	B 信用标准与条件	差 异 A	差 异 B
赊销收入	1080000	1440000	1620000	+360000	+540000
边际利润（20%）	216000	288000	396000	+72000	+108000
应收账款平均收款期	20 天	30 天	60 天	+10 天	+40 天
应收账款平均余额	60000	120000	270000	+60000	+210000
应收账款增加投资	48000	96000	216000	+48000	+168000
投资收益（15%）	7200	14400	32400	+7200	+25200
应收账款管理费用	10000	15000	40000	+5000	+30000
坏账损失率	1%	2%	4%	+1%	+3%
信用标准、条件变动后的边际利润	—	—	—	+41800	−1200

由表 5-1 分析可知，信用政策放宽至 A 方案，将增加净收益 41800 元，但假如进一步放宽至 B 方案，则将减少净收益 1200 元，故应采用 A 方案。

（2）收账政策的执行与修改 当客户违反信用条件、拖欠或拒付赊购账款，原有的收账政策很难再起作用时，必须根据情况重新确定收账方案，以尽可能低的代价促使呆账的收回，最大限度地减少坏账损失。

甲企业有 30 万元的逾期赊销款项（销货成本率为 80%），按原先的收账政策，若投入 2000 元左右的收账费用，则预计收账期为 3 个月，坏账损失率为 4%。现由于情况发生变化，若按原方案收账，则估计收账期可能会延长至 6 个月，坏账损失则可能由 4% 上升到 8%。针对这一情况，企业已设计了 A、B 两套收账方案，对原收账政策作了修改，加大了收账力度，争取提前收款。收账政策改变后的收账费用和坏账损失的变化如表 5-2 所示。

由此可见，B 方案的逾期账款收账成本净额最低，应调整为 B 方案的收账政策。

2. 建立坏账准备制度

应按照权责发生制和谨慎性原则的要求，对坏账损失的可能性预先进行估计，并计提相应的坏账准备金。坏账准备金的计提比例与应收账款的账龄密切相关，具体计提比例可由企业根据实际情况和以往经验加以确定。

表 5-2 收账费用和坏账损失的变化   单位：元

资　　料	收　账　方　案		
	原　方　案	A　方　案	B　方　案
收账费用	2000	8000	16000
预计收账期	6 个月	2 个月	1 个月
坏账损失率	8%	4%	2%
弥补逾期账款投资成本利息(12%)	14400	4800	2400
加：收账费用	2000	8000	16000
坏账损失	24000	12000	6000
逾期账款收账总成本	40400	24800	24400
逾期账款收回后的再投资收益(16%)		16000	20000
逾期账款收账成本净额	40400	8800	4400

3. 收账绩效的考核

应收账款收账绩效的考核，可以从以下两方面进行。

（1）从总体评价企业应收账款管理　考核的指标主要有应收账款周转率或平均收账期，计算公式为

$$应收账款周转率 = \frac{赊销收入净额}{应收账款平均余额}$$

$$平均收账期 = \frac{360}{应收账款周转率}$$

上述指标反映了应收账款的流动程度，即应收账款的变现速度。在一定时期内，企业应收账款周转率越高，平均收账期越短，应收账款周转为现金的次数越多或平均每次周转为现金的时间越短，收账效率越高。反之，则越低。

（2）按收款岗位限时限额考核　应收账款与企业内部很多方面密切相关。因此，应当按照内部各环节、各部门应负的职责，建立健全的岗位责任制和科学的奖惩制度，实行限时管理和限额管理，并定期进行考核。

第三节　存货管理

存货是指企业在生产经营过程中为销售或耗用而储存的各种有形资产。前者如物业企业的各种库存商品等，后者如物业企业库存的各种库存材料、低值易耗品等。存货利用程度的好坏对企业财务状况的影响极大。因此，加强存货的规划与控制，使存货保持在最优的水平上，便成为财务管理的一项重要内容。

一、存货的功能与成本

进行存货管理的目的是要控制存货的水平，在充分发挥存货功能的基础上努力降低存货的成本。

（一）存货的功能

存货的功能是指存货在生产经营过程中的作用。

1. 保证生产的经营需要

生产过程中所需要的原材料是生产中必需的物质资料。虽然有些企业自动化程度很高，

并借助计算机加强管理，提出了零存货的口号，但要完全达到这一目标并非易事。因此，为了保证生产的顺利进行，适当地储存一些存货是很有必要的。

2. 均衡组织生产，降低产品成本

有的企业的产品属于季节性产品，有的企业的产品需求很不稳定。如果根据需求状况时高时低地进行生产，有时生产能力可能得不到充分利用；有时又会出现超负荷生产。这些都会使得生产的成本升高。因此，储备一定的存货，可以起到均衡生产、降低产品成本的作用。

3. 有利于销售

企业在销售产品时，考虑到经济性，一般是采用成批生产、成批销售的。其原因是：一方面顾客为了节约采购成本和费用，一般是成批采购；另一方面为了达到运输上所需要的最低经济批量，也应组织成批发运。

4. 防止意外事件的发生

企业在采购、运输、生产和销售的过程中可能会发生意料之外的事故，为了减少或避免损失，需要留有存货的保险储备。

（二）存货的成本

与储备存货有关的成本包括以下 3 种。

1. 取得成本

取得成本指为取得某种存货而支出的成本。取得成本又分为订货成本和购置成本。订货成本指取得订单的成本，如办公费、差旅费、邮资、电报电话费等支出。购置成本指存货本身的价值，经常用数量与单价的乘积来确定。

2. 储存成本

储存成本指为保持存货而发生的成本，包括存货占用资金所应计的利息、仓储费用、保险费用、存货破损和变质损失等。

3. 缺货成本

缺货成本指由于存货供应中断造成的停工损失、产成品库存缺货造成的拖欠发货损失和丧失销售机会的损失等。

企业存货的管理就是使得上述的总成本最低，尽力在各种存货成本与存货效益之间作出权衡，以达到两者的最佳结合。

二、存货需要量的预测

企业的存货资金有不同的占用形态，表现为储备资金、生产资金和成品资金等。这就要求企业在测算存货资金定额时，按储备资金、生产资金和成品资金分别进行。下面介绍确定存货资金定额的一般方法

1. 周转期法

周转期法又称定额日数法，是根据各种存货平均每天的周转额和其资金周转日数来确定资金数额的一种方法。其计算公式为

$$存货资金定额＝平均每天周转额×资金周转日数$$

式中，平均每天周转额是指某项存货资金平均每天从本阶段流出的数额。它直接影响存货资金定额。资金周转日数是指存货完成一次周转所需的天数。周转期的长短对存货资金定额也会有直接的影响。

2. 因素分析法

因素分析法是以上年度存货资金实际平均占用额为基础，考虑到本年度的各项变动因素，加以分析调整后测算存货资金定额的一种方法。其计算公式为

$$存货资金定额＝（上年度存货资金实际平均占用额－不合理占用额）×$$

$$（1±本年度营业额增减百分比）×（1－本年度资金周转加速率）$$

从公式中可以看出，在上年度存货资金实际平均占用额中，首先应扣除上年度不合理占用额部分，调整为上年度存货资金的合理占用额。然后，考虑本年度的销售增长情况。一般来说，销售增长会使存货增加。最后，还要考虑本年度加速资金周转的要求。加速资金周转会使存货资金定额降低。这种方法主要适用于品种繁多、规格复杂和价格较低的材料物资。对于供产销变化不大的中小企业，也可用此法匡算全部存货资金定额。

3. 比例计算法

比例计算法是根据存货资金和有关因素之间的比例关系来测定存货资金定额的方法。以销售收入资金率为例说明，其计算公式为

$$存货资金定额＝本年度销售收入总额×销售收入资金率$$

$$销售收入资金率＝\frac{上年度存货资金实际平均占用额－不合理占用额}{上年度实际销售收入总额×（1－本年度资金周转加速率）}×100\%$$

如果采用产值资金率，则

$$存货资金定额＝本年度总产值×产值资金率$$

$$产值资金率＝\frac{上年度存货资金实际平均占用额－不合理占用额}{上年度实际总产值}×\left(1－\frac{本年度资金周转加速率}{}\right)×100\%$$

此外，还可以采用成本资金率、利润资金率等有关因素来计算存货资金定额。

这种方法主要适合于辅助材料、修理备用件等资金数额的测定，目前是匡算全部存货资金定额的主要方法。

三、存货的控制

存货的日常控制是指在日常生产经营过程中，按照存货计划的要求，对存货的使用和周转情况进行的组织、调节和监督活动。存货控制的方法主要有如下几种。

（一）存货归口分级控制

存货的归口分级控制是加强存货日常管理的一种重要方法。这一管理方法包括以下三项内容。

1. 在厂长经理的领导下，财务部门对存货资金实行统一管理

企业要加强对存货资金的集中、统一管理，促进供产销相互协调，实现资金使用的综合平衡，加速资金周转。财务部门的统一管理主要包括以下几方面的工作：

① 根据国家财务制度和企业具体情况制定企业资金管理的各种制度；

② 认真测算各种资金占用数额，汇总编制存货资金计划；

③ 把有关计划指标进行分解，落实到有关单位和个人；

④ 对各单位的资金运用情况进行检查和分析，统一考核资金的使用情况。

2. 实行资金的归口管理

根据使用资金和管理资金相结合、物资管理和资金管理相结合的原则，每项资金由哪个部门使用就归哪个部门管理。各项资金归口管理的分工一般如下：

① 材料、燃料、包装物等资金归供应部门管理；

② 在产品和自制半成品占用的资金归生产部门管理；

③ 产成品资金归销售部门管理；

④ 工具用具占用的资金归工具部门管理；

⑤ 修理用备件占用的资金归设备动力部门管理。

3. 实行资金的分级管理

各归口的管理部门要根据具体情况将资金计划指标进行分解，分配给所属单位或个人，层层落实，实行分级管理。具体分解过程如下：

① 原材料资金计划指标可分配给供应计划、材料采购、仓库保管、整理准备等各业务组管理；

② 在产品资金计划指标可分配给各车间、半成品库管理；

③ 成品资金计划指标可分配给销售、仓库包管、成品发运等各业务组管理。

（二）经济批量控制

经济批量是指存货储存成本和订货成本之和最低时的采购批量。一般情况下，企业在一定时期内原材料的需要量是一定的。如果采购批量大，则原材料的储存成本就会升高，但采购的次数会减少，订货成本会降低。反之，如果采购批量小，则原材料的储存成本会降低，但采购的次数会增加，订货成本会升高。可见，储存成本和订货成本二者是互为消长的。存货控制的目的，就是要寻找这两种成本合计数最低的订购批量，即经济订购批量。

一年存货储存成本和订货成本之和可以用下面的公式表示。

$$T=\frac{M}{Q}\times E+\frac{Q}{2}\times C$$

式中，T 为总成本；M 为全年需要量；E 为每次订货成本；C 为单位年储存成本；Q 为采购批量。

然后，用数学中求导的方法求出最小值，最后推导出经济批量为 $Q=\sqrt{\frac{2ME}{C}}$。

【例5-3】 红星公司生产一种产品，需耗用 A 材料，年需要量为 600000 件，每次订货成本是 320 元，单位年储存成本为 6 元。则该材料的经济批量为

$$Q=\sqrt{\frac{2\times600000\times320}{6}}=8000（件）$$

（三）ABC 控制法

ABC 控制法是意大利经济学家巴雷特在 19 世纪首创的。该方法广泛用于存货管理、成本管理和生产管理。对一个大型企业来说，经常有成千上万种存货。在这些存货中，有的价格昂贵，有的不值一文；有的数量庞大，有的寥寥无几。如果不分主次，面面俱到，对每一种存货都进行周密的规划和严格的控制，就会抓不住重点，不能有效地控制主要的存货资金，甚至浪费人力、物力和财力。

ABC 控制法正是针对这一问题而提出来的重点管理方法。这种方法把存货分成 A、B、C 三大类，目的是对存货资金进行有效管理。A 类存货种类虽少，但占用的资金多，应集中主要力量进行管理，应对其经济批量进行认真规划，对存入和发出要进行严格控制。C 类存货虽然种类繁多，但占用的资金不多，不必耗费大量人力、物力和财力去管理。这类存货的经济批量可凭经验确定，不必花费大量的时间和精力去进行规划和控制。B 类存货介于 A

和 C 类之间，也应给予相当重视，但不必像 A 类那样进行非常严格的控制。

思考练习题

1. 流动资产的特点是什么?
2. 现金的使用范围是什么?
3. 应收账款的成本有哪些?
4. 对应收账款如何做好日常管理?
5. 某公司年度需耗用乙材料 36000 千克，该材料采购成本为 200 元/千克，年度储存成本为 16 元/千克，平均每次进货费用为 20 元。

要求：(1) 计算本年度乙材料的经济进货批量;

(2) 计算年度乙材料经济进货批量下的相关总成本;

(3) 计算本年度乙材料经济进货批量下的平均资金占用额;

(4) 计算本年度乙材料最佳进货批次。

第六章

物业企业投资管理

【学习目标】 通过本章学习使学生掌握项目投资的各种评价方法，熟悉投资回收期、会计收益率和投资报酬率的计算和应用；掌握净现值、内含报酬率和现值指数的计算和应用；了解证券投资的目的、特点、种类与基本程序，股票投资的目的、特点；掌握股票投资的基本分析法与技术分析方法；了解债券投资的目的、特点；掌握债券估价和投资收益率的计算方法；了解投资基金的含义、种类，基金的价值和报价，投资基金的价值与收益率的计算，基金投资的优缺点。

第一节 物业企业投资管理概述

一、投资的含义

投资是指投放财力于一定对象，以期望在未来获取与其所承担风险成正比例的收益的一种经济行为。投资是为了取得更多的利润而发生的现金支出，当然也蕴涵着可能的损失。它包括用于厂房、机器设备等长期资产的新建、改建、扩建和购置的投资，也包括购买政府债券、金融债券、企业债券和公司股票的投资，还包括企业以资产抵押贷款投资、采用联营方式等向外单位投资。

企业投资的作用归纳如下。

1. 企业进行投资是取得利润的基本前提

企业财务管理的目标是不断提高企业价值。为此，要采取各种措施增加利润，降低风险。企业要想获得利润，发展生产，扩大经营，就必须拥有一定数量的资金，并把资金投放到各种资产上。

2. 企业进行投资是发展生产的必要手段

在经济迅速发展的今天，企业无论是维持简单再生产还是实现扩大再生产，都必须进行一定的投资。要维持简单再生产的顺利进行，就必须及时对所有机器设备进行更新，对产品和生产工艺进行改革，不断提高职工的科学技术水平等。要实行扩大再生产，就必须新建、扩建厂房，增添机器设备，增加职工人数，提高员工素质等。企业只有通过一系列的投资活动，才能使企业增强实力，为企业创造财富。

3. 企业多元化投资是降低风险的重要手段

企业如把资金投向多个行业，实行多元化经营，则更能增加企业销售和盈余的稳定性。这些都是降低企业经营风险的重要手段。

二、投资的分类

企业投资，可以从不同的角度进行分类。

1. 按投资性质，可分为生产性投资和金融性资产投资

（1）生产性资产投资　包括建造厂房、更新设备、开发产品和开拓市场等。

（2）金融性资产投资　即证券投资，包括对政府债券、企业债券、股票、金融性债券及票据的投资。

2. 按投资时间长短，可分为长期投资和短期投资

（1）长期投资　指在一年以上才能收回的投资，主要是对厂房、机器、设备以及无形资产的投资，也包括一部分长期占用在流动资产上的投资和时间在一年以上的证券投资。

（2）短期投资　指可以在一年以内收回的投资，主要包括现金、有价证券、应收账款、存货等流动资产投资。

3. 按投资对未来的影响程度，分为战略性投资和战术性投资

（1）战略性投资　指对企业全局及未来有重大影响的投资，如对新产品投资、转产投资、建立分公司投资等。

（2）战术性投资　指不影响企业全局性和前途的投资，如更新设备、改善工作环境、提高生产效率等的投资。

4. 按投资的风险程度，可分为确定性投资和风险性投资

（1）确定性投资　指风险小、未来收益可以预测得比较准确的投资。在进行这种投资时，可以不考虑风险问题。

（2）风险性投资　指风险较大、未来收益难以准确预测的投资。大多数战略性投资属于风险性投资。在进行决策时，应考虑投资的风险问题，采用一定的分析方法，以做出正确的投资决策。

5. 按投资方向，可分为对内投资和对外投资

（1）对内投资　指把资金投在企业内部，购置各种生产经营用资产的投资。

（2）对外投资　指企业把资金投入外部企业，其目的是为了获得投资收益或控制其他企业的生产经营。

第二节　项目投资管理

项目投资的对象简称项目。企业投资项目主要可分为以新增生产能力为目的的新建项目和以恢复或改善生产能力为目的的更新改造项目两大类。显然，前者属于外延式扩大再生产类型，后者属于简单再生产或内涵式扩大再生产的类型。项目投资是降低风险的重要方法之一。企业财务管理的目标是不断提高企业价值。为此，就要采取各种措施扩大再生产，增加利润，降低风险。因此，项目投资是实现财务管理目标的基本前提。

对投资项目评价时使用的指标分为两种：一类是贴现指标，即考虑时间价值因素的指标，主要包括净现值、现值指数、内含报酬率等；另一类是非贴现指标，即没有考虑时间价值因素的指标，主要包括回收期、会计收益率等。根据分析评价指标的类别，投资项目评价分析的方法可分为贴现的分析评价方法和非贴现的分析评价方法。

一、非贴现的分析评价方法

非贴现的方法不考虑时间价值，把不同时间的货币收支看成是等效的。这些方法在投资项目评价时起到了辅助作用，主要有静态投资回收期法和会计收益率法、投资报酬率法。

（一）静态投资回收期法

静态投资回收期是投资引起的现金净流量累计到与原始总投资相等所需要的时间。它代表收回投资所需要的年限。回收年限越短，方案越有利。

原始总投资是反映项目所需现实资金的价值指标。它是一个现金流量的概念，从收付实现制角度说，是一个流出的概念，而且是现实资金，如购买设备的买价、付出的无形资产、流动资金垫付等。通俗地讲，是一个投资项目所引起的所有现实资金的总流出。从项目投资的角度看，原始总投资等于企业为使项目完全达到设计生产能力、开展正常经营而投入的全部现实资金。

【例 6-1】 设贴现率为 10%，有三个投资方案，有关数据见表 6-1。

表 6-1　A、B、C 三方案的净收益及现金净流量　　　　　单位：万元

期 间	A 方案		B 方案		C 方案	
	净收益	现金净流量	净收益	现金净流量	净收益	现金净流量
0		(20000)		(9000)		(12000)
1	1800	11800	(1800)	1200	600	4600
2	3240	13240	3000	6000	600	4600
3			3000	6000	600	4600
合　计	5040	5040	4200	4200	1800	1800

在原始总投资一次性支出，每年现金净流量相等时，回收期的计算公式为

$$静态投资回收期＝\frac{原始总投资}{每年现金净流量}$$

【例 6-1】 的 C 方案属于这种情况。其回收期的计算公式为

$$静态投资回收期＝\frac{12000}{4600}＝2.61（年）$$

在原始总投资一次性支出，每年现金净流量不相等时，应计算累计净现金流量，见表 6-2。

表 6-2　A、B、C 三方案的累计净现金流量计算表　　　　　单位：万元

期 间	A 方案		B 方案		C 方案	
	现金净流量	累计净现金流量	现金净流量	累计净现金流量	现金净流量	累计净现金流量
1	11800	11800	1200	1200	4600	4600
2	13240	25040	6000	7200	4600	9200
3			6000	13200	4600	13800
合计	25040	25040	13200	13200	13800	13800

A 方案的静态投资回收期计算过程如下。

回收期　　　　　　累计净现金流量

$$\left.\begin{array}{l}1\\?\\2\end{array}\right\}\!\!\left.\begin{array}{l}x\\\\\end{array}\right\}1\qquad\left.\begin{array}{l}11800\\20000\\25040\end{array}\right\}\!\!\left.\begin{array}{l}8200\\\\13240\end{array}\right\}13240$$

$$\frac{x}{1}＝\frac{8200}{13240}\qquad\qquad x＝0.62（年）$$

A 方案的静态投资回收期＝1＋0.62＝1.62（年）

B 方案的静态投资回收期计算过程如下。

回收期 　　　　　　累计净现金流量

$$\left. \begin{array}{l} 2 \\ ? \\ 3 \end{array} \right\} \left. \begin{array}{l} x \\ 1 \end{array} \right. \qquad \left. \begin{array}{l} 7200 \\ 9000 \\ 13200 \end{array} \right\} \left. \begin{array}{l} 1800 \\ \end{array} \right\} 6000$$

$$\frac{x}{1} = \frac{1800}{6000} \qquad x = 0.3 \text{（年）}$$

B 方案的静态投资回收期＝2＋0.3＝2.3（年）

从静态回收期的角度分析，A 方案投资回收期最短，所以 A 方案可行。

回收期法计算简便，并且容易为决策人所理解。但它的缺点是：不仅忽视了时间价值，而且没有考虑回收期以后的收益。事实上，有战略意义的长期投资往往早期收益较低，而中后期收益较高。回收期法优先考虑急功近利的项目，则可能导致放弃长期成功的方案。回收期法是过去评价投资方案最常用的方法，目前只作为辅助方法使用，主要用来测定方案的流动性而非盈利性。

（二）会计收益率法

会计收益率是年平均净收益与原始投资额的比率。年平均净收益和原始投资额可以从财务会计报表得到。这种方法计算简便，应用范围很广。

$$会计收益率 = \frac{年平均净收益}{原始投资额} \times 100\%$$

【例 6-2】 仍以【例 6-1】的资料计算会计收益率。

$$会计收益率（A）= \frac{(1800 + 3240) \div 2}{20000} \times 100\% = 12.6\%$$

$$会计收益率（B）= \frac{(-1800 + 3000 + 3000) \div 3}{9000} \times 100\% = 15.6\%$$

$$会计收益率（C）= \frac{600}{12000} \times 100\% = 5\%$$

从会计收益率的角度分析，B 方案投资回收期最短，所以 B 方案可行。

会计收益率法计算简便，易于理解和掌握，资料也易于收集，因为它应用的是财务会计报表中的数据。但是，它没有考虑货币时间价值，第一年的现金流量与最后一年的现金流量被看做具有相同的价值，所以，有时会作出错误的决策，而且以利润为基础不能正确反映投资项目的真实收益。

（三）投资报酬率法

投资报酬率又称投资利润率，指达产期正常年度利润或年均利润占投资总额的百分比。

投资总额是反映项目投资总体规模的价值指标，它等于原始总投资与建设期资本化利息之和。它强调权责发生制的概念，不完全是一个流量的概念。它的口径大于原始总投资，差别主要在于建设期资本化利息。建设期资本化利息是指在建设期发生的与购建项目所需的固定资产、无形资产等长期资产有关的借款利息。

$$投资利润率 = \frac{达产期平均利润（会计年均利润）}{年均投资总额}$$

该方法简单、明了，易于掌握，且不受建设期长短、投资方式、回收额的有无以及净现金流量的大小等条件的影响，能够说明各投资方案的收益水平。但是，该指标没有考虑资金时间价值因素，不能正确反映建设期长短及投资方式不同对项目的影响。另外，该指标的分子分母其时间特征不一致。年均利润是时期指标，而投资总额是时点指标，计算口径不一致。该指标的计算无法直接利用净现金流量信息。现金流量是比较客观的价值指标，而会计利润是以权责发生制为计算基础的，有人为的影响，但计算投资利润率却没有利用现金流量信息。

二、贴现的分析评价方法

贴现的分析评价方法，是指考虑货币时间价值的分析评价方法，亦被称为贴现的现金流量分析技术。

（一）净现值法

这种方法使用净现值作为评价方案优劣的指标。所谓净现值，是指特定方案未来现金流入的现值与未来现金流出的现值之间的差额。

1. 净现值的计算公式

净现值＝现金流入量的现值总额－现金流出量的现值总额

即
$$净现值(NPV) = \sum_{k=0}^{n} \frac{I_k}{(1+i)^k} - \sum_{k=0}^{n} \frac{O_k}{(1+i)^k}$$

式中，n 为投资设计的年限；I_k 为第 k 年的现金流入量；O_k 为第 k 年的现金流出量；i 为预定的贴现率。

2. 净现值的计算步骤

① 计算投资项目每年的净现金流量。净现值与净现金流量的区别在于：前者考虑了时间价值，并且涉及多期净现金流量的现值。

② 计算未来报酬的总现值。当每年的净现金流量相等时，按年金现值计算；当每年的净现金流量不等时，按复利现值计算。

③ 计算净现值。计算公式为

净现值＝未来报酬的总现值－初始投资额

按照这种方法，所有未来现金流入和流出都要按预定贴现率折算为现值，然后再计算差额。如果净现值为正数，即贴现后现金流入大于贴现后现金流出，该投资项目的报酬率大于预定的贴现率；如果净现值为零，即贴现后的现金流入等于贴现后的现金流出，该投资项目的报酬率等于预定的贴现率；如果净现值为负数，即贴现后的现金流入小于贴现后的现金流出，该投资项目的报酬率小于预定的贴现率。

【例 6-3】 仍以【例 6-1】的资料计算三项投资方案的净现值。

净现值（A）＝$11800 \times (1+i)^{-1} + 13240 \times (1+i)^{-2} - 20000$

＝$11800 \times 0.9091 + 13240 \times 0.8264 - 20000$

＝$21669 - 20000$

＝1669（万元）

净现值（B）＝$1200 \times (1+i)^{-1} + 6000 \times (1+i)^{-2} + 6000 \times (1+i)^{-3} - 9000$

＝$1200 \times 0.9091 + 6000 \times 0.8264 + 6000 \times 0.7513 - 9000$

＝$10557 - 9000$

＝1557（万元）

$$净现值(C)=4600\times(P/A,10\%,3)-12000$$
$$=4600\times2.487-12000$$
$$=11440-12000$$
$$=-560（万元）$$

A、B 两项投资的净现值为正数，说明该方案的报酬率超过 10%。如果企业的资金成本率或要求的投资报酬率是 10%，这两个方案是有利的，因此是可以接受的。C 方案净现值为负数，说明该方案的报酬率达不到 10%，因此应予放弃。A 和 B 相比，A 方案更好些。

净现值法所依据的原理是：假设预计的现金流入在年末肯定可以实现，并把原始投资看成是按预定贴现率借的。当净现值为正数时偿还本息后该项目仍有剩余的收益；当净现值为零时偿还本息后一无所获；当净现值为负数时该项目收益不足以偿还本息。这一原理可以通过 A、C 两方案的还本付息表来说明（表 6-3 和表 6-4）。

表 6-3　A 方案还本付息表　　　　　　　　　　　　　　　单位：万元

年　份	年初债款	年息(10%)	年末债款	偿还现金	债款余额
1	20000	2000	22000	11800	10200
2	10200	1020	11220	13240	(2020)

表 6-4　C 方案还本付息表　　　　　　　　　　　　　　　单位：万元

年　份	年初债款	年息(10%)	年末债款	偿还现金	债款余额
1	12000	1200	13200	4600	8600
2	8600	860	9460	4600	4860
3	4860	486	5346	4600	746

A 方案在第二年末还清本息后，有 2020 万元剩余，折合成现值为 1669（2020×0.8264）万元，即为该方案的净现值。C 方案第三年末没能还清本息，尚欠 746 万元，折合成现值为 560（746×0.7513）万元，即为 C 方案的净现值。可见，净现值的经济意义是投资方案贴现后的净收益。

净现值法考虑了资金的时间价值，增强了投资经济性的评价；考虑了项目计算期的全部净现金流量，体现了流动性和收益性的统一；能够反映各种投资方案的净收益；考虑了投资风险性。净现值法具有广泛的适用性，在理论上也比其他方法更完善。

净现值法不能从动态的角度直接反映投资项目的实际收益率水平；净现值法比较麻烦，且较难理解和掌握。净现值法应用的主要问题是如何确定贴现率：一种办法是根据资金成本来确定；另一种办法是根据企业要求的最低资金利润率来确定。前一种办法，由于计算资金成本比较困难，故限制了其应用范围；后一种办法根据资金的机会成本，即一般情况下可以获得的报酬来确定，比较容易解决。

（二）现值指数法

这种方法是使用现值指数作为评价方案的指标。所谓现值指数，是未来现金流入现值与现金流出现值的比率，亦称现值比率、获利指数、贴现后收益-成本比率等。

现值指数实质上代表每一元初始投资所能获取的未来收益的现值。该指标是折现的相对量评价指标，可从动态的角度反映资金投入与总产出之间的关系，但无法直接反映投资项目的实际收益率。计算现值指数的公式为

$$现值指数(PI) = \frac{项目现金流入量现值}{项目现金流出量现值}$$

【例6-4】　仍以【例6-1】的资料计算三项投资方案的现值指数。

$$现值指数(A) = \frac{21699}{20000} = 1.08$$

$$现值指数(B) = \frac{10557}{9000} = 1.17$$

$$现值指数(C) = \frac{11440}{12000} = 0.95$$

A、B两项投资机会的现值指数大于1，说明其收益超过成本，即投资报酬率超过预定的贴现率；C项投资机会的现值指数小于1，说明其报酬率没有达到预定的贴现率。如果现值指数为1，说明贴现后现金流入等于现金流出，投资的报酬率与预定的贴现率相同。

现值指数法考虑了资金的时间价值，能够真实地反映投资项目的盈亏程度，有利于在初始投资额不等的方案之间进行比较，但该方法不便于理解。

（三）内含报酬率法

内含报酬率法是根据方案本身内含报酬率来评价方案优劣的一种方法。所谓内含报酬率（IRR），是指能够使未来现金流入量现值等于未来流出量现值的贴现率，或者说是使投资方案净现值为零的贴现率。内含报酬率又称为内部收益率。

净现值法和现值指数法虽然考虑了时间价值，可以说明投资方案高于或低于某一特定的投资报酬率，但没有揭示方案本身可以达到的具体报酬率是多少。内含报酬率是根据方案的现金流量计算的，是方案本身的投资报酬率。

内含报酬率的计算可以采用以下两种方法。

（1）每年现金净流量相等　首先计算年现值系数，然后查年金现值系数表，如找不到相应的系数，则找出与所计算系数相邻的一大一小两个系数并找出相应的两个贴现率，最后采用插值法求内含报酬率。

（2）每年现金净流量不相等

① 首先估计一个贴现率，用它来计算方案的净现值。如果净现值为正数，说明方案本身的报酬率超过估计的贴现率，应提高贴现率后进一步测试；如果净现值为负数，说明方案本身的报酬率低于估计的贴现率，应降低贴现率后进一步测试。经过多次测试，寻找出使净现值接近于零的贴现率，即为方案本身的内含报酬率。

② 采用插值法计算内含报酬率。

如果投资项目的内含报酬率大于最低期望报酬率，投资项目可以接受；反之，如果投资项目的内含报酬率小于最低期望报酬率，项目不可接受。对于互斥投资项目，应该从可接受方案中选择内含报酬率最高的方案。

根据【例6-1】的资料，进行如下计算。

已知A方案的净现值为正数，说明它的投资报酬率大于10％，因此，应用贴现率进一步测试。假设以18％为贴现率进行测试，其结果净现值为-499万元；下一步降低到16％重新测试，结果净现值为9万元，已接近于零，可以认为A方案的内含报酬率为18％。测试过程见表6-5、表6-6。

表 6-5 A方案内含报酬率的测试 单位：万元

年 份	现金净流量	贴现率＝18％		贴现率＝16％	
		贴现系数	现 值	贴现系数	现 值
0	(20000)	1	(20000)	1	(20000)
1	11800	0.847	9995	0.862	10172
2	13240	0.718	9506	0.743	9837
净现值			(499)		9

贴现率　　　　净现值

$$\left.\begin{matrix}16\% \\ ? \\ 18\%\end{matrix}\right\}x\left.\begin{matrix}\\ \\ \end{matrix}\right\}2\% \qquad \left.\begin{matrix}9 \\ 0 \\ -499\end{matrix}\right\}\left.\begin{matrix}\\ \\ \end{matrix}\right\}9\ \Big\}508$$

$$\frac{x}{2\%}=\frac{9}{508} \qquad x=0.04\%$$

A方案的内含报酬率＝16％＋0.04％＝16.04％

表 6-6 B方案内含报酬率的测试 单位：万元

年 份	现金净流量	贴现率＝18％		贴现率＝16％	
		贴现系数	现 值	贴现系数	现 值
0	(9000)	1	(9000)	1	(9000)
1	1200	0.847	1016	0.862	1034
2	6000	0.718	4308	0.743	4458
3	6000	0.609	3654	0.641	3846
净现值			(22)		338

贴现率　　　　净现值

$$\left.\begin{matrix}16\% \\ ? \\ 18\%\end{matrix}\right\}x\left.\begin{matrix}\\ \\ \end{matrix}\right\}2\% \qquad \left.\begin{matrix}338 \\ 0 \\ -22\end{matrix}\right\}\left.\begin{matrix}\\ \\ \end{matrix}\right\}338\ \Big\}360$$

$$\frac{x}{2\%}=\frac{338}{360} \qquad x=1.9\%$$

B方案的内含报酬率＝16％＋1.9％＝17.9％

C方案各期现金流入量相等，内含报酬率可直接利用年金现值表来确定，不需要进行逐步测试。

设现金流入的现值与原始投资相等，则

$$原始投资＝每年现金流入量×年金现值系数$$

即

$$12000=4600×(P/A,i,3)$$

$$(P/A,i,3)=2.609$$

查阅"年金现值系数表"，寻找 $n＝3$ 时，系数2.609所指的利率。查表结果，与2.609接近的现值系数2.624和2.577分别指向7％和8％。用内插法确定C方案的内含报酬率为7.32％。

贴现率　　　　　年金现值系数

$$\left.\begin{array}{l}7\% \\ ? \\ 8\%\end{array}\right\} x \Bigg\}1\% \qquad \left.\begin{array}{l}2.624 \\ 2.609 \\ 2.577\end{array}\right\}0.015\Bigg\}0.047$$

$$\frac{x}{1\%}=\frac{0.015}{0.047} \qquad x=0.32\%$$

C 方案的内含报酬率 $=7\%+0.32\%=7.32\%$

计算出每个方案的内含报酬率以后,可以根据企业的资金成本或要求的最低投资报酬率对方案进行取舍。假设资金成本是 10%,那么 A、B 两个方案都可以接受,而 C 方案则应放弃。

三、联营投资管理

联营投资是与有关企业和单位共同出资,组成联合经营企业的对外投资活动。联合经营企业是由若干个企业在自愿、平等、互利的基础上组成的经济组织。它不同于高度集权的公司。联合经营各方共同协商签订章程或契约合同,履行相应的手续、程序,承担相应的经济、社会责任。参加联合经营的各单位一般都具有一种稳定的协作关系。

联营投资管理应该包括投资前的可行性分析、资产评估、投资资金筹措,投资后的财务监控、投资收益分配、投资回收清算等一系列内容。为此,需要进行下列各项工作。

1. 按横向经济联合的原则开展联营投资

国家确定的横向经济联合的原则是"扬长避短、形式多样、互惠互利、共同发展"。这十六字原则是完整的统一体,缺一不可。

2. 进行联营投资的可行性研究

联营投资的可行性分析研究一般分成五个步骤。

第一步,策划投资意向。根据宏观经济发展的要求和本地区、本单位的战略发展规划,讨论研究联营投资的方向和范围。

第二步,调查研究。利用市场学、经济学原理,对影响联营的各项因素进行尽可能详细的调查研究,包括产品的市场需求量、价格、竞争能力、原材料、能源、运输条件、技术水平、环境保护等因素,每项调查都要分别做出评价。

第三步,选择最佳方案。对调查后形成的多个联营方案进行精确计算,预测经济效益,视其能否达到设想目标,决定是否联营。通过比较,选出切实可行的最佳联营方案。

第四步,详细研究。对选出的最佳联营方案进行更详细的分析研究工作,明确联营的范围、投资,进行收入估算。

第五步,编制可行性分析报告。要提出联营的可行性研究报告,以充足的理由论证联合的可行性,还要满足财政、环保、其他投资单位的要求。

3. 进行联营投资前的资产评估

联营中的资产是指企业、单位投入联营企业的资产。联营中的资产评估就是对各联营成员用于联合经营的资产进行评价、估算,以确定它们的价格。资产评估应该委托具有资产评估资格的会计师事务所来完成。

4. 采取多种形式,筹集联营投资的资金

各种形式的横向经济联合,归根到底都表现为资金的联合。参加联营的各方可用不同的资产进行投资。但下列各项不得用于联营投资：应当上缴的国家财政收入；国家拨给的有指定用途的专款；农田不得作为直接投资，但依法征用的，可以用征用土地补偿费入股。

5. 加强对联营企业的财务监管，实行联营投资目标

联营企业成立后，可以依法独立开展生产经营活动，进行财务决策。投资者不得随意干涉企业行使经营管理权利。但是，联营投资者有权参与选举企业经营者、审议企业重大的筹资和投资决策。

6. 合理分配联营企业利润，正确计算投资收益

联营企业利润合理与否，直接关系到联营企业的聚和散。联营企业实现的利润应当按"先税后分"的原则，首先在所在地依法缴纳所得税，再提取留成的法定公积金、公益金等，最后根据联营协议的规定来确定各方应分享的利润。

7. 联营终止，依法进行投资回收清算

联营企业因联营期满自动停业或因经营不善发生严重亏损被迫停业，应当依法进行解散清算。清算工作由清算小组来完成。投资方对收回的各项投资与投出资金的差额部分，作为投资收益或投资损失处理。

第三节　证券投资管理

证券投资以各种各样的有价证券为投资工具。不同的证券具有不同的筹资和投资特征，从而形成了证券的有效供给和有效需求。有价证券有广义与狭义两种概念。广义的有价证券包括商品证券、货币证券和资本证券，狭义的有价证券仅指资本证券。在日常生活中，人们通常把狭义的有价证券，即资本证券，直接称为有价证券或证券。本章主要介绍的是狭义的有价证券。

一、证券及其种类

证券，是指用以证明或设定权利所做成的书面证明，它表明证券持有人或第三者有权取得该证券所拥有的特定权益。

证券的种类多种多样，可以从不同角度、按不同标准进行分类。

① 按照证券发行主体的不同，可以分为政府证券、金融证券和公司证券。政府证券是中央政府或地方政府为筹集资金而发行的证券；金融证券是银行或其他金融机构为筹集资金而发行的证券；公司证券是工商企业发行的证券。

② 按照证券所体现的权益关系，可以分为所有权证券和债权证券。所有权证券是指证券的持有人是证券发行单位的所有者的证券，如股票；债权证券是指证券的持有人是证券发行单位的债权人的证券，如债券。

③ 按照证券收益稳定性不同，可分为固定收益证券和变动收益证券。固定收益证券是指持券人可以在特定的时间内取得固定的收益并预先知道取得收益的数量和时间，如固定利率债券、优先股股票等。变动收益证券是指因客观条件的变化其收益也随之变化的证券，如普通股股票、浮动利率债券等。

④ 按照证券到期日的长短，可分为短期证券和长期证券。短期证券是指到期日短于一年的证券；长期证券是指到期日长于一年的证券。

⑤ 按照募集方式的不同，可分为公募证券和私募证券。公募证券，又称公开发行证券，是发行人向不特定的社会公众广泛发售的证券；私募证券，又称内部发行证券，是指面向少数特定投资者发行的证券。

⑥ 按证券的经济性质分类，证券可分为股票、债券和其他证券三大类。

二、证券投资的目的和特征

证券投资是指投资者将资金投资于股票、债券、基金及衍生证券等资产，从而获取收益的一种投资行为。

（一）证券投资的目的

1. 暂时存放闲置资金

证券投资在多数情况下都是出于预防的动机，以替代较大量的非盈利的现金余额。

2. 与筹集长期资金相配合

处于成长期或扩张期的公司一般每隔一段时间就会发行长期证券，所获得的资金往往不会一次用完。企业可将暂时闲置的资金投资于有价证券，以获得一定的收益。

3. 满足未来的财务需求

企业根据未来对资金的需求，可以将现金投资于期限和流动性较为恰当的证券，在满足未来需求的同时获得证券带来的收益。

4. 满足季节性经营对现金的需求

从事季节性经营的公司在资金有剩余的月份可以投资于证券，而在资金短缺的季节将证券变现。

5. 获得对相关企业的控制权

通过购入相关企业的股票可实现对该企业的控制。

（二）证券投资的特征

相对于实物投资而言，证券投资具有如下特点。

① 流动性强。证券资产的流动性明显高于实物资产。

② 价格不稳定，风险大。证券相对于实物资产来说，受人为因素的影响较大，且没有相应的实物作保证，其价值受政治、经济环境等各种因素的影响较大，具有价值不稳定、投资风险较大的特点。

③ 交易成本低。证券交易过程快速、简洁、成本较低。

三、证券投资的对象与种类

金融市场上的证券很多，其中可供企业投资的证券主要有国债、短期融资券、可转让存单、企业股票与债券、投资基金，以及期权、期货等衍生证券。证券投资具体可以分为以下几类。

（1）债券投资　指投资者购买债券以取得资金收益的一种投资活动。

（2）股票投资　指投资者将资金投向股票，通过股票的买卖和收取股利以获得收益的投资行为。

（3）基金投资　指投资者通过购买投资基金股份或收益凭证来获取收益的投资方式。这种方式可使投资者享受专家服务，有利于分散风险，获得较高的、较稳定的投资收益。

（4）期货投资　指投资者通过买卖期货合约躲避价格风险或赚取利润的一种投资方

式。所谓期货合约，是指为在将来一定时期以指定价格买卖一定数量和质量的商品而由商品交易所制定的统一的标准合约。它是确定期货交易关系的一种契约，是期货市场的交易对象。

（5）期权投资　指为了实现盈利目的或者规避风险而进行期权买卖的一种投资方式。

（6）证券组合投资　指企业将资金同时投资于多种证券，是企业等法人单位进行证券投资时常用的投资方式。

这种组合并非是若干个证券商品简单随意的拼凑，它应体现出投资者的意愿和所受的约束，是经过精心选择和科学搭配的，并可随时调整，使其不偏离投资者的预定目标，也就是在投资收益与风险的权衡中作出的最佳组合。

四、股票投资

股票投资和债券投资都属于证券投资。证券投资与其他投资相比，总的来说都具有高风险、高收益、易于变现的特点。但股票投资相对于债券投资而言又具有以下特点。①股票投资是权益性投资。股票投资与债券投资虽然都是证券投资，但投资的性质不同。股票投资是权益性投资，股票是代表所有权的凭证，持有人作为发行公司的股东，有权参与公司的经营决策。②股票投资的风险大。投资者购买股票后，不能要求股份公司偿还本金，只能在证券市场上转让。因此股票投资者至少面临两方面的风险：一是股票发行公司经营不善所形成的风险；二是股票市场价格变动所形成的价差损失风险。③股票投资的收益率高。由于投资的高风险性，股票作为一种收益不固定的证券，其收益率一般高于债券。认购股票后，持有者对发行该股票的公司就享有经济权益。这种经济权益的实现形式是从公司领取股息和分享公司的红利。股息和红利的大小取决于股份公司的经营状况和盈利水平。股票持有者还可以持股票到市场上进行交易。当股票的市场价格高于买入价格时，卖出股票就可以赚取差价收益。这种差价收益称为资本利得。④股票价格的波动性大。股票价格既受发行公司经营状况的影响，又受股市投机因素的影响，波动性极大。

（一）股票估价

股票的价值是指股票预期的未来现金流入的现值，又称为"股票的内在价值"。它是股票的真实价值。购入股票预期的未来现金流入包括两部分：每期预期股利和出售时得到的收入。根据投资股票现金的流入量，股票估价可应用以下模型。

1. 股票估价基本模型

$$V = \sum_{t=1}^{n} \frac{d_t}{(1+k)^t}$$

式中，V 为股票内在价值；k 为投资人要求的必要资金收益率；d_t 为 t 期的预期股利。

2. 长期持有股票，股利稳定不变的股票估价模型

$$V = \frac{d}{k}$$

【例 6-5】　假设某公司每年分配股利 1.5 元，最低收益率为 16%，求该公司股票的价值。

$$V = \frac{1.5}{16\%} = 9.38 \text{（元）}$$

3. 长期持有股票，股利固定增长的股票估价模型

$$V=\frac{d_0(1+g)}{(k-g)}=\frac{d_1}{k-g}$$

式中，d_0 为基期的股利；d_1 为第一期的预期股利；g 为股利固定增长率。

【例 6-6】　某公司以往普通股年股利为 6 元，预计以后年度股利增长率为 5%，公司期望的投资收益率为 15%，求该公司股票的价值。

$$V=\frac{6\times(1+5\%)}{15\%-5\%}=63\ （元）$$

4. 阶段性增长的股票估价模型

首先，计算出非固定增长期间的股利现值。然后，估计非固定增长期结束时的股价，计算出这一股价的现值。最后，将上述步骤求出的现值加在一起，所得和就是阶段性增长股票的现值。

5. P/E 比率估价分析

P/E 比率，即股票的每股市价与每股收益的比率，又称为市盈率，用公式表示为

$$市盈率=\frac{每股市价}{每股收益}=\frac{P}{E}$$

$$股票价格=该股票市盈率\times该股票每股收益$$

$$股票价值=行业平均市盈率\times该股票每股收益$$

【例 6-7】　某公司的股票每股收益 1.5 元，市盈率为 10，行业类似股票的市盈率为 11，求该公司股票的价值和价格。

$$股票价值=11\times1.5=16.5\ （元）$$

$$股票价格=10\times1.5=15\ （元）$$

（二）股票投资的基本分析法

股票投资的基本分析法是证券市场分析方法的基础。通过对发行证券的公司进行全面分析，能较准确地预测该公司证券的价格及其变动趋势，为证券投资决策提供依据。基本分析法主要是通过对影响证券市场供求关系的基本要素进行分析，评价有价证券的真正价值，判断证券的市场价格走势，为投资者进行证券投资提供参考依据。基本分析法主要适用于周期相对较长的个别股票价格的预测和相对成熟的股票市场。

基本分析法主要包括宏观分析、行业分析和公司分析。宏观分析是通过对一国政治形势是否稳定、经济形势是否繁荣等的分析，判断宏观环境对证券市场和证券投资活动的影响。宏观分析包括政治因素分析和宏观经济因素分析。行业分析主要探讨产业和区域经济对股票价格的影响，主要包括行业的市场结构分析、行业经济周期分析、行业生命周期分析等。公司分析主要是对特定上市公司的行业选择、成长周期、内部组织管理、经营状况、财务状况及营业业绩等进行全面分析。在既定环境下进行股票投资的基本分析，应重点关注微观层次的公司分析，这是基本分析法的重点和难点。财务分析是基本分析法中的一种具体方法，运用资本定价模型等理论进行公司分析，在股票投资中是常见的做法。

【例 6-8】　某公司本年年初未分配利润贷方余额为 181.92 万元，本年息税前利润为 800 万元，所得税税率为 33%。公司流通在外的普通股 60 万股，发行时每股面值 1 元，每股溢价收入 9 元。公司负债总额为 200 万元，均为长期负债，平均年利润率为 10%，假定公司筹资费用忽略不计。公司股东大会决定本年度按 10% 的比例计提法定盈余公积金。本年按可供投资者分配利润的 16% 向普通股股东发放现金股利，预计现金股利以后每年增长 6%。

据投资者分析，该公司股票的 β 系数为 1.5，无风险收益率为 8％，市场上所有股票的平均收益率为 14％。试分析该公司的股票价值。

$$本年净利润 = (800 - 200 \times 10\%) \times (1 - 33\%) = 522.6（万元）$$

$$应计提的盈余公积 = 522.6 \times 10\% = 52.26（万元）$$

$$可供投资者分配的利润 = 522.6 - 52.26 + 181.92 = 652.26（万元）$$

$$每股支付的现金股利 = \frac{652.26 \times 16\%}{60} = 1.74（元/股）$$

$$必要投资收益率 = 8\% + 1.5 \times (14\% - 8\%) = 17\%$$

$$每股价值 = \frac{1.74}{17\% - 6\%} = 15.82（元/股）$$

即当股票市价低于 15.82 元时，投资者才愿意购买。

(三) 股票投资的技术分析法

股票投资的技术分析法是以预测市场价格变化的未来趋势为目的，以图表、技术指标为主要手段对市场行为进行研究的方法。在成熟的证券市场中，股票的投资价值一般能从其价格、成交量等方面反映出来。因此，技术分析方法实际上是对市场一段时间的价、量关系作出分析，以预测其未来走势的一系列方法。其最终分析的对象是价格、成交量、时间、空间。其中，价格反映了股票市场变化方向；成交量反映了市场对价格变化方向的认同程度；时间是指一种行情或者走势持续的时间跨度；空间是指某一趋势可能达到的高点或者低点，股市行情在高点或者低点很可能变盘。时空分析的目的是寻找买卖时机。

技术分析法是从市场行为本身出发，运用数理统计和心理学等理论和方法，根据证券市场已有的价格、成交量等历史资料来分析价格变动趋势的方法。

1. 技术分析法的理论基础

技术分析法的理论基础主要包括三个假设。

① 市场行为包含一切信息。影响证券市场的信息包括公开信息和非公开信息。价格、成交量等是市场参与者对所有公开和非公开信息作出反应的结果。

② 价格依趋势变动。价格的运动和变化总是遵循一定的趋势。这个趋势所体现的规律正是技术分析法的核心。

③ 历史会重演。根据心理学研究，人类在类似情况下会产生既定的反应。虽然人类的行为十分复杂，不会出现完全相同的行为组合，市场也不会有完全相同的表现，但其显示的类似特点足以使技术分析者根据历史资料判断价格变动的趋势。

2. 技术分析法的内容

(1) 指标法 指根据市场行为的各种情况建立数学模型，按照一定的数学计算公式，得到一个体现股票市场某个方面内在实质的数字，即指标值。指标的具体数值和相互关系直接反映了股市所处的状态，为具体操作提供方向性指导。指标反映的东西大多是从股市行情报表中不能直接看到的。

(2) K 线法 K 线法的研究侧重于若干条 K 线的组合情况，通过推测股票市场多空双方力量的对比来判断股票市场多空双方谁占优势，是暂时的还是决定性的。K 线图是进行各种技术分析的最重要图表。

(3) 形态法 指根据价格图表中过去一段时间价格轨迹的形态来预测股价未来趋势的方法。

（4）波浪法 把股价的上下变动和不同时期的持续上涨、下降看成是波浪的上下起伏。股票的价格也遵循波浪起伏的规律。

3. 技术分析法和基本分析法的区别

① 技术分析法着重于分析股票市价的运动规律；基本分析法的主要目的在于分析股票的内在投资价值。

② 技术分析法直接从股票市场入手，根据股票的供求、市场价格和交易量等市场因素进行分析；基本分析法则是从股票市场的外部决定因素入手，并从这些外部因素与股票市场相互关系的角度进行分析。

③ 技术分析是短暂的，它只关心市场股票价格的波动和如何获得股票投资的短期收益，很少涉及股票市场及外在因素分析。基本分析法则不仅研究整个证券市场的情况，而且研究单个证券的投资价值；不仅关心证券的收益，而且关心证券的升值。

④ 技术分析法通过对股票市场价格的波动形式、股票的成交量和投资心理等因素的分析，可以帮助投资者选择适当的投资机会和投资方法；基本分析法通过对宏观形势的分析，帮助投资者了解股票市场的发展状况和股票的投资价值。

五、债券投资

相对于股票投资而言，债券投资一般具有以下特点：不论是长期债券投资，还是短期债券投资，都有到期日，债券到期应当收回本金，投资者应考虑期限的影响；从投资权利来说，在各种投资方式中，债券投资者的权利最小，无权参与被投资企业的经营管理，只有按约定取得利息、到期收回本金的权利；债券投资收益通常是事先约定的，收益率通常不及股票高，但具有较强的稳定性，投资风险较小。

（一）债券投资的风险

进行债券投资与进行其他投资一样，在获得未来投资收益的同时，也要承担一定的风险。风险与报酬是对应的，高报酬意味着高风险，低报酬则意味着低风险。因此，风险与报酬的分析是债券投资决策必须考虑的重要因素。

债券投资要承担的风险主要有违约风险、利率风险、流动性风险、通货膨胀风险和汇率风险等。

1. 违约风险

违约风险是指债券的发行人不能履行合约规定的义务，无法按期支付利息和偿还本金而产生的风险。不同种类的债券违约风险是不同的。政府债券以国家财政为担保，一般不会违约，可以看做是无违约风险的债券；由于金融机构的规模较大并且信誉较好，其发行的债券的风险较政府债券高但又低于企业债券；工商企业的规模及信誉一般较金融机构差，因而其发行债券的风险较大。

2. 利率风险

利率风险是指由于市场利率上升而引起的债券价格下跌，从而使投资者遭受损失的风险。一般来说，市场利率与债券价格成反比变化。市场利率上升，会引起债券市场价格下跌；市场利率下降，会引起债券市场价格上升。此外，债券利率风险与债券持有期限的长短密切相关，期限越长，利率风险也越大。因此，即使债券的利息收入是固定不变的，但因市场利率的变化，其投资收益也是不确定的。

3. 流动性风险

流动性风险是指债券持有人打算出售债券获取现金时，其所持债券不能按目前合理的市场价格在短期内出售而形成的风险，又称变现力风险。

4. 通货膨胀风险

通货膨胀风险又称购买力风险，是指由于通货膨胀而使债券到期或出售时所获得的现金的购买力减少的风险。在通货膨胀比较严重的时期，通货膨胀风险对债券投资者的影响比较大，因为投资于债券只能得到一笔固定的利息收益，而由于货币贬值，这笔现金收入的购买力会下降。

5. 汇率风险

汇率风险是指由于外汇汇率的变动而给外币债券的投资者带来的风险。当投资者购买了某种外币债券时，本国货币与该外币的汇率变动会使投资者难以确定未来的本币收入。如果在债券到期时该外币贬值，就会使投资者遭受损失。

（二）债券估价模型

1. 一般情况下的债券估价模型，其公式为

$$V = \sum_{t=1}^{n} \frac{iF}{(1+k)^t} + \frac{F}{(1+k)^n}$$

式中，V 为债券价值；k 为投资人要求的必要资金收益率；F 为债券面值；i 为债券票面利率；t 为某一期；n 为最后一期。

2. 一次还本付息且不计复利的债券估价模型，其公式为

$$V = \frac{F + Fin}{(1+k)^n}$$

【例 6-9】 某企业于 2008 年 1 月 5 日以每张 1020 元的价格购买 B 企业发行的利随本清的企业债券。该债券的面值为 1000 元，期限为 3 年，票面年利率为 10%，不计复利。购买时市场年利率为 8%，不考虑所得税。试分析该企业债券价值。

$$V = \frac{1000 + 1000 \times 10\% \times 3}{(1+8\%)^3} = 1031.98 \text{ （元）}$$

由于其投资价值 1031.98 元大于购买价格 1020 元，故购买此债券合算。

（三）债券投资收益率的衡量

债券投资收益率是指不考虑时间价值与通货膨胀因素影响的收益水平，包括到期收益率与持有期间收益率。

1. 到期收益率

到期收益率是指自购入债券起，持有至到期还本止的收益率。其计算公式为

$$到期收益率 = \frac{面值 \times 票面利率 + \dfrac{面值 - 购买价格}{偿还年限或剩余年限}}{购买价格}$$

【例 6-10】 某公司在 2008 年 1 月 1 日以 950 元价格购买一张面值为 1000 元的新发行债券，其票面利率为 8%，5 年后到期，每年 12 月 31 日付息一次，到期归还本金。假定该债券拟持有至到期，求 2008 年 1 月 1 日该债券到期收益率。

$$到期收益率 = \frac{1000 \times 8\% + \dfrac{1000 - 950}{5}}{950} = 9.47\%$$

2. 持有期间收益率

持有期间收益率是指投资者在到期前出售债券情况下的收益水平。其计算公式为

$$持有期间收益率 = \dfrac{面值 \times 票面利率 + \dfrac{出售价格 - 购买价格}{持有年限}}{购买价格}$$

3. 一次还本付息情况下收益率的计算

$$到期收益率 = \dfrac{\dfrac{面值 \times 票面利率 \times 偿还期限 + 面值 - 购买价格}{偿还年限或剩余年限}}{购买价格}$$

$$持有期间收益率 = \dfrac{\dfrac{出售价格 - 购买价格}{持有年限}}{购买价格}$$

4. 考虑货币时间价值的债券收益率的计算

可以利用债券估价模型，采用插值法计算。

$$P = \sum_{t=1}^{n} \frac{iF}{(1+k)^t} + \frac{F}{(1+k)^n}$$

式中，P 为债券的价格。

【**例 6-11**】 根据【例 6-10】的资料，求 2008 年 1 月 1 日该债券持有期收益率。采用逐次测试法，按折现率 9% 测试。

$$P = 80 \times 3.8897 + 1000 \times 0.6499 = 311.18 + 649.90 = 961.08（元）$$

按折现率 10% 测试。

$$P = 80 \times 3.7908 + 1000 \times 0.6209 = 303.26 + 620.90 = 924.16（元）$$

使用插值法计算求得

$$k = 9.30\%$$

该债券的收益率为 9.30%。

（四）债券组合策略

债券因发行主体经营情况、债权期限等不同，其风险和收益也各不一样。投资债券的企业可以根据需要，对购买的债券从发行主体、期限、风险和收益等不同方面进行适当搭配，形成符合企业需要的债券投资组合。

从规避投资风险的角度，债券投资组合的主要形式有：浮动利率债券与固定利率债券组合；短期债券与长期债券组合；政府债券、企业债券与金融债券组合；信用债券与担保债券组合等。

六、基金投资

投资基金，是一种利益共享、风险共担的集合投资方式，即通过发行基金股份或受益凭证等有价证券聚集众多的不确定投资者的出资，交由专业投资机构经营运作，以规避投资风险并谋取投资收益的证券投资工具。

（一）投资基金的种类

1. 根据组织形态的不同，可分为契约型基金和公司型基金

（1）契约型基金 又称单位信托基金，是指把受益人（投资者）、管理人、托管人三者作为基金的当事人，由管理人与托管人通过签订信托契约的形式发行受益凭证而设立的一种

基金。契约型基金由基金管理人负责基金的管理操作；由基金托管人作为基金资产的名义持有人，负责基金资产的保管和处置，对基金管理人的动作实行监督。

（2）公司型基金　是按照公司法以公司形态组成的，以发行股份的方式募集资金，一般投资者购买该公司的股份即为认购基金，也就是成为该公司的股东，凭其持有的基金份额依法享有投资收益。

契约型基金与公司型基金在以下几方面有所不同。一是资金的性质不同。契约型基金的资金是信托财产；公司型基金的资金为公司法人的资本。二是投资者的地位不同。契约型基金的投资者购买受益凭证后成为基金契约的当事人之一，即受益人；公司型基金的投资者购买基金公司的股票后成为该公司的股东，以股息或红利形式取得收益。因此，契约型基金的投资者没有管理基金资产的权利，而公司型基金的股东通过股东大会和董事会享有管理基金公司的权利。三是基金的运作依据不同。契约型基金依据基金契约运营基金；公司型基金依据基金公司章程运营基金。

2. 根据变现方式的不同，可分为封闭式基金和开放式基金

（1）封闭式基金　指基金的发起人在设立基金时，限定了基金单位的发行总额，筹集到这个总额后，基金即宣告成立，并进行封闭，在一定时期内不再接受新的投资。基金单位的流通采取在交易所上市的办法，通过二级市场进行竞价交易。

（2）开放式基金　指基金发起人在设立基金时，基金单位的总数是不固定的，可视经营策略和发展需要追加发行。投资者也可根据市场状况和各自的投资决策，或者要求发行机构按现期净资产值扣除手续费赎回股份或受益凭证，或者再买入股份或受益凭证，增加基金单位份额的持有比例。

3. 根据投资标的不同，可分为股票基金、债券基金、货币基金、期货基金、期权基金、认股权证基金、专门基金等。

（1）股票基金　是所有基金品种中最为流行的一种类型，是指投资于股票的投资基金。其投资对象通常包括普通股和优先股。其风险程度较个人投资股票市场要小得多，且具有较强的变现性和流动性，因此它是一种比较受欢迎的基金类型。

（2）债券基金　指投资管理公司为稳健型投资者设计的，投资于政府债券、市政公债、企业债券等各类债券品种的投资基金。债券基金一般情况下定期派息，其风险和收益水平通常较股票基金低。

（3）货币基金　指由货币存款构成投资组合，协助投资者参与外汇市场投资，赚取较高利息的投资基金。其投资工具包括银行短期存款、国库券、政府公债、公司债券、银行承兑汇票及商业票据等。这类基金的投资风险小，投资成本低，安全性和流动性较高，在整个基金市场上属于低风险的安全基金。

（4）期货基金　指投资于期货市场以获取较高投资回报的投资基金。由于期货市场具有较高风险和高回报的特点，因此投资期货基金既可能获得较高的投资收益，同时也面临着较大的投资风险。

（5）期权基金　指以期权作为主要投资对象的基金。期权交易，是指期权购买者向期权出售者支付一定费用后，取得在规定时期内的任何时候，以事先确定好的协定价格，向期权出售者购买或出售一定数量的某种商品合约的权利的一种买卖。

（6）认股权证基金　指以认股权证为主要投资对象的基金。认股权证，是由股份有限公司发行的、能够按照特定的价格，在特定的时间内购买一定数量该公司股票的选择权凭证。

由于认股权证的价格是由公司的股份决定的，一般来说，认股权证的投资风险较通常的股票要大得多。因此，认股权证基金也属于高风险基金。

（7）专门基金　由股票基金发展演化而成，属于分类行业股票基金或次级股票基金，包括黄金基金、资源基金、科技基金、地产基金等。这类基金的投资风险较大，收益水平较易受到市场行情的影响。

（二）投资基金的价值与报价

投资基金的估价涉及三个概念：基金的价值、基金单位净值、基金报价。

1. 基金的价值

由于投资基金不断变换投资组合，未来收益较难预测，再加上资本利得是投资基金的主要收益来源，变幻莫测的证券价格使得对资本利得的准确预计非常困难，因此基金的价值主要由基金资产的现有市场价值决定。

2. 基金单位净值

基金单位净值，也称单位净资产值，是指在某一时点每一基金单位（或基金股份）所具有的市场价值，是评价基金价值的最直观指标。基金单位净值的计算公式为

$$基金单位净值＝\frac{基金净资产价值总额}{基金单位总份}$$

式中，基金净资产价值总额等于基金资产总值减基金负债总额。基金负债包括以基金名义对外融资借款，以及应付给投资者的分红、应付给基金管理人的经理费等。

3. 基金报价

基金的报价理论上是由基金的价值决定的。基金单位净值高，基金的交易价格也高。具体而言，封闭式基金在二级市场上竞价交易，其交易价格由供求关系和基金业绩决定，围绕基金单位净值上下波动；开放式基金的柜台交易价格则完全以基金单位净值为基础，通常采用两种报价形式：认购价（卖出价）和赎回价（买入价）。

$$基金认购价＝基金单位净值＋首次认购费$$
$$基金赎回价＝基金单位净值－基金赎回费$$

（三）基金收益率

基金收益率是反映基金增值情况的指标，通过基金净资产的价值变化来衡量。基金净资产的价值是以市价计量的。基金资产的市场价值增加，意味着基金的投资收益增加，基金投资者的权益也随之增加。

$$基金收益率＝（年末持有份数×基金单位净值年末数－年初持有份数×$$
$$基金单位净值年初数）/（年初持有份数×$$
$$基金单位净值年初数）×100\%$$

式中，持有份数是指基金单位的持有份数。如果年末和年初基金单位的持有份数相同，基金收益率就简化为基金单位净值在本年内的变化幅度。

年初的基金单位净值相当于是购买基金的本金投资，基金收益率也就相当于一种简便的投资报酬率。

【例 6-12】　假设某基金持有的某三种股票的数量分别为 10 万股、50 万股和 100 万股，每股的市价分别为 30 元、20 元和 10 元，银行存款为 1000 万元。该基金负债有两项：对托管人或管理人应付未付的报酬为 500 万元、应付税金为 500 万元，已售出的基金单位为 2000 万。求基金单位净值。

基金单位净值＝(10×30＋50×20＋100×10＋1000－500－500)/2000＝1.15（元）

【例 6-13】 某基金公司发行的是开放式基金，2006 年的相关资料如表 6-7 所示。求基金收益率。

表 6-7 2006 年某基金公司资料   单位：万元

项 目	年 初	年 末	项 目	年 初	年 末
基金资产账面价值	1000	1200	基金市场账面价值	1500	2000
基金负债账面价值	300	320	基金单位	500 万	600 万

假设公司收取首次认购费，认购费为基金净值的 5％，不再收取赎回费。

（1）年初指标

$$该基金公司基金净资产价值总额＝1500－300＝1200（万元）$$

$$基金单位净值＝\frac{1200}{500}＝2.4（元）$$

$$基金认购价＝2.4＋2.4×5％＝2.52（元）$$

$$基金赎回价＝2.4 元$$

（2）年末指标

$$该基金公司基金净资产价值总额＝2000－320＝1680（万元）$$

$$基金单位净值＝\frac{1680}{600}＝2.8（元）$$

$$基金认购价＝2.8＋2.8×5％＝2.94（元）$$

$$基金赎回价＝2.8（元）$$

（3）

$$2006 年基金收益率＝\frac{600×2.8－500×2.4}{500×2.4}×100％＝40％$$

基金投资的最大优点是能够在不承担太大风险的情况下获得较高收益。原因在于投资基金具有理财优势和资金规模优势。基金投资无法获得很高的投资收益。投资基金在投资组合过程中，在降低风险的同时，也丧失了获得巨大收益的机会。在大盘整体大幅度下跌的情况下，投资人可能承担较大的风险。

思考练习题

1. 甲公司以 1020 元的价格购入债券 A。债券 A 是 2006 年 9 月 1 日发行的，5 年期债券。其面值为 1000 元，票面利率为 8％。请分别回答下列问题。

（1）如果该债券每年 8 月 31 日付息，计算该债券的本期收益率。

（2）如果该债券到期一次还本付息，甲公司于 2010 年 5 月 1 购入债券，于 2010 年 11 月 1 日以 1060 元的价格卖掉，计算该债券的持有期收益率。

（3）如果该债券每年 8 月 31 日付息，甲公司于 2010 年 11 月 1 日购入该债券并持有至到期，计算该债券的到期收益率。

（4）如果该债券每年 8 月 31 日付息，甲公司于 2009 年 9 月 1 日购入该债券并持有至到期，计算该债券的到期收益率。

2. ABC 企业计划进行长期股票投资，企业管理层从股票市场上选择了两种股票：甲公司股票和乙公司股票。ABC 企业只准备投资一家公司股票。已知甲公司股票现行市价为每股 6 元，上年每股股利为 0.2 元，预计以后每年以 5％的增长率增长。乙公司股票现行市价为每股 8 元，每年发放的固定股利为每股 0.6 元。ABC 企业所要求的投资必要报酬率为 8％。

要求：

（1）利用股票估价模型，分别计算甲、乙公司股票价值并为该企业作出股票投资决策；

（2）计算该公司按照当前的市价购入（1）中选择的股票的持有期收益率。

3. 某股份公司预计第一年的股利为 0.3 元/股，以后每年增长 3％，某投资者要求的报酬率为 6％。若以 8 元/股的价格购入该股票，试计算该股票的价值。

4. 甲企业计划利用一笔长期资金投资购买股票，现有 M 公司股票和 N 公司股票可供选择。甲企业只准备投资一家公司股票。已知 M 公司股票现行市场价为每股 9 元，上年每股股利为 0.15 元。预计以后每年以 6％的增长率增长。N 公司股票现行市价为每股 7 元，上年每股股利为 0.60 元。股利分配政策将一贯坚持固定股利政策。甲企业所要求的投资必要报酬率为 8％。

要求：

（1）利用股票估价模型，分别计算 M、N 公司股票价值；

（2）代甲企业作出股票投资决策。

5. 某企业准备进行一项投资，现有甲、乙方案可供选择。甲方案投资额 300 万元，可经营 10 年，当年投资当年见效，期满后无残值，预计投产后每年现金净流量均为 55 万元。乙方案投资额为 250 万元，可以使用 6 年，其现金净流量分别为：第一年 35 万元；第二年 45 万元；第三年 65 万元；第四年 85 万元；第五年 90 万元；第六年 100 万元。假定适用的行业基准折现率为 10％。

要求：分别计算甲、乙方案的投资回收期。

第七章

物业企业成本费用管理

【学习目标】 通过本章学习使学生了解物业企业成本费用的概念及其构成、成本费用管理的基本原则及内容；了解成本预测的意义、原则、步骤，掌握成本预测的方法；了解成本预算的作用、程序；熟悉成本费用预算的编制方法；了解成本费用的控制和考核。

物业企业成本费用管理是对物业企业在为物业产权人、使用人提供维修、管理和服务过程中所发生的成本及费用进行的预测、计划、决策、控制、核算、分析、考核等一系列管理活动。成本费用管理对物业企业挖掘降低成本的潜力、提高经济效益具有重要意义。

第一节　物业企业成本费用管理概述

一、成本费用的概念及其构成

（一）成本费用的概念

费用和成本是两个不同的概念。企业会计制度将费用定义为："费用是指企业为销售商品、提供劳务等日常活动所发生的经济利益的流出。"企业会计制度将成本定义为："成本是指企业为生产产品、提供劳务而发生的各种耗费。"

费用和成本既有联系也有区别。成本是按一定对象所归集的费用，是对象化的费用。也就是说，成本是相对于一定的产品（劳务）而言所发生的费用，是按照产品品种（可服务种类）等成本计算对象对当期发生的费用进行归集而形成的。从这个意义上讲，成本只与一定种类和数量的产品或劳务相联系，而不论发生在哪一个会计期间。费用是资产的耗费，它与一定的会计期间相联系，与生产哪一种产品或提供何种劳务无关。

物业管理企业的经营内容是提供物业管理服务，并不直接从事某种具体产品的生产。物业企业的生产经营活动其实就是物业管理企业提供的服务（如物业的清洁、维修、保养等）。因此，物业管理企业的成本费用就是在从事物业管理为物业产权人、使用人提供维修、管理和服务等过程中发生的各项支出。

（二）成本费用的构成

1. 经营成本

经营成本是物业企业在提供物业管理服务的过程中发生的各项直接支出，包括直接人工费、直接材料费、其他直接费用和间接费用等。实行一级核算的企业，也可不设间接费用，有关支出直接计入其他直接支出。

直接人工费包括企业直接从事物业管理活动等人员的工资、奖金及职工福利费。

直接材料费包括企业在物业管理活动中直接消耗的各种材料、维修材料、燃料和动力、低值易耗品、包装物等。

其他直接费用指物业企业发生的除直接材料费和直接人工费以外的，与提供物业管理服务有直接关系的费用。

直接费用应当根据实际发生数进行核算，并按照成本计算对象（服务种类）进行归集，直接计入成本计算对象的成本当中。

间接费用指物业企业为提供物业管理服务而发生的各项间接费用，包括生产经营部门管理人员的工资和福利费、折旧费、修理费、办公费、水电费、机物料消耗、劳动保护费等，但不包括企业行政管理部门为组织和管理物业企业生产经营活动而发生的管理费用。

2. 期间费用

期间费用指物业管理企业当期发生的必须从当期收入中得到补偿的费用。之所以称其为期间费用，是因为它仅与当期实现的收入相关，必须计入当期损益。期间费用包括管理费用、营业费用和财务费用。

管理费用是企业为组织和管理企业生产经营所发生的，包括企业的董事会和行政管理部门在企业的经营管理中发生的或者应由企业统一负担的公司经费（包括行政管理部门职工薪酬、修理费、物料消耗、低值易耗品摊销、办公费和差旅费等）、工会经费、董事会费（包括董事会成员津贴、会议费和差旅费等）、聘请中介机构费、咨询费（含顾问费）、诉讼费、业务招待费、房产税、车船使用税、土地使用税、印花税、技术转让费、矿产资源补偿费、研究费用、排污费等。企业与固定资产有关的后续支出，包括固定资产发生的日常修理费、大修理费用、更新改造支出、房屋的装修费用等，没有满足固定资产准则规定的固定资产确认条件的，也属于管理费用。

营业费用是指物业管理企业在营销过程中发生的费用，如展览费和广告费等。

财务费用是指企业为筹集资金而发生的各项费用，包括企业经营期间发生的利息净支出、汇兑净损失、金融机构手续费以及企业筹资发生的其他财务费用。

（三）成本费用的分类

为了正确地进行成本费用核算，反映成本费用开支情况，揭示物业管理企业生产经营耗费的构成内容，从而更好地对成本费用进行分析，挖掘降低成本的途径，提高企业经济效益，必须对成本费用进行合理的分类。

1. 按照成本费用的经济内容分类

成本费用按其经济内容分类，就是将企业在提供物业管理服务过程中发生的各种成本费用，按照它们的原始形态进行归类。这在会计上称为生产费用要素，一般由外购材料、外购燃料、外购动力、工资、提取的职工福利费、折旧费、利息支出、税金和其他费用等9个项目组成。

外购材料指企业为进行生产而耗用的从外部购入的原材料及主要材料、半成品、辅助材料、包装物、修理用备件和低值易耗品等。

外购燃料指企业为进行生产而耗用的从外部购入的各种燃料，包括固体燃料、液体燃料和气体燃料。

外购动力指企业为进行生产而耗用的从外部购入的各种动力，包括热力、电力和蒸汽等。

工资指企业所有应计入生产费用的职工工资。

提取的职工福利费指企业按照工资总额的一定比例计提并计入费用的职工福利费。

折旧费指企业所拥有或控制的固定资产按照使用情况计提的折旧费。

利息支出指企业计入期间费用等的负债利息净支出（即利息支出减利息收入后的余额）。

税金指计入企业成本费用的各种税金，如印花税、房产税、车船使用税和土地使用税等。

其他费用指不属于以上各费用要素的费用。

成本费用按经济内容分类，可以反映企业在一定时期内发生了哪些成本费用，金额各是多少，以便于分析企业各个时期各种成本费用占整个企业成本费用的比重。通过分析企业各个时期各种要素费用支出的水平，有利于考核成本费用计划的执行情况。

2. 按照成本费用的经济用途分类

成本费用按经济用途分类，就是将企业的成本费用按照用于哪些方面、起什么作用来分类。可分为经营成本和期间费用，其中经营成本包括直接材料费、直接人工费、其他直接费用和间接费用。

（四）不得列入成本费用的支出

现行财务制度的规定，物业管理企业的下列支出，不得列入成本、费用：

① 购置和建造固定资产、购入无形资产和其他资产的支出；

② 对外投资的支出；

③ 被没收的财物以及支付的滞纳金、违约金、赔偿金；

④ 各项罚款、赞助、捐赠支出；

⑤ 国家规定不得列入成本、费用的其他支出。

二、成本费用管理的基本原则

一般而言，进行成本费用管理的原则主要包括以下几点。

1. 遵守成本费用开支范围的规定，严格区分不同性质的支出

物业管理企业的管理服务活动多种多样，所发生的成本费用支出也是多方面的。这些费用支出的性质不同，用途也有差别。因此，应明确其各自的界限，分别加以管理，严格遵守成本费用开支范围的规定。

2. 成本费用最低化原则

降低成本费用支出，提供优质服务，是实现物业管理目标的根本途径。特别是在物业管理资金来源不丰富、数量有限的情况下，一定要努力降低成本费用开支，使每一分钱都能发挥效益，实现成本费用的最合理使用。需要注意的是，强调成本费用最低化，并非意味着要降低服务质量，只有在保证优质服务的基础上降低成本费用才是企业生存发展的根本途径。

3. 建立成本费用分级分口管理责任制度

成本费用的管理，涉及企业的各个部门和全体员工。为调动降低成本费用的积极性，有必要建立健全成本费用管理责任制，把成本费用指标逐项分解到部门、岗位、人员。通过成本费用分级分口管理责任制度，可以增加管理人员及作业人员的勤俭意识和节约意识，把部门和岗位考核中关于成本费用的考核与奖惩相结合，可以使职工自觉抵制铺张浪费，为降低成本费用创造良好的制度环境和群众环境。

三、成本费用管理的内容

成本费用管理是物业管理企业对物业管理服务过程中各项成本费用开支进行的预测、决

策、预算、控制、核算、分析和考核等一系列管理活动的总称。

1. 成本费用预测

成本费用预测是根据成本费用的历史数据、未来可能发生的各种变化和将要采取的各种措施，采用一定的专门方法，对未来的成本费用水平及其发展变化趋势进行合理的预计和测算。通过成本费用的预测，可以减少物业管理服务活动的盲目性，充分挖掘降低成本的潜力，避免不必要的浪费。

2. 成本费用决策

成本费用决策是根据成本费用预测提供的资料和其他有关资料，依据一定的标准，从多个方案中选择最优方案的过程。进行成本费用决策是编制预算的基础，是事前控制的一部分，是整个成本费用管理的重心。

3. 成本费用预算

成本费用预算是成本费用决策结果的系统化，具体指明了在预算期内为履行物业管理责任所应发生的成本费用，并提出了为达到预计的成本费用水平将要采取的措施。成本费用预算是成本费用管理的目标，为进行成本费用管理提供了直接依据。

4. 成本费用控制

成本费用控制是依据成本费用预算对各项实际发生或将要发生的成本费用进行事中的审核和控制，将发生的成本费用限定在预算的水平范围内。成本费用控制是成本费用管理循环的关键环节，它对实现成本费用管理目标具有决定作用。

5. 成本费用核算

成本费用核算是指对物业管理服务过程中实际发生的成本费用进行计算，并进行相应的会计处理。核算是对成本费用预算执行结果的反映，属于事后反映，它为成本费用管理提供了重要的会计信息。

6. 成本费用分析

成本费用分析是以成本费用核算提供的资料以及其他相关资料为基础，运用一定的方法对成本费用进行分析，明确成本节约或超支的原因以及责任人。进行成本费用分析是对成本费用进行考核的依据之一。

7. 成本费用考核

成本费用考核是定期对成本费用预算的执行结果进行分析评价，以判定相关部门和人员的工作业绩或工作质量的一种活动。通过成本费用的考核，实施必要的奖惩措施，有助于提高职工对加强成本费用管理的认识，达到降低成本费用的目的。

第二节　成本费用预测

成本费用预测是指根据历史成本资料和有关经济信息，在认真分析当前各种技术经济条件、外界环境变化及可能采取的管理措施的基础上，对未来成本费用水平及其发展趋势所作的定量描述和逻辑推断。成本费用预测是物业企业成本费用管理的一个重要环节。

一、成本费用预测的意义

1. 成本费用预测可以为成本费用决策提供依据

成本费用预测是从客观实际出发，系统地研究生产经营过程的有关信息，并对客观实际情况作出科学的推断，提出生产经营过程成本费用支出的若干可行性方案，供企业决策。物业企业管理者在进行成本费用决策时，主要是根据不同成本决策方案中成本费用水平的测算与比较结果为依据，从提高经济效益的角度，来选择最优成本决策和制定成本预算。

2. 成本费用预测可以帮助企业挖掘降低成本费用的潜力

通过成本费用预测，企业可以发现哪些环节的成本比重过大，通过环境分析和判断，挖掘降低该环节成本的新途径和新方法，进而做出有益于降低成本费用、增加效益的选择。

3. 成本费用预测是目标成本控制法中不可缺少的一部分

目标成本控制法是为了更有效地实现成本费用控制的目标，使客户需求得到最大程度的满足，从战略的高度分析，与战略目标相结合，使成本控制与企业经营管理全过程的资源消耗和资源配置协调起来而产生的成本控制方法。目标成本实施的第一步是确定目标成本，第二步是对初步测算得出的目标成本是否切实可行作出分析和判断，包括预计服务价格、目标利润和目标成本。这个分析和判断过程就是根据历史的收入与价格、成本和利润等资料以及有关经济信息，在认真分析当前各种技术经济条件、外界环境变化及可能采取的管理措施的基础上，对未来价格、成本与利润水平及其发展趋势所作的定量描述和逻辑推断。这本身就包含了成本费用的预测过程。

二、成本费用预测的原则

成本费用的发生是一个涉及物业企业经营活动各个方面的复杂的动态过程，其中包含着许多不受人们控制和状态不确定的因素的影响。在实际工作中应遵循下列原则。

1. 定性与定量相结合的原则

数学模型对物业企业成本费用的定量描述，只是一种理论上的抽象和概括。通过模型计算出的预测值只反映了包含在模型之中的主要因素对成本费用的影响。事实上，物业企业的经营活动还要受到许多不同性质因素的不同程度的影响。在一个模型中，既不必将所有影响因素都包含进来，也不可能采用定量形式对所有因素进行描述。因此，必须十分重视物业企业管理人员长期积累的实践经验，结合一系列定性预测方法，对定量预测结果给予合理的修正，以弥补定量预测方法之不足，从而使预测结果尽可能与实际相一致。

2. 充分考虑各种影响因素的原则

进行物业企业成本费用的预测必须充分考虑物业企业经营活动过程及外部经济环境多方面因素的变动趋势，权衡它们之间的内在联系及其与企业成本费用的关系，对这些因素的变动性质和程度作出分析和取舍，从而建立有效的成本预测模型和实用的预测方法。

3. 依据完整与准确的成本费用资料的原则

成本费用预测结果是否可靠，其关键在于所依据的统计资料是否完整、准确。显然，在一个构造完美的成本预测模型中输入不真实的数据，是绝不可能输出理想的预测结果的。因此，必须广泛地收集相关的成本费用信息，并给予认真的审查和作出必要的处理，尽可能地排除统计资料中偶然性因素对成本费用的影响作用，保证所依据的资料具有连续性、全面性和一般性，以真正反映企业资金耗费运动的一般规律。

4. 合理确定预测期限的原则

预测时期的长短，对所采用的预测模型形式影响很大。一般来说，预测期愈长，定量预测精度愈差。在一个较短的时期内，企业经营活动变化往往不太大。在这种条件下，即使采用较为简单的成本预测模型，其结果也较为理想。但在一个较长的时期内，由于企业内部和外部的技术经济状况及市场条件变化较大，采用较简单的预测模型往往不能奏效，必须采用较为复杂的模型和多种预测方法。因而，即使对于同一预测对象，也要为适应不同的预测期限而采用不同形式的成本预测模型和方法。通常可将预测期限划分为短期（年度内）和长期（1 年以上）两种，以便区别对待，采用不同预测模型。

5. 自变量选取的相关性和独立性原则

各种成本预测模型适用于不同的条件，模型的选择除了取决于预测期限外，还取决于成本费用与影响因素之间的关系，即要选取与成本费用高度相关的影响因素作为自变量。例如，当成本费用与某几个主要影响因素表现为较明显的因果关系时，应采用因果关系模型；当成本受到众多复杂因素影响，而且有些因素是不可控或不明确时，则应考虑采用时间关系模型；当各个经营活动环节上的资金耗费与利润之间保持一定数量关系时，则可采用结构关系模型。

三、成本费用预测的步骤

成本费用预测是一项针对性较强的工作，需要掌握预测对象的性质特征和要求，采取与之相适应的方法。其一般步骤如下。

1. 调查分析

进行成本费用预测，首先必须掌握预测对象的特征和要求。物业企业经营规划中的长期成本预测，需要分析投资项目的性质、各可行方案的基本情况、影响投资项目的外部经济条件以及投资项目完成投产后的生产经营能力等；经营过程中的短期成本预测，需要分析企业的生产经营特点和生产组织形式，了解物业企业在经营活动中生产要素的投入与产出的关系以及资金耗费运动的规律，确定对企业成本费用产生重大影响作用的企业内部技术经济因素及其在未来时期可能发生变动的性质和程度。

2. 收集数据

成本费用的影响因素确定之后，有关人员就该收集与成本对象、成本影响因素相关的数据。数据应该一致、准确。所谓"一致"，是指每一时期的数据应按照相同的会计基础来计算，所有的交易活动都应在它们发生当期被正确地记录。数据的准确性依赖于数据来源的性质。企业内部的数据常常会非常可靠，因为公司的管理制度和程序确保了准确性，而各种外部数据来源需要管理人员对准确性进行认真的判断。

3. 整理数据

整理数据的目的在于找出非正常数据分布。在进行预测时，必须特别关注数据的变动和非线性的情况。非正常经营活动产生的数据在预测成本费用时应被排除。

4. 选择预测方法

成本费用预测方法分为定性预测法和定量预测法两种。不同的成本费用预测方法的精确程度也是不一样的。预测人员必须为某一项成本费用的预测选择出最佳的预测方法。

5. 预测值修正

成本费用预测最后重要的一步就是考虑预测结果的潜在误差。这一工作包括考虑第一步中成本影响因素选择的完全性和适当性、第二步中数据收集的一致性和精确性、第三步中对数据的整理如何以及第四步中对预测方法的选择如何。对潜在误差的分析要在广泛调查研究的基础上进行，并根据分析结果对预测值作出必要的修正。

四、成本费用预测的方法

成本费用的预测方法因预测内容和期限的不同而不同，但基本上可以分为定性预测法和定量预测法两种。

（一）定性预测法

定性预测法是通过调查研究了解实际情况，凭实践经验和理论业务水平对未来成本费用状况进行预测的方法。定性预测一般不需要复杂的数据测算，主要依据预测人员的经验和主观判断，因此也被称为直观预测法。这种方法的特点是需要的数据少，能考虑无法定量的因素，比较简便可行，是一种较为灵活的经济预测方法。特别是在掌握的数据不多，不够准确或无法用数字描述进行定量分析时，定性预测是一种行之有效的预测方法。如针对新业务、生产经营的发展前景的预测，由于缺少相应的数据资料，以采用定性预测法为宜。

目前较为常用的定性预测法是专家预测法和集合意见法。

1. 专家预测法

专家预测法是以专家作为索取信息的对象，依靠专家的知识和经验，由专家通过调查研究对问题作出判断、评估和预测的一种方法。用这种方法进行成本费用预测时，主要是指按规定的程序，采用函件询问的方式，以专家背对背地做出判断分析来代替面对面的会议，让专家的不同意见充分发表，经过客观分析和几次征询及反馈，使各种不同意见趋向一致，从而得出比较符合市场发展规律的成本费用预测结果。德尔菲法是专家预测法中最为典型的一种。

德尔菲法是 20 世纪 40 年代末期由美国兰德公司研究员赫尔默和达尔奇设计的。1950年就已开始使用。早期主要应用于科学技术预测方面，60 年代中期以来，逐渐被广泛应用于预测商业和整个国民经济的发展方面。特别是在缺乏详细的、充分的统计资料，无法采用其他更精确的预测方法时，这种方法具有独特优势。一般常用它和其他方法相互配合进行长期预测。

德尔菲法是由预测机构或人员采用通讯的方式和各个专家单独联系，征询对预测问题的答案，并把各专家的答案进行汇总整理，再反馈给专家征询意见。如此反复多次，最后由预测组织者综合专家意见，做出预测结论。

采用德尔菲法进行成本费用预测的一般步骤如下。

第一步，拟定意见征询表。根据预测的目的要求，拟定需要调查了解的问题，列成预测意见征询表。

第二步，选定征询对象。选择的专家是否适合，是德尔菲法成败的关键。一般以 10～20 人为宜。

第三步，反复征询专家意见。预测主持者通过书信向专家寄送意见征询表，请专家于限期内寄回结果。接到各专家的结果之后，将各种不同意见进行综合整理，汇总成表，再分送给各位专家，请他们对各种意见进行比较，修正或发表自己的意见。第二轮答案寄回后，再加以综合整理与反馈。经过这样几轮的反复征询，使各位专家的预测意见趋向一致。

第四步，做出预测结论。根据几次征询所提供的全部资料和几轮反复修改的各方意见，最后做出预测结论，即采用统计分析方法对预测结果进行定量评价和表述，确定预测方案。

2. 集合意见法

集合意见法是指集合企业内部经营管理人员、业务人员等的意见，凭他们的经验和判断共同讨论成本费用趋势，从而进行成本费用预测的方法。这种方法的思路与专家预测法基本相同，但是由于参与者是企业内部的经营管理人员、业务人员，他们比较熟悉企业内容的经营情况以及服务对象的需求及变化动向，因此他们的判断往往能反映近期成本费用的真实趋向。但是，由于这些人员在进行成本费用预测时往往着眼于企业内容（有时仅仅是一个环节、一个部门），经常不能从更高层次考虑问题，因此这种方法往往是进行短、近期成本费用预测常用的方法。

采用集合意见法进行成本费用预测的一般步骤如下。

第一步，预测组织者根据企业经营管理的要求，向研究问题的有关人员提出预测项目和预测期限的要求，并尽可能提供有关资料。

第二步，有关人员根据预测要求，凭个人经验和分析判断能力，提出各自的预测方案。

第三步，预测组织者计算有关人员预测方案的期望值。

第四步，将参与预测的有关人员分类，如经理、管理职能科室、业务人员等，计算各类综合期望值。

第五步，确定最终的预测值。

由于定性预测主要靠预测人员经验和判断能力，易受主观因素的影响，为了提高定性预测的准确程度，应注意以下几个问题。

① 加强调查，掌握各种情况，使目标分析预测更加接近实际。

② 进行有数据、有情况的分析判断，使定性分析数量化，提高说服力。

③ 将定性预测和定量预测相结合，提高预测质量。

（二）定量预测法

定量预测法是根据系统、全面的成本费用的相关数据，使用统计方法和数学模型对未来成本费用进行预测的一种方法。定量预测法的关键在于建立和使用合适的数学模型。一般而言，成本费用的发展趋势可用以下方程式来反映。

$$y = a + bx$$

式中，y 代表一定期间成本费用的总额；a 代表固定成本；b 代表单位变动成本；x 代表业务量。

在根据这一方程式进行成本费用的预测时，只要知道 a、b 的值，在一定的业务量 x 下的成本费用 y 的值就很容易确定。

使用定量分析法对业务进行分析时所选取的成本费用数据，通常以 3～5 年的历史资料为宜。常用的定量预测方法有高低点法、加权平均法和回归直线分析法。

1. 高低点法

高低点法是根据历史成本资料中业务量最高和最低的成本数据，利用上述直线方程来得到预测结果的一种数学方法。

高低点法的基本原理是：根据总成本的模型 $y = a + bx$，

在业务量的高点时　　　　　　　　$y_高 = a + bx_高$　　　　　　　　　　　　　　　（7-1）

式中，$y_高$ 为高点总成本；$x_高$ 为高点业务量。

在业务量的低点时　　　　　　　　$y_低 = a + bx_低$　　　　　　　　　　　　　　　（7-2）

式中，$y_低$ 为低点总成本；$x_低$ 为低点业务量。

由式（7-1）减式（7-2）有　$(y_高 - y_低) = a + bx_高 - a - bx_低$

整理后，得到单位变动成本　$b = (y_高 - y_低)/(x_高 - x_低)$　　　　　　　　　　　（7-3）

将式(7-3) 代入式(7-1) 或式(7-2)，可得固定成本 $a=y_{高}-bx_{高}$ 或 $a=y_{低}-bx_{低}$。然后，将参数 a 和 b 代入总成本模型 $y=a+bx$，得到预测模型。最后，将下一期的预计业务量代入该预测模型，便能得到预测成本。

【例 7-1】 某物业公司最近 10 个月某项业务费用发生情况如表 7-1 所示。

表 7-1　某物业公司费用数据

月　份	3	4	5	6	7	8	9	10	11	12
费用/元	2000	3090	2780	1990	7500	5300	4300	6300	5600	6240
业务量/工时	100	125	175	200	500	300	250	400	475	425

从表中可知，业务量最高点和最低点分别为 7 月份和 3 月份。据此计算参数 a 和 b。

$$b = 高点与低点的成本之差 \div 高点与低点业务量之差$$
$$= (7500-2000) \div (500-100) = 13.75 （元/工时）$$

然后，可以用 7 月份和 3 月份数据计算固定成本的值。这里用 7 月份的数据。

$$a = y - bx = 7500 - 13.75 \times 500 = 625 （元）$$

这样，运用高低点法得到的成本预测公式为

$$y = 625 + 13.75x$$

这一公式可以被用来预测下月的维修费用。假设预计下月的预计业务量为 350 工时，则预计维修费用为

$$维修费用 = 625 + 13.75 \times 350 = 5437.5 （元）$$

与主观性较大的定性预测法相比，高低点法的优势在于它提供了一个比较精确的数学计算公式。但是，高低点法也存在局限性。它仅通过两组数据作为计算依据，容易导致较大的误差，因此只适用于变动趋势比较稳定的成本费用的预测。

2. 回归直线分析法

回归直线分析法与高低点法一样，需要设置业务量与总成本之间的回归预测模型。x 与 y 之间的回归预测模型如前所述为

$$y = a + bx$$
$$a = \frac{\sum y}{n} - b\frac{\sum x}{n}$$
$$b = \frac{n\sum xy - \sum x\sum y}{n\sum x^2 - (\sum x)^2}$$

对于已确定的模型 $y=a+bx$，若给出业务量 x 的一个定值，代入回归模型就可以求出其相应的成本费用预测值。

【例 7-2】 设某物业公司 2007 年 1~10 月连续 10 个月的维修业务量和维修成本资料如表 7-2 所示。若预计 11 月份的维修业务量为 236 百工时，请预测 11 月份的维修成本。

将上表中相关数据代入公式，可得

$$b = \frac{n\sum xy - \sum x\sum y}{n\sum x^2 - (\sum x)^2} = \frac{10 \times 116557 - 1114 \times 929}{10 \times 140582 - 1114^2} = 0.7927$$

$$a = \frac{\sum y}{n} - b\frac{\sum x}{n} = 92.9 - 0.7927 \times 111.4 = 4.5932$$

故回归预测模型为

$$y = 4.5923 + 0.7927x$$

表 7-2　维修业务量和维修成本情况

月　份	维修业务量 x/百工时	维修成本 y/百元	xy	x^2
1	64	56	3584	4096
2	70	60	4200	4900
3	77	66	5082	5929
4	82	70	5740	6724
5	92	78	7176	8464
6	107	88	9416	11449
7	125	102	12750	15625
8	143	118	16874	20449
9	165	136	22440	27225
10	189	155	29295	35721
合计	1114	929	116557	140582

所以 11 月份的维修成本预测值为

$$y = 4.5923 + 0.7927 \times 236 = 191.67 （百元）$$

以上介绍的几种方法是按从最不精确到最精确的顺序列举的，但是各种方法所需的成本及运用中的难度正好与上述顺序相反。在选择最佳的预测方法时，预测人员必须既要考虑所需的精确度，也要考虑成本、时间、人力的限制。在实际工作中，进行成本费用的预测时，可以将上述方法综合起来对成本费用进行预测，也就是进行综合分析预测，以提高预测质量。这是因为任何一种预测方法都有一定的适用范围，都有一定的局限性。如定性预测包含的主观因素较多，依赖于预测者的理论水平和实践经验，对同一问题不同人做出不同的判断，得出不同结论。再如，定量预测是以影响成本费用各种主要因素比较稳定为前提。当外部条件和因素发生突然变动时，定量预测结果就会出现较大偏差。采用综合分析预测可以将定性预测和定量预测结合起来，并相互弥补不足，提高预测的可信程度。

第三节　成本费用预算

一、成本费用预算的作用

预算，概括而言，就是以金额和其他数量指标表示的计划。预算实际上是计划的数量化，是决策目标的具体化。成本费用预算是物业企业成本费用管理的目标，是进行成本费用控制的依据。

物业企业的成本费用预算，是以货币为主要量度，综合反映未来某一特定期间内物业企业全部经营活动的各项成本费用目标，即在成本费用预测与决策的基础上，按照规定的目标和内容对物业企业的生产经营等有关方面的成本费用支出以计划的形式具体地、系统地反映出来，以便有效地组织与协调企业的成本费用管理活动，完成企业的成本费用管理目标。

成本费用预算的作用主要表现在以下几个方面。

1. 明确成本管理的目标

预算是目标的具体化，它把企业和各职能部门在计划期间的成本管理目标以及达到这一目标的方法和措施都详细列举出来，有助于各部门人员了解本部门的成本管理任务，从而保证企业未来一定期间生产经营活动中所发生的成本不致脱离决策、计划所确立的正常轨道，保证物业企业成本管理总体目标的实现。

2. 控制各部门的经济活动

编制成本费用预算的目的是加强对企业各项经济活动成本费用的控制，而成本费用预算中制定的数量目标就是控制的标准。成本费用预算一经制定，就进入了实施阶段。在实现过程中，企业各经营管理部门应随时将实际成本费用和标准进行比较，确定两者差异，找出差异的原因，及时采取措施调整经济活动，保证顺利完成预定的目标。因此，成本费用预算既是企业和各部门的成本费用管理目标，也是控制企业日常经济活动中成本费用发生的主要依据。

3. 有助于协调各职能部门的工作

任何企业生产经营活动的运行，均要求各环节、各部门协调一致，以及人、财、物各要素配置均衡，物业企业也不例外。成本费用预算可使企业各项活动的成本费用支出按照预算确定的轨道运行，而且可以使企业间各个部门协调一致，避免冲突。同时，编制成本费用预算可使各部门管理人员充分认识和了解本部门成本费用管理的具体目标，从企业全局的角度来进行本部门成本费用管理，统筹兼顾，从而达到各部门密切配合、协调发展。

二、成本费用预算的编制程序

成本费用预算编制工作，一般是由物业企业内部专设的预算委员会负责，小型的企业也可由财务主管部门负责。预算委员会通常由企业总经理及各职能部门的主管人员和财务主管等高级管理人员组成。其主要职责是制定和颁布有关预算制度和各项政策，审查和协调各部门的预算申报工作，解决有关方面在预算编制时可能发生的矛盾，汇总编制总预算，进行最后的审议通过和颁布实施。此外，预算委员会还负责监督、检查、分析预算的执行情况及其结果，督促各部门协调一致地完成预算所规定的目标和任务，并对预算执行中存在的问题进行收集、整理，为下一期预算准备资料。

成本费用预算的编制涉及经营管理的各个部门，只有执行人参与预算的编制，才能使成本预算成为各部门自愿努力完成的目标。因此，成本费用预算的编制应采取在预算委员会的领导下经过自上而下、自下而上的方法，不断反复和修正，最后由有关机构综合平衡，并以书面形式向下传达到各职能部门，作为正式的预算予以落实并付实施。

成本费用预算编制的一般程序如下。

1. 拟定和下达成本费用预算的编制方针

成本费用预算的编制方针是在预测与决策的基础上，根据预算委员会拟定的企业总预算方针（如经营方针）、各项政策以及企业总目标和分目标（如利润目标、成本目标等）制定的。成本费用预算编制方针是企业在预算期内经营方针、政策、意图的具体体现。它提出了企业在计划期内成本费用管理的总目标和对各职能部门成本管理工作的总要求。

2. 草拟分项成本费用预算

组织各职能部门按具体目标要求编制本部门成本费用预算草案。由于各生产经营部门与具体业务直接接触，故编制的分项预算往往切合实际，所以分项预算由生产经营部门编制。

3. 编制综合成本费用预算

预算委员会对各部门送来的分项预算经过反复协调、平衡，然后经分析并汇总成综合预算,并提前一个月报送企业领导和审议机构。

4. 审批成本费用预算

企业领导和审议机构通过或责令修改成本费用预算,并提前一个月提交董事会通过。

5. 下达执行

董事会通过、批准后的成本费用预算,由执行部门下达给各部门执行。

企业与生产经营活动相关的成本费用预算期间通常为一年,这样可使预算期间与会计年度相一致,便于预算执行结果的分析、评价和考核。在成本费用预算编制的具体时间上,一般要在下年度到来之前三个月就着手编制,按规定进程由各级人员组织编、报、审等工作,至年底要形成完整的成本费用预算并予以颁布。

三、成本费用预算的编制方法

物业企业的成本费用预算包括经营成本的预算和期间费用的预算。不同类型成本费用的预算编制方法有所不同。物业企业成本费用预算编制的常用方法有固定预算、弹性预算及零基预算。

(一) 固定预算

固定预算也称为静态预算。它是以预算期内正常的、可实现的某一业务量水平为基础而编制的预算的方法。对物业公司来讲,这一业务量通常就是物业公司所服务的物业面积。例如,物业公司绿化养护费用这一项成本费用的预算编制,物业公司所管理的绿地面积就是其业务量。

【例 7-3】 某物业公司所管理的绿化面积为 90000 平方米。绿化部所发生的成本项目包括绿化工具费、劳保用品费、绿化用水费、农药化肥费、杂草清运费以及其他费用。下一年度公司将仍按每 6000 平方米绿化面积设置一名绿化工人来设置绿化部工作人员。绿化工具费、劳保用品费按人计算。根据以往成本数据,每人每年该两项费用分别为 200 元、100元。绿地用水按每平方米一年用水 2 吨计算,每吨水按 0.5 元计算。另外,绿地每年每平方米的农药化肥费为 0.4 元。公司的杂草清运交由专业公司处理,费用为每年 25000 元。公司还将于下年第二季度对所服务物业内的一处绿地进行景观改造,预算为 26000 元。根据以上资料编制的公司下一年度绿化养护费用预算如表 7-3 所示。

表 7-3　绿化养护费用预算

成本项目	第一季度	第二季度	第三季度	第四季度	全年合计
绿化工具费	750	750	750	750	3000①
劳保用品费	375	375	375	375	1500②
绿化用水费	22500	22500	22500	22500	90000
农药化肥费	9000	9000	9000	9000	36000
杂草清运费	6250	6250	6250	6250	25000
其他		26000			26000
合计	38875	64875	38875	38875	181500

① 按照公司要求,绿化部应设置 15 名绿化工人,绿化工具费为 200 元/(人·年),共 3000 元。

② 劳保用品费为 100 元/(人·年),共 1500 元。

根据以上例题可以看出，固定预算以计划其内某一业务量水平为基础，一般不考虑预算期内业务量水平的变化，编制过程比较简单。物业公司大多数成本费用项目都与业务量存在某种联系，理论上可以将其分解为变动成本、固定成本以及混合成本，其中混合成本又可分解为变动成本和固定成本。因此，业务量是物业公司编制成本费用预算不可或缺的一个重要依据。事实上，大多数成本费用的预算都可以依此编制。

在实际工作中，固定预算往往用来控制业务水平与预算期业务水平相差不大（即业务量比较稳定）的成本费用项目。但是如果某项成本费用所对应的业务量经常变动，则固定预算就比较难于控制其实际执行结果，在这种情况下，我们往往会采用其他的预算方法。

（二）弹性预算

弹性预算是固定预算的对称，是指在成本按性态分类的基础上，以业务量、成本之间的依存关系为依据，按照预算期内可预见的各种业务量水平，编制能够适应不同业务量预算的方法。由于这种预算可以随业务量水平的变动做出调整，本身具有弹性，故称为弹性预算，也称为变动预算。

弹性预算是按一系列的业务量水平编制的，从而扩大了预算的适用范围。编制弹性预算的业务量是一个系列的业务量，且一般是每间隔5％或10％来确定。根据每一业务量水平，编制相应的预算。这样，不论实际业务量达到什么水平，都有可以适用的一套预算指标数据来发挥成本费用控制作用。另外，在预算期实际业务量与计划业务量不一致的情况下，可以将实际指标与实际业务量相应的预算额进行对比，使预算执行情况的评价与考核建立在更加客观可比的基础上，更好地发挥预算的控制作用。

弹性预算是在掌握固定成本、混合成本和变动成本差别的基础上编制的。因此，要求把所有的成本都划分为固定成本和变动成本两大类。如有混合成本，也应当采用一定的分解方法，分解为固定成本和变动成本。然后根据业务量计算相应的弹性成本。

弹性预算的编制一般可以按下列步骤进行。

① 选择适当的业务量。编制弹性预算，必须先确定适当的业务量。它必须是能代表本部门或本企业生产经营活动水平的业务量。对物业公司来讲，最常用的业务量是物业平米数和人工工时。

② 确定业务量范围。业务量范围是指弹性预算所适用的业务量区间。业务量范围的选择应根据企业的具体情况而定。一般来说，可定在正常生产经营情况的70％～110％之间，或以历史上最高业务量和最低业务量为其上下限。

③ 确定系列业务量水平并计算相应的费用预算数，根据各项费用与业务量之间的数量关系，计算相应的费用预算数。

【例7-4】 某物业公司工程部所发生的成本包括材料费用、设备电力费用、照明费用、管理人员工资、工程维修人员工资、折旧费以及其他费用等。该部门维修及养护正常活动工时数为每年10000工时，正常情况下相关成本费用情况如表7-4所示。

该公司工程部在正常活动水平情况下，预期的固定成本15500元，变动成本（10000工时，每小时1元）10000元，总计25500元。

假定工程部准备编制弹性预算，预计业务活动水平分别为8000工时、10000工时、12000工时和14000工时。在上列各项业务活动水平中，经研究在14000工时，管理人员工资将增加200元，工程维修人员奖金增加800元。根据上述资料，编制弹性预算如表7-5所示。

126

表 7-4　某物业公司工程部成本情况（10000 工时）　　　　　　　　单位：元

成　本　项　目	固定成本总额	每工时变动成本
材料费用	300	0.2
工程维修人员工资	3500	0.5
管理人员工资	1000	
设备电力费用	8000	0.3
照明费用	2500	
折旧费	200	
合计	15500	1

表 7-5　工程部成本费用弹性预算　　　　　　　　　　　　　　单位：元

费　用　项　目	业务量/工时			
	8000	10000	12000	14000
材料费用	1900	2300	2700	3100
工程维修人员工资	7500	8500	9500	11300
管理人员工资	1000	1000	1000	1200
设备电力费用	10400	11000	11600	12200
照明费用	2500	2500	2500	2500
折旧费	200	200	200	200
合计	23500	25500	27500	30500
每工时成本	2.94	2.55	2.29	2.18

从上列弹性预算中可看出，当在正常活动水平时，每工时成本为 2.55 元。当业务量下降时，每工时成本将上升；当业务量增加时，每工时成本将下降。这说明该工程部的生产能力未被充分利用，成本潜力有待挖掘。

（三）零基预算

零基预算方法的全称是"以零为基础的编制计划和预算的方法"，是美国德州仪器公司的彼得·派尔于 1970 年最先提出来的，目前已成为一些工业发达国家公认的管理间接费用的一种有效方法。

零基预算是指在编制预算时，对所有的预算支出均以零为基底，不考虑以往情况如何，对每项预算内容都根据生产经营的客观需要和一定期间内资金供给的实际可能做出最先进的估计。过去在编制费用预算时，一般采用的传统方法是，以现有的各项费用项目的实际开支水平为基础，考虑预算期业务量的变化，作适当调整后确定。这种方法往往使原有不合理的费用开支继续存在下去，造成很大的浪费。零基预算编制方法与此完全不同。对于任何一笔预算支出，它不是以现有的费用水平为基础，而是一切以零为起点，从根本上考虑它们的必要性及其开支规模。这样，能使所编制的预算更符合当期的实际情况，从而更好地发挥预算的控制作用。在物业管理企业成本预算中，期间费用预算中的管理费用预算最适合使用这种方法。

零基预算的作用并不在于压缩经费开支，而是把有限的经费用到最需要的地方。其编制步骤如下。第一，根据本企业计划期的目标任务，列出企业各部门预算期内可能发生的费用项目和数额。第二，对每一项预算方案进行"成本-效益"分析。对每一个可以增减费用额的费用项目进行方案评价，按成本效益率的大小，权衡各项支出方案的轻重缓急，排出先后顺序。第三，根据预算期内可动用的资金来源，按照排定的先后顺序分配资金、落实预算。分配资金应优先安排那些必须支出的费用项目，然后再将剩余资金在可以增减费用额项目之间按成本效益进行分配。

【例7-5】 假定某物业企业按照零基预算法编制某一年度的管理费用预算。经过有关部门相关人员反复讨论，确定费用项目及其预计的费用额如表7-6所示。

表7-6　费用项目及费用额　　　　　　　　　　　　　　单位：元

项　目	金　额
工资	120000
培训费	30000
差旅费	25000
保险费	15000
办公费	70000
房屋租金	50000
其他费用	20000
合　计	330000

上述各项费用中，工资、差旅费、保险费、办公费、房屋租金属于预算期不可避免的支出，属约束性固定成本，需要全额保证；培训费属于酌量性固定成本，其费用开支酌情分配。

若该企业用于预算年度的资金总额为320000元，培训费和其他费用的成本效益率分别为30％、20％，根据以上资料，分配资金、落实预算如下。

① 全额保证约束性固定成本的资金需要。约束性固定成本所需资金总额如表7-7所示。

表7-7　约束性固定成本所需资金总额　　　　　　　　　单位：元

项　目	金　额
工资	120000
差旅费	25000
保险费	15000
办公费	70000
房屋租金	50000
合　计	280000

② 将剩余的资金（320000－280000）＝40000元，按成本收益率在酌量性固定成本项目之间分配。

培训费应分配的资金数额＝40000×30％/（30％＋20％）＝24000（元）

其他费用应分配的资金数额＝40000×20％/（30％＋20％）＝16000（元）

培训费和其他费用分别只有24000元和16000元可用，不足部分可以通过内部提高工作效率、精打细算、量入为出等办法予以解决。

由此可见，用零基预算法编制预算，能切合实际，不受原有框框的约束，可以充分发挥各级管理人员的积极性和创造性，促进各预算部门精打细算、量力而行，合理使用资金，降低费用开支，提高资金的使用效果。

由于零基预算一切支出以零为起点进行分析研究，所以编制的工作量较大。为了克服零基预算的缺点，简化预算编制工作量，不需要每年都按零基预算编制预算，而是若干年进行一次零基预算编制工作，以后几年内略作调整。这样既可减少预算编制工作量，又能适当控制费用。

第四节 成本费用的控制与考核

一、成本费用控制

（一）成本费用控制的概念

控制，是系统主体采取某种能力所及的强制性措施，促使系统构成要素的性质、数量及其相互间的功能联系按照一定的方式运行，以求达到系统目标的管理行为。成本费用控制，就是依据一定时期建立的成本费用管理目标，在控制主体的责权范围之内，在物业企业经营活动耗费发生之前和企业成本费用形成过程之中，为提高企业经济效益而对各种影响成本费用因素所采取的主动预防和及时调节措施。

物业企业的成本费用控制系统应由控制主体、控制对象、控制目标等基本要素构成。控制主体是各级管理人员，以及直接从事物业企业经营活动的人员；控制对象是物业企业经营活动中的劳动耗费，以及与劳动耗费有关的其他生产要素，如业务量、服务质量等；控制目标是在主体的监督、限制、引导和协调下，确保物业企业效益的不断提高。

（二）成本费用控制的意义

成本费用控制是物业企业成本管理的核心。成本费用控制在企业成本费用管理过程中可以发挥巨大的作用，对增加利润，提高企业竞争力有重要意义，具体体现在以下几方面。

① 促使节约资金并合理利用资金，降低成本费用，增加企业利润。

② 有助于加强企业管理部门对各部门的业绩考核监督。

③ 能够激发职工对成本费用控制的责任感。

④ 是增强企业竞争优势的有效途径。

（三）成本费用控制的原则

为了有效地实施成本费用控制，强化成本费用管理职能，需遵循下述原则。

1. 责权结合原则

在成本费用控制过程中，控制主体必须拥有在其责任范围内采取管理措施，对该范围内发生的资金耗费及相关经营活动实施控制的权力。同时，成本费用控制主体也须承担因管理失误或不力导致成本费用失控而产生损失的经济责任。贯彻责权结合的原则，应明确划分不同层次的成本费用可控空间范围，理顺各层次之间的责权关系。同时，也要充分发挥利益机制的激励作用，对在成本费用控制中取得成效的单位或个人予以肯定和奖励，以调动管理人员和生产人员努力做好成本费用控制工作的积极性。

2. 全面性原则

成本费用控制涉及物业企业管理工作的方方面面，因而必须树立统筹兼顾的全面观念，才能使成本费用得到有效的控制，达到整体经济效益最优。全面性原则要求：一要处理好成本费用与业务量、服务质量、利润等指标之间的关系，在瞬息万变、竞争激烈的市场经济中，切不可因注重经营规模而忽视成本费用管理，也不可为降低成本费用而不顾服务效率和质量；二要重视全过程的成本控制，对企业各个经营环节中凡是与资金耗费有关的经营活动，都必须实施严格的成本控制；三要动员全体员工增强成本意识，参与成本费用控制，将成本费用控制工作渗透到全体员工的日常经营活动之中；四要对影响成本费用变动的所有技术经济因素实施综合管理，全面控制，防止一切可能发生的经济损失。

3. 效益性原则

成本费用控制不能狭义地理解为单纯对经营耗费的节约，而应该以单位耗费所获效益最大为目标来实施成本费用控制。事实上，成本费用控制的效益在很大程度上并不是体现在经营活动过程之中，而是取决于经营活动过程之前采用的预防性管理行为的科学性和有效性。这就要求在拓展物业企业服务功能、提高服务质量、增加服务品种、协调各部门、优化经营策略、创造名优服务等方面做好成本费用的预测、决策和控制，从成本事前控制中挖掘不断降低成本的潜力。

4. 及时性原则

成本费用是在物业企业的经营活动中形成的，它总是处于动态变化中。为了增强成本费用控制的时效性，必须运用一定的方法，及时揭示实际耗费与标准（定额）成本之间的差异，分析和追溯产生差异的具体原因，落实调节差异的管理措施，使成本费用失控产生的不利后果及其影响限制在尽可能小的范围之内，并在今后的经营活动中得到补偿。

5. 例外管理原则

例外管理是相对于规范管理而言的。在成本费用控制措施实施过程中，有可能出现一些事先不曾预计的影响因素和状态。这些因素如果不及时处理，就会导致不利的后果。例外管理原则要求成本费用管理人员重视导致实际耗费脱离标准（目标值）差异较大的"例外"事项，认真分析这些事项产生的原因和责任主体，对不利因素进行归类和统计分析，及时采取调整措施，防止这些不利因素进一步扩展。

（四）成本费用控制的基本工作程序

1. 制定标准成本

标准成本是成本控制的准绳。标准成本首先包括成本费用预算中规定的各项指标。但成本费用预算中有一些指标比较综合，还不能满足具体控制的要求，这就必须规定一系列具体的标准。确定这些标准的方法，大致有三种。

（1）计划指标分解法　即将大指标分解为小指标。分解时，可以按部门、单位分解，也可以按功能分解。

（2）预算法　即用制定预算的办法来制定控制标准。有的企业基本上是根据年度的生产销售计划来制定费用开支预算，并把它作为成本费用控制的标准。采用这种方法特别要注意从实际出发来制定预算。

（3）定额法　即建立定额和费用开支限额，并将这些定额和限额作为控制标准进行控制。在企业里，凡是能建立定额的地方，都应把定额建立起来。实行定额控制的办法有利于成本费用控制的具体化和经常化。

在采用上述方法确定成本费用控制标准时，一定要进行充分的调查研究和科学计算。同时，还要正确处理成本费用指标与其他技术经济指标的关系（如和质量、工作效率等关系），从完成企业的总体目标出发，经过综合平衡，防止片面性。必要时，还应搞多种方案的择优选用。

2. 监督成本费用的形成

这就是根据控制标准，对成本费用形成的各个项目，经常地进行检查、评比和监督。不仅要检查指标本身的执行情况，而且要检查和监督影响指标的各项条件，如设备、工作环境等。物业企业作为一个服务企业，其成本费用的日常控制更要与经营活动控制等结合起来进行。日常控制不仅要有专人负责和监督，而且要使费用发生的执行者实行自我控制，还应当在责任制中加以规定。这样才能调动全体职工的积极性，使成本费用的日常控制有群众基础。

3. 及时纠正偏差

针对成本费用差异发生的原因，查明责任者，分情况和轻重缓急，提出改进措施，加以贯彻执行。对重大差异项目的纠正，一般采用下列程序。

① 提出课题。从各种成本费用超支的原因中提出降低成本费用的课题。这些课题首先应当是那些成本费用降低潜力大、各方关心、可能实行的项目。提出课题的要求，包括课题的目的、内容、理由、根据和预期达到的经济效益。

② 讨论和决策。课题选定以后，应发动有关部门和人员进行广泛的研究和讨论。对重大课题，可能要提出多种解决方案，然后进行各种方案的对比分析，从中选出最优方案。

③ 确定方案实施的方法、步骤及负责执行的部门和人员。

④ 贯彻执行确定的方案。在执行过程中要及时加以监督检查。方案实现以后，还要检查方案实现后的经济效益，衡量是否达到了预期的目标。

（五）成本费用控制的方法

1. 标准成本法

标准成本法是 20 世纪初出现的，是科学管理的作业标准化思想和成本管理结合的产物。标准成本法是指通过制定企业经营活动的标准成本，在第一个经营周期结束后对实际成本与标准成本的差异进行分析，然后根据差异产生的原因分别采取调整措施的一种成本控制方法。

标准成本法的优点是能提高成本费用的计划控制水平，并能改进业绩的衡量。该种方法通过计算成本差异，将实际成本与预算成本进行比较。所谓成本差异，就是在实际作业水平下的实际成本和计划成本的差额。通过建立单位价格和数量标准，总差异又可分解成价格差异和用量或效率差异。通过差异的分解，管理者可以获得更多的信息。如果是不利差异，管理者就能分辨出它到底是由计划价格和实际价格的差额所引起的，还是由计划用量和实际用量之间的差额所引起的，抑或是两个方面的原因都有。管理者对资源的投入数量比对资源的价格能够实施更多的控制。因此，效率差异能提供专门的信号，告诉人们应采取什么纠正措施以及应该在什么地方采取纠正措施。所以，从原理上说，利用效率差异分析能加强经营控制。此外，控制系统通过分离出管理者几乎不能控制的价格差异，改进了管理效率指标。

标准成本法的缺点是有可能会导致逆向选择行为。比如，材料价格差异的报告可能会鼓励采购部门为了获得折扣而大量购买。然而，大量购买可能会导致大量存货的堆积，而这是一个企业不愿得到的结果。

标准成本法的基本程序包括标准成本的确定、成本差异的定量分析、差异控制责任的调查以及制定改进措施并重新修订标准成本等环节。

2. 目标成本法

目标成本法是为了更有效地实现成本费用控制的目标，使客户需求得到最大程度的满足，从战略的高度分析，与战略目标相结合，使成本控制与企业经营管理全过程的资源消耗和资源配置协调起来而产生的成本控制方法。目标成本是 20 世纪 50 年代出现的，是成本管理和目标管理结合的产物，强调对成本实行目标管理。目标成本的制定，从企业的总目标开始，逐级分解成基层的具体目标。制定时强调执行人自己参与，专业人员协助，以发挥各级管理人员和全体员工的积极性和创造性。

标准成本是应该发生的成本，可以用作评价实际成本的尺度，有人把标准成本理解为目标成本。但是，目标成本法和标准成本法的含义、指导思想是不同的。

目标管理思想是针对"危机管理"和"压制管理"提出的。危机管理方式下的领导，不重视管理目标，平时"无为而治"，只有出了问题才忙成一团，设法解决问题。压制管理方式下的领导，每天紧紧地盯着下级的一切行动，通过监视手段限制下级的行为。而目标管理方式下的领导，以目标作为管理的根本，一切管理行为以目标设立为开始，执行过程也以目标为指针，结束后以目标是否完成来评价业绩。目标管理强调授权，给下级一定自主权，减少干预，在统一的目标下发挥下级的主动性和创造精神；强调事前明确目标，以使下级周密计划并选择实现目标的具体方法，减少对作业过程的直接干预。

目标成本法的实施步骤分为目标成本的确定、目标成本可行性分析、目标成本分解、目标成本实现和目标成本的追踪考核与目标成本的修订等环节。

二、成本费用考核

任何活动都需要经过考评，才能知道其优劣。成本费用管理水平的高低也要经过考核评价才能确定。对成本费用管理进行考核可以使企业管理者正确判断本企业成本费用管理的实际水平，有利于发现和解决成本费用管理中存在的问题，提高企业经营能力，改善管理工作，从而增加企业整体效益。

（一）成本费用考核体系的构成

有效的成本费用考核体系主要由以下几个基本要素构成。

1. 考核对象

考核对象的确定是非常重要的。物业企业成本费用考核体系的考核对象，可以是整个企业，也可以是企业的各个职能部门。不同的部门从事不同的经营活动，不同的经营活动导致了不同成本费用的发生。因此，在进行成本费用考核时必须首先确定企业的具体工作环节和工作内容，明确评价工作的对象。当对整个企业进行成本费用考核时，考核对象就是整个物业企业；当对某一个部门进行考核时，某部门就是考核对象。

2. 考核目标

成本费用考核目标应服从和服务于企业总目标，不同的考核目标决定了不同的考核指标、考核标准和考核方法的选择。

3. 考核指标

考核指标是考核对象对应于考核目标的具体考核内容，是成本费用考核方案的重点和关键。

4. 考核标准

标准是比较各数量值或各质量值的指标或基准。考核标准是得出考核结论、认识问题所在的参照条件。对物业管理企业成本费用的考核一般有以下三种标准。

① 以目标值为基准值，确定实际值与目标值的差距，得出评价结论，明确改进方向。

② 以历史值为基准值，确定实际值对历史值的改进程度，以发现薄弱环节。

③ 以同行业运行的平均值或先进值为基准值，确定本企业在同类比较中的位置，发掘

系统潜力。

5. 考核方法

考核方法是物业企业成本费用考核的具体手段。有了考核指标和考核标准，还需一定的方法对考核指标和标准进行实际运用，以取得公正合理的考核评价结果。没科学、合理的考核方法，其他要素就失去本身存在的意义。

6. 分析报告

分析报告是通过对成本费用的考核得出的结论性文件。在分析报告中，将考核对象的考核指标的数值状况与预先确定的考核标准进行比较，通过差异分析，找出产生差异的原因、责任及影响，得出考核结论。

上述六个基本要素共同组成一个完整的成本费用考核体系，它们之间相互联系、相互影响。不同的目标决定了不同对象、指标、标准和方法的选择，其报告的形式也不相同。可以说，目标是考核的中枢。没有明确的目标，整个考核体系将无法发挥其应有的作用。

（二）建立成本费用考核体系的步骤

1. 确定考核工作实施机构

考核工作组织实施机构直接组织实施考核，负责成立考核评价工作组，并选聘有关专家组成专家咨询组。无论谁来组织实施评价，对工作组及专家咨询的任务和要求应给以明确的规定。参加考核工作的成员应具备下列基本条件：

① 具有较丰富的物业管理、财务会计等专业知识；

② 熟悉物业企业经营管理业务，有较强的综合分析判断能力；

③ 评价工作主持人员应有较长的管理工作经历，并能坚持原则，秉公办事。

2. 制订考核工作方案

考核评价工作组根据有关规定制订考核评价工作方案，确定评价对象、评价目标、评价指标、评价标准、评价方法以及分析报告的形式。

3. 收集并整理基础资料和数据

根据考核工作方案的要求及考核需要收集、核实和整理基础资料和数据，包括其他物业公司同等规模的考核方法及考核标准值、企业以前年度的成本费用分析报告资料等，并确保资料的真实性、准确性和全面性。

4. 计分

这是成本费用考核的关键步骤。根据考核工作方案确定的考核方法，利用收集整理的资料数据计算考核指标的实际值。首先，按照核实准确的会计决算报表及统计数据计算定量考核指标的实际值。然后，根据选定的考核标准，计算出各项基本指标的得分。最后，利用修正指标对初步评价结果进行修正，并对评价的分数和计分过程进行复核。

5. 评价结论

结合相关资料（如相同行业及同规模企业的情况比较），得出考核结论，并听取有关方面负责人的意见，进行适当的修正和调整。在此基础上按考核工作方案确定的报告形式撰写分析报告。

（三）以责任中心为考核对象的成本费用考核

责任中心是指具有一定的管理权限，并承担相应经济责任的企业内部单位。责任中心是一个责权利相结合的实体，每一个责任中心都要对一定的财务指标承担完成的责任。责任中心也具备承担经济责任的条件，一方面是具有履行各项经济责任的行为能力，另一方面也能对不履行经济责任的后果承担责任。责任中心所承担的责任和行使的权利都是可控的，也就是说，每个责任中心只能对其职权范围内可控的成本和费用负责，因此在成本费用考核中也只包括其能控制的成本费用项目。

物业企业的责任中心一般是成本中心和费用中心。费用中心是指仅对费用发生额负责的责任中心。在物业企业，凡不直接参与提供物业管理服务的部门，如财务部门等，通常都设置为费用中心。成本中心是指企业内部能够提供服务或劳务，并能对其提供的服务或劳务进行成本核算，以及能够控制和考核其成本的责任单位。在物业企业直接提供物业管理服务的单位均为成本中心，如工程部、绿化保洁部等。

成本费用按其责任主体能否控制分为可控成本和不可控成本。凡是责任中心能够控制其发生及其数量的成本称为可控成本，反之为不可控成本。成本中心、费用中心仅对可控成本负责。具体来说，可控成本需具备以下条件。一是可以预计，即成本费用中心能够通过一定的方式知道将要发生什么性质的成本费用。二是可以计量，即成本费用中心能够对发生的成本费用进行计量。三是可以控制，即成本费用中心能够通过自身的行为控制和调节成本费用。

责任中心成本费用的考核主要通过各责任中心实际责任成本（费用）指标与考核标准进行比较，如将实际责任成本（费用）与预算成本（费用）进行比较，计算成本（费用）降低额或降低率来进行考核。

【例 7-6】 某物业公司绿化部为成本中心，7 月份预计绿化养护面积为 20000 平方米，每平方米绿化养护费用为 9 元（属于该责任中心的责任成本，下同），实际绿化养护面积为 20000 平方米，每平方米绿化养护费用为 8.7 元。计算该成本中心的成本降低额与成本降低率分别是多少。

成本降低额＝$20000 \times 9 - 20000 \times 8.7 = 6000$（元）

成本降低率＝$6000 \div (20000 \times 9) = 3.33\%$

（四）成本费用考核需要注意的几个问题

1. 成本与服务的协调

物业企业属于服务性行业，在进行成本费用考核时，要注意成本费用与花费这些成本费用所提供的服务数量、质量带来的收益相匹配。这样才能真正反映成本与服务的利益互换关系，从而确认和协调成本与收益，得出正确的考核评价结论。

2. 成本费用考核过程的动态性

通过对成本费用的考核，要能对未来时期的情况进行预测，并做出关键趋势判断，即要通过成本费用考核的相关信息，预见成本费用趋势，并得出合理、正确的建议。

3. 注意成本费用考核过程中的例外性

物业管理活动涉及面广、内容繁多。通过考核，要能发现例外情况的存在，并使之与其他活动区别开，从而对这些需要解决的特定活动或作业进行更深度的考核。

思考练习题

1. 物业企业成本费用是如何构成的？
2. 物业企业成本费用管理的原则是什么？
3. 物业企业成本费用预测的方法有哪些？

4. 物业企业成本费用预算的方法是什么？

5. 物业企业成本费用如何控制？

6. 物业企业成本费用如何考核？

7. A 物业公司某年机器设备工时和维修费用如表所示。

月　　份	业务量 x/工时	维修费用 y/元
1	1000	825
2	1100	870
3	1300	970
4	1050	840
5	1400	1020
6	900	780
7	1200	920
8	1150	890
9	1450	1030
10	1500	1050
11	1350	990
12	1250	950

要求：使用高低点法和回归直线分析法预测 1380 工时时的维修费用。

第八章

物业企业营业收入与利润管理

【学习目标】 通过本章的学习使学生掌握物业企业收入的构成、利润分配的原则；了解股利政策的基本理论；熟悉影响股利政策的因素；掌握股利分配政策、股利的种类与发放程序。

第一节 收益管理

一、物业企业收入的概念及其构成

（一）物业企业收入的概念

物业企业收入，是指物业企业从事物业管理和其他经营活动所获取的收入，包括主营业务收入、其他业务收入、投资收益等。

（二）物业企业收入的构成

物业企业的经营内容包括对房屋建筑物及其附属设施设备进行维修、管理，为物业产权人和使用人提供服务，以使房产物业完好无损，达到社会效益和环境效益的和谐统一。根据物业企业的经营特点，可按下列原则对物业企业的营业收入进行分类。凡是为物业产权人、使用人提供服务，为保持房屋建筑物及其附属设备完好无损而进行的维修、管理所得，作为主营业务收入；凡主营业务以外，从事交通运输、饮食服务、商业贸易等经营活动所取得的收入作为其他业务收入。

1. 物业企业主营业务收入

物业企业主要是为物业产权人、使用人提供维修管理和服务，以保证住宅小区和商业楼宇等物业的正常运转。我国物业企业为物业产权人、使用人一般提供如下服务。

① 物业企业利用自身的转业技术为物业产权人、使用人提供专业化服务，如利用企业的维修管理等专业技术对住宅小区和商业楼宇的设施设备提供专业维修服务等。

② 为物业产权人、使用人提供社会化服务，如企业利用住宅小区和商业楼宇的一些公共设施、设备为物业产权人、使用人提供的服务。

③ 为方便物业产权人、使用人而提供特约服务，如接送小孩上学等。

④ 接受物业产权人、使用人的委托，对房屋建筑物及其附属设施设备进行大修理等工程施工活动。

2. 物业企业主营业务收入的种类

根据物业企业的经营特点，可以将物业企业的主营业务收入定义为：物业企业在从事物业管理活动中，为物业产权人、使用人提供维修、管理和服务所取得的收入，包括物业管理收入、物业经营收入和物业大修收入。

（1）物业管理收入 指物业企业利用自身的专业技术，为物业产权人、使用人提供服务，为保持房产物业完好无损而从事日常维修管理活动而取得的收入。

（2）物业经营收入　指物业企业经营业主管委会和物业产权人、使用人提供的房屋建筑物及其附属设备取得的收入。

（3）物业大修收入　指物业企业接受业主管委会或者物业产权人、使用人的委托，对房屋共用部位、公共设施设备进行大修等工程施工活动而取得的收入。

3. 其他业务收入

其他业务收入是指物业企业从事主营业务以外的其他业务活动取得的收入，包括房屋中介代销手续费收入、材料物资销售收入、废品回收收入、商品用房经营收入以及无形资产转让收入等。

（1）房屋中介代销手续费收入　物业企业在为物业产权人、使用人提供维修和服务的同时，也常受房地产开发商的委托，对其开发的房产从事代理销售活动，并从中收取一定的代销手续费。这种手续费收入，在物业企业称为房屋中介代销手续费收入。

（2）材料物资销售收入　指物业企业将不需用的材料物资对外出售所取得的收入。

（3）商业用房经营收入　指物业企业利用业主管委会或者物业产权人、使用人提供的商业用房，从事经营活动所取得的收入。

（4）无形资产转让收入　指转让无形资产的使用权所获取的收入。

二、物业企业利润的构成

根据企业会计准则的规定，利润是指企业在一定会计期间的经营成果。利润包括收入减去费用后的净额、直接计入当期利润的利得和损失等。企业利润包括营业利润、利润总额和净利润三部分。其中，

营业利润＝营业收入－营业成本－营业税金及附加－销售费用－管理费用－财务费用－资产减值损失＋公允价值变动收益（－公允价值变动损失）＋投资收益（－投资损失）

利润总额＝营业利润＋营业外收入－营业外支出

净利润＝利润总额－所得税费用

利润总额是一个综合性财务指标，又称为税前利润；净利润是企业利润总额减去所得税后的金额，也称为税后利润。

一般来说，物业企业的利润总额由营业利润、投资净收益和营业外收支净额组成。

1. 营业利润

物业企业的营业利润，是指物业企业在一定时期内从事物业管理经营活动实现的利润。物业企业营业利润按经营业务的主次可以划分为主营业务利润和其他业务利润。

（1）主营业务利润　指物业企业从事主营业务，包括物业管理服务、物业经营服务、物业大修服务等所取得的利润。主营业务利润的计算公式为

主营业务利润＝主营业务收入－主营业务成本－营业税金及附加－管理费用－
财务费用－销售费用

（2）其他业务利润　指物业企业主营业务以外的其他业务活动所取得的利润。其他业务利润的计算公式为

其他业务利润＝其他业务收入－其他业务成本

2. 投资净收益

投资净收益，是指物业企业对外投资活动所获得的投资收益减去投资损失后的净额。其

计算公式为

$$投资净收益＝投资收益－投资损失$$

3. 营业外收支净额

营业外收支净额，是指物业企业的营业外收入减去营业外支出后的差额。其计算公式为

$$营业外收支净额＝营业外收入－营业外支出$$

营业外收入是相对营业收入而言的。它是与物业企业整体经营有联系，但又与企业经营活动没有直接关系的收入，因此也应视为物业企业利润的一部分。

营业外支出是相对经营性耗费支出而言的。它是与物业企业整体经营活动有联系，但与企业的生产经营活动没有直接联系的支出，因此也应视为企业利润的扣减部分。

物业企业的利润总额是一项综合反映物业企业在一定时期内全部财务成果的重要指标，是物业企业一定时期全部收入抵偿全部支出后的余额，是物业企业最终的财务成果，在一定程度上可以评价物业企业的经济效益水平，衡量物业企业经营管理的质量，并据此进行利润分配。如果计算企业的税后利润，还应减去所得税。其计算公式为

$$税后利润＝利润总额－所得税$$

第二节　利润分配

物业管理企业实现的利润，在按照税法规定缴纳所得税后，即实现企业税后利润，也称净利润。按照国家的有关法律和财务制度或者企业章程，应合理分配企业的经营利润，以维护投资者的权益，保障企业持续发展。

一、分配原则

1. 依法分配，履行企业的社会责任

企业的利润分配必须依法进行。这是正确处理各方面利益关系的关键。为规范企业的利润分配行为，国家制定和颁布了若干法规。这些法规规定了企业利润分配的基本要求、一般程序和重大比例，企业应认真执行，不得违反。

2. 坚持全局观念，兼顾各方面利益

利润分配是利用价值形式对社会产品的分配，直接关系到有关各方的切身利益。因此，利润分配要坚持全局观念，兼顾各方面利益。除依法纳税外，投资者作为资本投入者、企业所有者，依法享有利润分配权。

3. 投资与收益对等

企业利润分配应当体现"谁投资，谁受益"、受益多少与投资比例相适应的原则。这是正确处理投资者利益关系的关键。只有如此，才能从根本上保护投资者的利益，鼓励投资者投资的积极性。

4. 处理好企业内部积累与分配的比例关系

企业进行利润分配，应正确处理长远利益和近期利益的辩证关系，将二者有机结合起来，坚持分配与积累并重的原则。企业未来要发展就需要在按规定提取法定盈余公积金以外，适当留存一部分利润作为积累。这部分留存收益暂时不予分配，但仍归企业所有者所有。这部分留存收益既为企业增强了抗风险的能力，也为企业提高了经营的安全性和稳定性，有利于增加企业所有者的回报。通过正确处理利润分配与积累的关系，还可以利用留存

部分利润供未来分配以丰补欠，平衡各年利润分配数额，起到稳定投资报酬率的作用。因而企业在进行利润分配时应当正确处理内部积累与分配的比例关系。

二、分配程序

物业企业实现的净利润应按照下列程序进行分配。

① 弥补被没收的财产损失，支付各种税收的滞纳金和税收罚款。

② 弥补以前年度亏损。以前年度亏损是指超过用所得税前的利润抵补亏损的法定期限后，仍未补足的亏损。按照现行财务制度规定，企业发生的年度亏损，可以用下一年度的税前利润弥补；下一年度税前利润不足弥补的部分，可以在 5 年内连续用税前利润弥补。

③ 按税后利润扣除前两项后的 10% 提取法定盈余公积金，法定盈余公积金已经达到注册资本 50% 的可以不再提取；公司的公积金用于弥补公司的亏损、扩大公司生产经营或者转为增加公司资本。但是，资本公积金不得用于弥补公司的亏损。法定公积金转为资本时，所留存的该项公积金不得少于转增前公司注册资本的 25%。

④ 提取任意公积金。任意公积金的提取不具有法律强制性，属于企业内部事务，是否提取任意公积金，按照多大的比例或数额提取，均按企业的章程或股东大会决议提取和使用。其目的是为了控制向投资者分配利润的水平及调整各年利润分配的波动，对投资者分红进行调节。

⑤ 向投资者分配利润。企业以前年度未分配完的利润，可以并入本年度向投资者分配。企业当年无利润不得向投资者分配利润。企业以前年度亏损未弥补完，不得提取盈余公积金，企业在未提取盈余公积金之前，不得向投资者分配利润。

对股份有限公司来说，按照下列顺序分配利润：第一，弥补以前年度亏损；第二，税后利润的分配。主要包括：①抵补被没收的财物损失，支付违反税法规定的各项滞纳金和罚款；②弥补超过用所得税前利润弥补期限，按规定可用税后利润弥补的亏损；③提取法定公积金；④支付优先股股利；⑤提取任意公积金；⑥支付普通股股利。

三、分配政策

利润分配政策是指在法律允许的范围内，可供物业企业管理当局选择的，有关净利润分配事项的方针及政策。股份公司的利润分配政策也称股利政策。股利政策不仅是对投资收益的分配，而且关系到物业公司的投资、融资以及股票价格等各个方面。股利政策理论，简称股利理论，是关于物业公司发放股利是否对公司的生产经营、信誉、价值等产生影响的理论。

（一）股利政策的基本理论

1. 股利无关论

股利无关论认为股利分配对公司的市场价值（或股票价格）不会产生影响。这一理论建立在这样一些假定之上：①不存在个人或公司所得税；②不存在股票的发行和交易费用（即不存在股票筹资费用）；③公司的投资决策与股利决策彼此独立（即投资决策不受股利分配的影响）；④公司的投资者和管理当局可相同地获得关于未来投资机会的信息。上述假定描述的是一种完美无缺的市场，因而股利无关论又被称为完全市场理论。

股利无关论的主要观点如下。

① 投资者并不关心公司股利的分配。若公司留存较多的利润用于再投资，会导致公司

股票价格上升。此时，尽管股利较低，但需用现金的投资者可以出售股票换取现金。若公司发放较多的股利，投资者又可以用现金再买入一些股票，以扩大投资。也就是说，投资者对股利和资本利得并无偏好。

② 股利的支付比率不影响公司的价值。既然投资者不关心股利的分配，公司的价值就完全由其投资的获利能力所决定，公司的盈余在股利和保留盈余之间的分配并不影响公司的价值。

2. 股利相关论

股利相关论认为公司的股利分配对公司市场价值有影响。在现实中，不存在无关论提出的假定前提，公司的股利分配是在种种制约因素下进行的，公司不可能摆脱这些因素的影响。

（二）影响股利政策的因素

1. 法律限制

为了保护债权人和股东的利益，有关法规对公司的股利分配经常作如下限制。

（1）资本保全　规定公司不能用资本（包括股本和资本公积金）发放股利。

（2）企业积累　规定公司必须按净利润的一定比例提取法定盈余公积金。

（3）净利润　规定公司年度累计净利润必须为正数时才可发放股利，以前年度亏损必须足额弥补。

（4）超额累积利润　由于股东接受股利缴纳的所得税高于其进行股票交易的资本利得税，于是许多国家规定公司不得超额累积利润。一旦公司的保留盈余超过法律认可的水平，将被加征额外税额。我国法律对公司累积利润尚未做出限制性规定。

2. 经济限制

股东从自身经济利益需要出发，对公司的股利分配往往产生这样一些影响。

（1）稳定的收入和避税　一些依靠股利维持生活的股东，往往要求公司支付稳定的股利。若公司留存较多的利润，将受到这部分股东的反对。另外，一些高股利收入的股东又出于避税的考虑（股利收入的所得税高于股票交易的资本利得税），往往反对公司发放较多的股利。

（2）控制权的稀释　公司支付较高的股利，会导致留存收益减少，这意味着将来发行新股的可能性加大。而发行新股必然稀释公司的控制权，这是公司原有的持有控制权的股东们所不愿看到的局面。因此，若他们拿不出更多的资金购买新股以满足公司的需要，宁肯不分配股利而反对募集新股。

3. 财务限制

就公司的财务需要来讲，也存在一些限制股利分配的因素。

（1）盈余的稳定性　公司是否能获得长期稳定的盈余，是其股利决策的重要基础。盈余相对稳定的公司能够较好地把握自己，有可能支付比盈余不稳定的公司高的股利；盈余不稳定的公司一般采取低股利政策。对盈余不稳定的公司来讲，低股利政策可以减少因盈余下降而造成的股利无法支付、股价急剧下降的风险，还可将更多的盈余再投资，以提高公司权益资本比重，减少财务风险。

（2）资产的流动性　较多地支付现金股利会减少公司的现金持有量，使资产的流动性降低，而保持一定的资产流动性是公司经营所必需的。

（3）举债能力　具有较强举债能力的公司因为能够及时地筹措到所需的现金，有可能采取较宽松的股利政策；举债能力弱的公司则不得不多滞留盈余，因而往往采取较紧的股利政策。

（4）投资机会　有着良好投资机会的公司需要有强大的资金支持，因而往往少发放股利，将大部分盈余用于投资；缺乏良好投资机会的公司保留大量现金会造成资金的闲置，于是倾向于支付较高的股利。正因为如此，处于成长中的公司多采取低股利政策；处于经营收缩的公司多采取高股利政策。

（5）资本成本　与发行新股相比，保留盈余不需花费筹资费用，是一种比较经济的筹资渠道。所以，从资本成本考虑，如果公司有扩大资金的需要，也应当采取低股利政策。

（6）债务需要　具有较高债务偿还需要的公司，可以通过举借新债、发行新股筹集资金偿还债务，也可直接用经营积累偿还债务。如果公司认为后者适当的话，将会减少股利的支付。

4. 其他限制

（1）债务合同约束　公司的债务合同，特别是长期债务合同，往往有限制公司现金支付程度的条款，这使公司只得采取低股利政策。

（2）通货膨胀　在通货膨胀的情况下，公司折旧基金的购买力水平下降，会导致没有足够的资金来源重置固定资产。这时盈余会被当作弥补折旧基金购买力水平下降的资金来源，因此在通货膨胀时期公司股利政策往往偏紧。

由于存在上述种种影响股利分配的限制，股利政策与股票价格就不是无关的，公司的价值或者说股票价格不会仅仅由其投资的获利能力所决定。

（三）股利分配政策

支付给股东的盈余与留在企业的留存收益存在此消彼长的关系。所以，股利分配既决定给股东分配多少红利，也决定有多少净利留在企业。减少股利分配，会增加保留盈余，减少外部筹资需求。股利决策也是内部筹资决策。在进行股利分配的实务中，公司经常采用的股利政策如下。

1. 剩余股利政策

剩余股利政策就是在企业有着良好的投资机会时，根据一定的目标资本结构，测算出投资所需的权益资本，先从盈余当中留用，然后将剩余的盈余作为股利予以分配。即在企业确定的最佳资本结构下，税后净利润首要满足投资的需求，然后若有剩余才用于分配股利，是一种投资优先的股利政策。实行剩余股利政策，一般应按以下步骤来决定股利的分配额。

① 根据选定的最佳投资方案，确定投资所需的资金数额。

② 按照企业的目标资本结构，确定投资需要增加股东股权资本的数额，即需要增加的留存收益的数额。

③ 税后净利润首先用于满足投资需要增加的股东股权资本的数额，即投资方案所需的自有资金数额。

④ 满足投资需要后的剩余部分用于向股东分配股利。

采用剩余股利政策的理由是企业有良好的投资机会，为保持理想的资本结构，降低综合资金成本。剩余股利政策的优点是充分利用留存收益这一筹资成本最低的资金来源，保持理想的资本结构，使综合资本成本最低，实现企业价值的长期最大化，适用于公司初创阶段。

【例8-1】　某公司上年税后利润1000万元，今年年初公司讨论决定股利分配的数额。预计今年需要增加投资资本800万元。公司的目标资本结构是权益资本占60%，债务资本占

40％，今年继续保持。公司采用剩余股利政策。筹资的优先顺序是留存利润、借款和增发股份。问：公司应分配多少股利？

$$利润留存＝800×60％＝480（万元）$$
$$股利分配＝1000－480＝520（万元）$$

2. 固定或持续增长的股利政策

这一股利政策是将每年发放的股利固定在某一固定的水平上并在较长的时期内不变，只有当公司认为未来盈余会显著地、不可逆转地增长时，才提高年度的股利发放额。固定或持续增长的股利政策的主要目的是避免出现由于经营不善而削减股利的情况。采用这种股利政策的理由如下。

① 稳定的股利向市场传递着公司正常发展的信息，有利于树立公司良好形象，增强投资者对公司的信心，稳定股票的价格。

② 稳定的股利额有利于投资者安排股利收入和支出，特别是对那些对股利有着很高依赖性的股东更是如此。而股利忽高忽低的股票，则不会受这些股东的欢迎，股票价格会因此而下降。

③ 稳定的股利政策可能会不符合剩余股利理论，但为了使股利维持在稳定的水平上，即使推迟某些投资方案或者暂时偏离目标资本结构，也可能要比降低股利或降低股利增长率更为有利。

该股利政策的缺点在于股利的支付与盈余相脱节。当盈余较低时，仍要支付固定的股利，可能导致资金短缺，财务状况恶化，也不能像剩余股利政策那样保持较低的资本成本。

3. 固定股利支付率政策

固定股利支付率政策，是公司确定一个股利占盈余的比率，长期按此比率支付股利的政策。在这一股利政策下，各年股利额随公司经营的好坏而上下波动，获得较多盈余的年份股利额高，获得盈余少的年份股利额低。实行固定股利支付率，能使股利与公司盈余紧密配合，以体现多盈多分、少盈少分、无盈不分的原则。但是，在这种政策下各年的股利变动较大，极易造成公司不稳定的感觉，对稳定股票价格不利。

4. 低正常股利加额外股利政策

低正常股利加额外股利政策，是公司一般情况下每年只支付固定的、数额较低的股利，在盈余多的年份，再根据实际情况向股东发放额外股利。但额外股利不固定化，不意味着公司永久提高了规定的股利率。

① 这种股利政策使公司具有较大的灵活性。当公司盈余较少或投资需用较多资金时，可维持设定的较低但正常的股利，股东不会有股利跌落感。当盈余有较大幅度增加时，则可适度增发股利，把经济繁荣的部分利益分配给股东，使他们增强对公司的信心。这有利于稳定股票的价格。

② 这种股利政策可使那些依靠股利度日的股东每年至少可以得到虽然较低但比较稳定的股利收入，从而吸引住这部分股东。

以上各种股利政策各有所长，公司在分配股利时应借鉴其基本决策思想，制定适合自己实际情况的股利政策。

（四）股利的种类与发放程序

1. 股利的种类

股份公司分派股利的形式一般有现金股利、股票股利、财产股利和负债股利等。我国有关法律规定股份公司只能采用现金股利和股票股利两种形式。

（1）现金股利 指股份公司以现金形式发放给股东的股利。这是最常用的股利分派形式。现金股利发放的多少主要取决于公司的股利政策和经营业绩。现金股利的发放会对股票价格产生直接的影响，在股票除息日之后，一般来说股票价格会下跌。

（2）股票股利 指企业以股票形式分配给股东的股利。可以用于发放股票股利的，除了当年的可供分配利润外，还有公司的盈余公积金和资本公积金。发放股票股利时，一般按股权登记日的股东持股比例来分派，将股东大会决定用于分配的资本公积金、盈余公积金和可供分配利润转成股本，并通过中央结算登记系统按比例增加各个股东的持股数量。股票股利并没有改变企业账面的股东权益总额，也没有改变股东的持股结构，但是，会增加市场上流通的股票数量。因此，企业发放股票股利会使股票价格相应下降。一般来说，如果不考虑股票市价的波动，发放股票股利后的股票价格应当按发放的股票股利的比例成比例下降。

【例 8-2】 某公司发放股利前的股价为每股 24 元，如果该公司决定按照 10 股送 2 股的比例发放股票股利，则该公司的股票在除权日之后的市场价格应降至每股多少元？

$$每股市价＝24÷[(10＋2)÷10]＝20（元）$$

2. 股利的发放程序

股份公司分配股利必须遵循法定的程序，一般是先由董事会提出分配预案，然后提交股东大会决议通过才能进行分配。股东大会决议通过分配预案之后，要向股东宣布发放股利的方案，并确定股权登记日、除息日和股利发放日。这几个日期对分配股利是非常重要的。

（1）宣布日 指股东大会决议通过并由董事会宣布发放股利的日期。在宣布分配方案的同时，要公布股权登记日、除息日和股利发放日。

（2）股权登记日 指有权领取本期股利的股东资格登记截止日期。凡是在股权登记日这一天登记在册的股东就有资格领取本期股利，而在这一天之后登记在册的股东，即使是在股利发放日之前买到的股票，也无权领取本次分配的股利。

（3）除息日 指除去股利的日期，即领取股利的权利与股票分开的日期。除息日对股票的价格有明显的影响，在除息日之前的股票价格中包含了本次股利，在除息日之后的股票价格中不再包含本次股利，所以除息日股价会下降。

（4）股利发放日 也称付息日，是将股利正式发放给股东的日期。在这一天，企业通过中央结算登记系统将股利直接打入股东资金账户，由股东向其证券代理商领取股利。

思考练习题

1. 物业企业收入是如何构成的？
2. 利润分配的原则是什么？
3. 影响股利政策的因素有哪些？
4. 股利分配政策有哪些？其优缺点是什么？
5. 股利的种类有哪些？
6. 某物业公司 2008 年实现的税后净利为 1000 万元，盈余公积金的提取比率为 15％。若 2009 年的投资计划所需资金 800 万元，公司的目标资金结构为自有资金占 60％。公司采用剩余股利政策，则 2008 年末可以发放多少股利？

第九章
物业企业财务分析

【学习目标】 通过本章的学习，要求理解和掌握物业企业财务报表分析的目的、基础、方法；了解财务分析的步骤和局限性；掌握企业偿债能力、资产管理能力和盈利能力评价指标的计算和分析；掌握杜邦分析法，了解沃尔比重评分法。

第一节 物业企业财务分析概述

企业财务分析是以企业财务报告及其他相关资料为主要依据，对企业的财务状况和经营成果进行评价和剖析，以揭示企业运营过程中的利弊得失、发展趋势，从而为改进企业财务管理工作和优化经济决策提供重要财务信息的一项业务手段。它既是对已完成的财务活动的总结，又是未来财务预测、决策的前提，在财务管理的循环中起着承上启下的作用。

一、财务分析的目的

财务分析是企业重要的财务管理方法之一，物业企业也不例外。财务分析主要依据企业编制的财务报告及其相关资料进行，通过财务分析可以帮助财务信息使用者更好地了解企业经营情况和财务状况。但是，由于不同的使用者使用财务信息的目的不一样，对财务信息的要求也不同，所以财务分析需要考虑不同使用者的不同需要，从不同方面评价企业的经营情况和财务状况。一般来说，财务分析的目的如下。

1. 评价企业的偿债能力

通过财务报告提供的资料可以计算反映企业短期偿债能力和长期偿债能力的指标，从指标的高低可以分析企业的偿债能力，由此可以评价企业的财务风险，为信息使用者做出正确的决策提供参考。

2. 评价企业的资产管理水平

通过对企业资产进行全面的分析，包括企业管理水平、资产创利能力、资产周转能力和现金流量情况等的分析，为全面评价企业资产管理水平提供依据。

3. 评价企业的获利能力

企业经营状况如何，主要体现就是获利能力的强弱。获利能力强，企业就有竞争能力，就会不断发展，资产越滚越大。对获利能力的分析不能仅看获取利润的绝对数，还应分析相对指标及利润的构成，明确获利来源和途径。

4. 评价企业的发展趋势

企业发展趋势和发展前景是企业各个利益关系者都很关心的问题。通过财务分析并进行预测，可以为信息使用者做出决策提供重要参考。

5. 特殊需要

信息使用者不仅要了解企业经营情况和财务状况，还要根据自己的特殊需要做进一步的了解，因此有必要进行专题分析，如破产预测分析等。

二、财务分析的基础

财务分析一般都是在会计核算的基础上进行的，通过核算过程中编制的企业财务报告可以较全面地反映企业的经营情况和财务状况。财务分析也就是将这些财务报告反映的内容进行进一步的整理加工，采取科学的分析方法进行比较分析和评价。财务分析涉及的财务报告主要包括资产负债表、利润表和现金流量表等。

（一）资产负债表

1. 资产负债表的概念

资产负债表是反映企业在某一特定日期财务状况的报表。它是企业对外提供的基本财务报表之一。资产负债表是以"资产＝负债＋所有者权益"这一会计恒等式为基础设计的。它是根据资产、负债和所有者权益之间的相互关系，按照一定的分类标准和一定的顺序，把企业某一特定日期的资产、负债和所有者权益各项目进行适当排列，并对日常工作中形成的大量会计数据进行加工整理后编制而成的，是反映企业静态财务状况的一种基本报表。

资产负债表所提供的资料，对企业管理者的经营决策和与企业有关的其他利益集团的经济决策具有重要意义。资产负债表反映企业的资产、负债、所有者权益的状况，能够说明企业经营活动的规模及发展潜力。具体地说，资产负债表的作用主要有以下几个方面。

① 通过资产负债表列示的资产项目，可以了解企业某一日期资产的总额及其结构，表明企业拥有或控制的经济资源及其分布情况。

② 通过资产负债表列示的负债项目，可以反映某一日期的负债总额以及结构，了解企业的偿债能力和支付能力。

③ 通过资产负债表列示的所有者权益项目，可以表明投资者在企业资产中所占的份额，了解所有者权益的构成情况。

④ 通过对前后期资产负债表的对比分析，可以了解企业资金结构的变化情况，预测企业未来的财务发展趋势。

2. 资产负债表的结构

我国企业的资产负债表采用账户式结构。

账户式资产负债表分为左右两方，左方列示资产项目，右方列示负债和所有者权益项目。左方的资产项目总计与右方负债和所有者权益项目总计应该相等。

资产负债表的左右各方均分别排列报表项目名称以及该项目的期末余额和年初余额。左方资产项目按照其流动性的强弱分类分项由上到下依次列示，负债项目按照负债偿还期限的长短分类分项由上到下依次列示，所有者权益项目按照其构成的稳定性由强到弱分类分项由上到下依次列示。本书根据《企业会计准则——应用指南》（2006）中一般企业资产负债表的规定，对资产负债表进行说明。

（1）资产类项目　在资产负债表中，资产类项目一般按照资产流动性的大小和按资产变现能力的强弱，分为流动资产和非流动资产两大类，并分项列示。

流动资产项目主要包括货币资金、交易性金融资产、应收票据、应收账款、预付款项、应收利息、应收股利、其他应收款、存货、一年内到期的非流动资产和其他流动资产等项目。

非流动资产项目包括固定资产、无形资产、持有至到期投资、长期股权投资、长期应收款和其他非流动资产等项目。

（2）负债类项目　在资产负债表中，负债类项目按照其承担经济义务期限的长短，分为流动负债和非流动负债两大类，并分项列示。

流动负债项目主要包括短期借款、应付票据、应付账款、预收款项、应付职工薪酬、应交税费、应付利息、应付股利、其他应付款、一年内到期的非流动负债和其他流动负债等项目。

非流动负债项目主要包括长期借款、应付债券、长期应付款、预计负债和其他非流动负债等项目。

（3）所有者权益（或股东权益）项目　在资产负债表中，所有者权益（或股东权益）项目按照实收资本（或股本）、资本公积、盈余公积、未分配利润等项目列示。

《企业会计准则——应用指南》（2006）中规定的一般企业资产负债表如表9-1所示。

资产负债表是财务分析的一张重要会计报表，以此表提供的数据，运用财务分析的方法（如比率分析法、比较分析法等）并与其他报表提供的资料结合进行深入分析，可以了解企业的偿债能力、资金营运能力等财务状况，为各相关信息使用者提供决策依据。具体来说，通过这张表可以了解企业用于经营活动的资产总额有多少，这些资产以什么形态存在以及这些资产的资金来源是什么；企业的资产结构是否合理，如流动资产、固定资产所占的比例是否合理，不良资产的比重占多少，沉淀资产占多少，闲置资产占多少等，同时还可以分析这些影响因素对企业的偿债能力的影响；企业的资金来源是否合理，如负债和所有者权益（或股东权益）的比例是否合理、企业的偿债能力如何。

（二）利润表

1. 利润表的概念

利润表是反映企业一定期间经营成果的报表。通过利润表，可以从总体上了解企业在一定会计期间的收入、费用以及利润（或亏损）的数额及其构成情况。

利润表可以帮助报表信息使用者更好地评估企业的经济价值。首先，利润表是评价企业经营成果的重要依据。通过利润表提供的不同时期的比较数据，还可以分析企业的获利能力及利润的未来发展趋势，了解投资者投入资本的保值增值情况。其次，通过预测企业的利润和股利，可预计企业的价值，帮助报表信息使用者进行相关决策。第三，通过利润表可以衡量企业管理人员经营绩效，从利润角度反映企业经营管理是否有效。

2. 利润表的结构

利润表主要有多步式和单步式两种，以会计等式"收入－费用＝利润"为编制依据。我国企业的利润表采用多步式。

根据《企业会计准则——应用指南》（2006），利润表的格式也应按一般企业、商业银行、保险公司、证券公司等企业类型予以规定，不同类型的企业利润表项目有所不同。但是根据《企业会计准则第30号——财务报表列报》，利润表至少应当单独列示反映下列信息的项目：

① 营业收入；

② 营业成本；

③ 营业税金；

④ 管理费用；

表 9-1 资产负债表

编制单位： _____ 年 ____ 月 ____ 日 单位：元

资　产	期末余额	年初余额	负债及所有者权益(或股东权益)	期末余额	年初余额
流动资产：			流动负债：		
货币资金			短期借款		
交易性金融资产			交易性金融负债		
应收票据			应付票据		
应收账款			应付账款		
预付款项			预收款项		
应收利息			应付职工薪酬		
应收股利			应交税费		
其他应收款			应付利息		
存货			应付股利		
一年内到期的非流动资产			其他应付款		
其他流动资产			一年内到期的非流动负债		
流动资产合计			其他流动负债		
非流动资产：			流动负债合计		
可供出售金融资产			非流动负债：		
持有至到期投资			长期借款		
长期应收款			应付债券		
长期股权投资			长期应付款		
投资性房地产			专项应付款		
固定资产			预计负债		
在建工程			递延所得税负债		
工程物资			其他非流动负债		
固定资产清理			非流动负债合计		
生产性生物资产			负债合计		
油气资产			所有者权益(或股东权益)：		
无形资产			实收资本(或股本)		
开发支出			资本公积		
商誉			减：库存股		
长期待摊费用			盈余公积		
递延所得税资产			未分配利润		
其他非流动资产			所有者权益(或股东权益)合计		
非流动资产合计					
资产总计			负债和所有者权益(或股东权益)总计		

⑤ 销售费用；

⑥ 财务费用；

⑦ 投资收益；

⑧ 公允价值变动损益；

⑨ 资产减值损失；

⑩ 非流动资产处置损益；

⑪ 所得税费用；

⑫ 净利润。

表 9-2 是《企业会计准则——应用指南》（2006）中规定的一般企业利润表格式。

表 9-2　利润表

编制单位：　　　　　　　　　　　　　　　年　　月　　　　　　　　　　　　单位：元

项　　目	本 期 金 额	上 期 金 额
一、营业收入		
减：营业成本		
营业税金及附加		
销售费用		
管理费用		
财务费用		
资产减值损失		
加：公允价值变动收益（损失以"－"号填列）		
投资收益（损失以"－"号填列）		
其中：对联营企业和合营企业的投资收益		
二、营业利润（亏损以"－"号填列）		
加：营业外收入		
减：营业外支出		
其中：非流动资产处置损失		
三、利润总额（亏损总额以"－"号填列）		
减：所得税费用		
四、净利润（净亏损以"－"号填列）		
五、每股收益		
基本每股收益		
稀释每股收益		

通过对利润表的分析可以了解企业一定会计期间的收入实现情况、成本和费用等支出的耗用情况。此外，还可以了解一个经营过程结束，企业取得的经营成果如何，是盈利还是亏损。如果盈利，企业的利润是怎样形成的，利润形成的主渠道是什么，是主营业务还是非主

营业务，是企业本身的生产经营活动还是对外投资活动取得的；如果亏损，亏损的原因是什么等。通过这些信息，不但了解了一定会计期间的生产经营成果和获利能力等情况，还可以对企业经营管理者的业绩做出评价，为会计信息使用者了解企业的经营情况提供了较全面的信息。

（三）现金流量表

1. 现金流量表的概念

现金流量表是指反映企业在一定会计期间现金和现金等价物流入和流出的报表。

现金是指企业库存现金以及可以随时用于支付的存款。不能随时用于支付的存款不属于现金。现金等价物，是指企业持有的期限短、流动性强、易于转换为已知金额现金、价值变动风险很小的投资。期限短，一般是指从购买日起三个月内到期。现金等价物通常包括三个月内到期限的债券投资等。权益性投资变现的金额通常不确定，因而不属于现金等价物。企业应当根据具体情况，确定现金等价物的范围，一经确定不得随意变更。现金流量，是指现金和现金等价物的流入和流出。

2. 现金流量表的结构

现金流量表按照经营活动、投资活动和筹资活动列报现金流量。投资活动是指企业长期资产的购建和不包括在现金等价物范围的投资及其处置活动。筹资活动是指导致企业资本及债务规模和构成发生变化的活动。经营活动是指企业投资活动和筹资活动以外的所有交易事项。

现金流量表格式按一般企业、商业银行、保险公司、证券公司等企业类型予以规定。企业应当根据其经营活动的性质，确定本企业适用的现金流量表格式。《企业会计准则——应用指南》（2006）中规定的一般企业现金流量表如表 9-3 所示。

《企业会计准则——应用指南》（2006）对现金流量表附注也做出了规定，规定企业应当采用间接法在现金流量表附注中披露将净利润调节为经营活动现金流量的信息，具体见表 9-4。

另外，企业应当在附注中披露现金和现金等价物的构成、现金和现金等价物在资产负债表中列报项目的相应金额等信息，具体见表 9-5。

通过现金流量表，可以了解企业当期有多少现金流入，来源于何处；企业当期有多少现金流出，运用于何方；企业当期现金是怎样变化的，是净增还是净减。如果是净增，企业在本期就有新的现金流入，有支付能力；否则企业即使盈利，也会资金紧张。

通过现金流量表分析，还可以评价企业的支付能力、偿债能力和周转能力，有助于预测企业未来现金流量和分析企业收益质量及影响现金净流量的因素。

三、财务分析的方法

从上面列举的三种企业需要编制的主要报表可知，每张报表都有其特定目的，但它们之间存在相互联系和钩稽的财务关系。对财务报表进行分析，就是要找出它们之间的关系，利用各种方法进行深入的分析。财务分析方法有很多，常用包括比较分析法、比率分析法、因素分析法等。

（一）比较分析法

比较分析是对两个或几个有关的可比资料进行对比，揭示差异和矛盾。比较分析法是最基本的分析方法。选择的比较对象或比较内容不同，比较方法也不一样。

表 9-3 现金流量表

编制单位： _____年度 单位：元

项 目	本 期 金 额	上 期 金 额
一、经营活动产生的现金流量		
销售商品、提供劳务收到的现金		
收到的税费返还		
收到其他与经营活动有关的现金		
经营活动现金流入小计		
购买商品、接受劳务支付的现金		
支付给职工以及为职工支付的现金		
支付的各项税费		
支付其他与经营活动有关的现金		
经营活动现金流出小计		
经营活动产生的现金流量净额		
二、投资活动产生的现金流量		
收回投资收到的现金		
取得投资收益收到的现金		
处置固定资产、无形资产和其他长期资产收回的现金净额		
处置子公司及其他营业单位收到的现金净额		
收到其他与投资活动有关的现金		
投资活动现金流入小计		
投资支付的现金		
取得子公司及其他营业单位支付的现金净额		
支付其他与投资活动有关的现金		
投资活动现金流出小计		
投资活动产生的现金流量净额		
三、筹资活动产生的现金流量		
吸收投资收到的现金		
取得借款收到的现金		
收到其他与筹资活动有关的现金		
筹资活动现金流入小计		
偿还债务支付的现金		
分配股利、利润或偿付利息支付的现金		
支付其他与筹资活动有关的现金		
筹资活动现金流出小计		
筹资活动产生的现金流量净额		
四、汇率变动对现金的影响		
五、现金及现金等价物净增加额		
加：期初现金及现金等价物余额		
六、期末现金及现金等价物余额		

表 9-4　现金流量表补充资料

补　充　资　料	行次	本年金额	上年金额
1.将净利润调节为经营活动现金流量			
净利润			
加:资产减值准备			
固定资产折旧、油气资产折耗、生产性生物资产折旧			
无形资产摊销			
长期待摊费用摊销			
处置固定资产、无形资产和其他长期资产的损失(收益以"－"号填列)			
固定资产报废损失(收益以"－"号填列)			
公允价值变动损失(收益以"－"号填列)			
财务费用(收益以"－"号填列)			
投资损失(收益以"－"号填列)			
递延所得税资产减少(增加以"－"号填列)			
递延所得税负债增加(减少以"－"号填列)			
存货的减少(增加以"－"号填列)			
经营性应收项目的减少(增加以"－"号填列)			
经营性应付项目的增加(减少以"－"号填列)			
其他			
经营活动产生的现金流量净额			
2.不涉及现金收支的重大投资和筹资活动			
债务转为资本			
一年内到期的可转换公司债券			
融资租入固定资产			
3.现金及现金等价物净变动情况			
现金的期末余额			
减:现金的期初余额			
加:现金等价物的期末余额			
减:现金等价物的期初余额			
现金及现金等价物净增加额			

表 9-5　现金和现金等价物的披露内容

项　　目	本年金额	上年金额
1.现金		
其中:库存现金		
可随时用于支付的银行存款		
可随时用于支付的其他货币资金		
可用于支付的存放中央银行款项		
存放同业款项		
拆放同业款项		
2.现金等价物		
其中:三个月内到期的债券投资		
3.期末现金及现金等价物余额		
其中:母公司或集团内子公司使用受限制的现金和现金等价物		

1. 按比较对象分类

（1）同一企业不同时期指标相比　又称纵向比较，据以分析被分析对象的变动趋势。

（2）同类企业之间相比　也称横向比较。

（3）与计划或预算相比　即实际执行结果与计划（预算）指标比较。

2. 按比较内容分类

（1）比较财务报表各项目的总量　总量比较主要用于时间序列分析，如研究利润总额的逐年变化趋势，也可以用于同业对比，便于知彼知己。

（2）比较结构百分比　即把主要财务报表以结构百分比的形式反映出来。比如，资产负债表中的资产可以按每一个资产项目，也可以按大类来计算其在整个资产中所占比重。结构百分比报表用于发现有显著问题的项目，揭示进一步分析的方向。

（3）比较财务比率　财务比率是财务分析中非常重要的指标。对不同时期、不同企业的财务比率进行比较是财务分析的一个重要方面。

（二）比率分析法

比率分析法是把财务报表各项目彼此存在关联的项目加以对比，计算出比率，据以确定经济活动变动程度的分析方法。比率是相对数，采用这种方法能够把某些条件下的不可比指标变为可以比较的指标，以利于进行分析。

比率指标主要有以下 3 类。

（1）构成比率　又称结构比率，它是某项经济指标的各个组成部分与总体的比率，反映部分与总体的关系。计算公式为

$$构成比率＝某个组成项目数值/总体数值$$

利用构成比率，可以考察总体中某个部分的形成和安排是否合理，以便协调各项财务活动。

（2）效率比率　它是某项经济活动中所费与所得的比率，反映投入与产出的关系。利用效率比率指标，可以进行得失比较，考察经营成果，评价经济效益。如将利润项目与销售成本、销售收入、资本等项目加以对比，可计算出成本利润率、销售利润率以及资本利润率等利润率指标，可以从不同角度观察比较企业获利能力的高低及其增减变化情况。

（3）相关比率　它是以某个项目和与其有关但又不同的项目加以对比所得的比率，反映有关经济活动的相互关系。利用相关比率指标，可以考察有联系的相关业务安排得是否合理，以保障企业运营活动能够顺畅进行。如将流动资产与流动负债加以对比，计算出流动比率，据以判断企业的短期偿债能力。

比率分析法的优点是计算简便，计算结果容易判断，而且可以使某些指标在不同规模的企业间进行比较，甚至一定程度上不同行业也可比较。

（三）因素分析法

因素分析法，又称因素替换法、连环替代法。它是用来确定几个相互联系的因素对分析对象——综合财务指标或经济指标的影响程度的一种分析方法。采用这种方法的出发点在于，当有若干因素对分析对象发生影响作用时，假定其他各个因素都无变化，顺序确定每一个因素单独变化所产生的影响。因素分析法又分为以下几种。

（1）差额分析法　如对固定资产净值增加的原因进行分析，可分别就原值变化和折旧变化进行分析。

（2）指标分解法　如资产利润率可分解为资产周转率和销售利润率的乘积。

（3）连环替代法　依次用分析值代替标准值，测定各因素对财务指标的影响，如影响利润增加因素分析。

（4）定基替代法　在因素之间构成的关系式里，分别用分析值替代标准值，测定各因素对财务指标的影响，如标准成本差异分析。

四、财务分析的步骤

财务分析不是一种有固定程序的工作，具体步骤和程序应根据分析目的、分析方法和特定的分析对象，由分析人员个别设计。

财务分析的一般步骤如下。

1. 明确分析目标

财务分析的目标依使用者信息需要的不同而不同。投资者需要了解有关物业管理企业投资风险和报酬方面的信息；债权人需要了解物业管理企业偿债能力方面的信息。不同的分析目标所需要的资料及采用的分析方法也有所不同。因此，在进行财务分析前，必须明确财务目标。

2. 制订分析方案

在目标确定后，就要着手分析方案的研究，包括财务分析的范围、方法选择、工作分工组织、进度安排、资料来源等。

3. 收集资料

根据分析目标和方案的要求，收集各种相关的资料，如宏观经济运行信息、行业发展信息、竞争对手的情况、物业管理企业内部各种相关信息等。

4. 整理、分析资料，回答分析问题

核查所收集资料的真实可靠性和目标相关性，然后联系物业管理企业的经营环境，探求数据之间的因果关系，揭示企业现行的财务状况与经营成果，并做出合理的趋势预测，采用定量分析和定性分析相结合的分析方法，最后回答问题。

五、财务分析的局限性

由于财务分析依据的资料主要是会计报表提供的，但报表是在一定的假设前提和执行统一的规范要求下编制的，所以报表本身具有局限性，导致财务分析也有一定的局限性。

1. 以历史成本报告资产价值

投资者感兴趣和需要知道的是企业将来能赚多少钱。一方面，会计报表提供的都是已经发生的过去的情况，另一方面会计报表提供的信息都是按实际交易价格报告的，如遇通货膨胀，它就不能完全反映现实状况。

2. 货币计量原则本身局限性和假设币值不变，没有反映通货膨胀对企业的影响

由于会计采用货币计量单位，会计报表也只能反映货币能衡量的经济活动，许多不能用货币表示但对企业未来盈利有影响的因素，会计报表都反映不出来。如企业可能取得的科研技术上的突破、企业劳动力素质、企业所处的社会经济环境的变化等。此外，由于会计报表以货币计量，并假设货币的购买力是稳定的，当通货膨胀出现时，这种假设使报表失去了客观性。

3. 会计估价问题引起的局限性

会计账务处理中涉及许多数字计算都带有估计性。例如，固定资产使用年限和残值的估计、存货价值的确定等。因此可以说，会计的许多数据仅是它们的近似值。

4.会计政策的不同选择引起的局限性

国家对企业账务处理的某些方法，允许在一定的范围内自主选择，特别是新会计制度在这方面更加突出。例如，对存货计价方法、折旧计提方法、坏账准备的计提依据和计提比例、对外投资收益的确定等都给予企业选择权。因此，对同一项业务由于不同企业选择了不同的处理方法或原则，致使信息缺乏可比性。

第二节 物业企业财务比率分析

财务比率是总结和评价企业财务状况与经营成果的量化指标。通过对一系列财务指标进行分析，可以了解企业的偿债能力、资产管理能力以及企业盈利能力等情况。

一、偿债能力分析

偿债能力是指企业偿还到期债务和本金的能力。企业偿债能力强弱是衡量企业财务状况优劣的非常重要的指标。一般分析企业偿债能力从短期和长期偿还债务的能力进行，以便于债权人和投资者更好地了解企业财务状况，供其决策参考。

（一）短期偿债能力分析

短期偿债能力是指企业偿还流动负债的能力。衡量物业企业短期偿债能力的指标主要有流动比率、速动比率和现金流动负债比率。

1.流动比率

流动比率是流动资产与流动负债的比率，它表明企业每一元流动负债有多少流动资产作为偿还的保证，反映企业用可在短期内转变为现金的流动资产偿还流动负债的能力。

$$流动比率＝流动资产÷流动负债$$

一般情况下，流动比率越高，反映物业管理企业短期偿债能力越强，债权人的权益越有保证。一般认为2：1的比例比较适宜。它表明企业财务状况稳定可靠，除了满足日常生产经营的流动资金需要外，还有足够的财力偿付到期短期债务。如果比例过低，则表示企业可能难以如期偿还债务。但是，流动比率也不能过高。过高则表明企业流动资产占用较多，会影响资金的使用效率和企业的筹资成本，进而影响获利能力。

必须注意的是：流动比率高，并不等于说物业企业有足够的现金或存款用来偿债。流动比率高也可能是流动资产中变现能力较差且不稳定的存货、待摊费用、待处理流动资产增加所致，而真正可用来偿债的现金和存款却严重短缺。所以，企业应在分析流动比率时，应进一步分析流动资产的结构。

【例9-1】 某物业公司2006年资产负债表中年末流动资产为392000元，流动负债为355000元，求该公司2006年年末的流动比率。

$$年末流动比率＝392000÷355000＝1.104$$

该公司2006年年末流动比率符合一般公认标准，说明该公司短期偿债能力尚可。

2.速动比率

速动比率是物业企业速动资产与流动负债的比率。速动资产是指流动资产减去变现能力较差且不稳定的存货后的余额。由于剔除了变现能力较弱且不稳定的资产，因此速动比率能够更加准确、可靠地评价物业企业资产的流动性及其偿还短期负债的能力。

$$速动比率＝速动资产÷流动负债＝（流动资产－存货）÷流动负债$$

速动比率越高，说明短期偿债能力越强。但速动比率与流动比率一样，过高的话会因企业现金及应收账款资金占用过多而大大增加企业的机会成本。一般认为速动比率为 1 比较理想。

【例 9-2】　假如上例中物业公司 2006 年年末流动资产中存货为 80000 元，求 2006 年年末速动比率。

$$年末速动比率＝（392000－80000）÷355000＝0.8789（元）$$

由于剔除了变动能力较差的存货，该物业公司 2006 年末速动比率低于一般公认标准，说明该公司的实际短期偿债能力较差。

3. 现金流动负债比率

现金流动负债比率是物业管理企业一定时期的经营现金净流量同流动负债的比率，它可以从现金流量角度来反映企业当期偿付短期负债的能力。

$$现金流动负债比率＝年经营现金净流量÷年末流动负债$$

式中，年经营现金净流量指一定时期内，由经营活动所产生的现金及其等价物的流入量与流出量的差额。该指标是从现金流入和流出的动态角度对物业管理企业实际偿债能力进行考察。由于有利润的年份不一定有足够的现金来偿还债务，所以利用现金流动负债比率指标，能充分体现物业管理企业经营活动所产生的现金净流量可以在多大程度上保证当期流动负债的偿还，直观地反映出企业偿还流动负债的实际能力。

用该指标评价物业管理企业偿债能力更为谨慎，反映的结果更加真实。该指标较大，表明企业经营活动产生的现金净流量较多，能够保障企业按时偿还到期债务。从债权人的角度看，该指标越大越好，指标越大偿债能力越强；企业的角度看，该指标并不是越大越好，因为太大表示企业流动资金利用不充分，收益能力不强。

【例 9-3】　假定某物业管理公司 2006 年度经营活动现金净流量为 17000 元，2006 年年末流动负债为 355000 元，求该公司 2006 年度的现金流动负债比率。

$$现金流动负债比率＝17000÷355000＝0.048$$

该物业管理公司 2006 年度的现金流动负债比率很低，可以判定该公司 2006 年短期偿债能力缺乏保障。

（二）长期偿债能力分析

长期偿债能力，是指物业管理企业偿还长期负债的能力，即偿还超过一年或一个营业周期的债务的能力。对物业企业的债权人和所有者来说，在分析短期偿债能力的同时对企业长期偿债能力进行分析，可以更全面地了解企业整体偿还债务的能力。衡量物业企业长期偿债能力的主要指标有：资产负债率、产权比率、已获利息倍数、股东权益比率与权益乘数等指标。

1. 资产负债率

资产负债率又称负债比率，是物业管理企业负债总额对资产总额的比率。

$$资产负债率＝负债总额÷资产总额$$

资产负债率表明物业管理企业资产总额中，债权人提供资金所占的比重。它既是评价企业用全部资产偿还全部负债的指标，又是衡量企业负债经营能力和安全程度的重要指标。资产负债率越高，表明企业偿还债务的能力越差。反之，资产负债率越低，企业偿还债务的能力就越强。一般认为 50% 以下为好。但对不同信息使用者来说，要求的该比率的高低各不相同。

对物业企业所有者而言，资产负债率高意味着利用较少量的自有资金投资，形成较多的生产经营用资产，不仅扩大了生产经营规模，而且在经营状况良好的情况下，还可以利用财务杠杆作用得到较大的利润。但是，如果这一比率过大，表明企业的债务负担重，企业资金实力不强。

对物业企业的债权人而言，他们关心的是借出款项能否到期收回。因此，债权人希望资产负债率越低越好，这样到期取得款项更有保障，风险更小。

对企业经营者而言，既要考虑举债经营给物业企业带来的好处，又要考虑随之而来的财务风险。因此，经营者会在经营过程中不断寻求企业最佳的资产负债率，以期达到最佳资本结构。

【例 9-4】 某物业公司 2006 年年末的资产总额为 755000 元，负债总额为 592000 元，求该物业企业 2006 年末资产负债率。

$$年末资产负债率＝592000÷755000＝0.784$$

该物业管理企业年末的资产负债率超出了一般水平，说明该企业长期偿债能力较差。

2. 产权比率

产权比率是指负债总额与所有者权益的比率，是物业管理企业财务结构稳健与否的重要标志，也称资本负债率。它反映企业所有者权益也就是净资产对债权人权益的保障程度。

$$产权比率＝负债总额÷所有者权益$$

一般认为产权比率以 1∶1 为好。该指标越低，表明物业管理企业的长期偿债能力越强，债权人权益的保障程度越高，承担的风险越小，但企业不能充分发挥负债的财务杠杆效应。因此，物业管理企业在评价产权比率，应从提高获利能力与增强偿债能力两个方面进行综合分析，在保障债务偿还安全的前提下，尽可能提高产权比率。

【例 9-5】 某物业管理公司 2006 年末负债总额为 592000 元，所有者权益总额为 163000 元，求该物业公司 2006 年末产权比率。

$$产权比率＝592000÷163000＝3.63$$

计算表明物业管理企业 2006 年末的负债总额相当于自有资本的 3.63 倍，长期偿债能力较差，债权人的保障程度较低。

产权比率与资产负债率对评价偿债能力的作用基本相同，但资产负债率侧重于分析债务偿付安全性的物质保障程度，产权比率则侧重于揭示财务结构的稳健程度以及自有资金对偿债风险的承受能力。

3. 已获利息倍数

已获利息倍数是指一定时期物业管理企业息税前利润与利息费用之比。已获利息倍数可以反映获利能力对债务偿付的保证程度。

$$已获利息倍数＝息税前利润÷利息费用$$

式中，息税前利润就是利润表中利润总额加上利息费用；利息费用一般包括物业管理企业在生产经营过程中实际支出的借款利息、债券利息等。该指标既是企业举债经营的前提依据，也是衡量企业长期偿债能力大小的重要标志。一般来讲，该指标值越高，表示企业的长期偿债能力越强。如果已获利息倍数太小，企业将面临亏损，偿债的安全性与稳定性有下降的风险。根据这一指标判断物业管理企业的长期偿付能力时，还要根据往年经验并结合行业特点来判断。从长期来看，已获利息倍数至少应当大于 1，这样才能维持正常偿债能力。

以上主要介绍如何结合企业的财务报表计算财务比率，进而从短期偿债能力和长期偿债能力两个方面分析企业的偿债能力。在实际工作中，物业企业的偿债能力还受到企业的担保责任、或有事项以及可动用银行贷款指标等因素的影响。这些因素是报表中无法全面反映的。因此，在进行偿债能力的分析时，除了利用上述财务比率之外，还要结合各种影响偿债能力的因素进行综合分析。

二、资产管理能力分析

资产管理能力是指企业对资产及其各个组成要素的管理能力。

资产管理效率的高低取决于周转速度。一般说来，周转速度越快，资产的使用效率越高，则资产管理能力越强；反之，管理能力就越差。周转速度可以用周转率（周转次数）和周转期（周转天数）两个指标来表示。周转率是企业在一定时期内资产的周转额与平均余额的比率，它反映企业资金在一定时期的周转次数。周转次数越多，周转速度越快，表明资产管理能力越强。周转期是周转次数的倒数与计算期天数的乘积，反映资产周转一次所需要的天数。周转期越短，表明周转速度越快，资产管理能力越强。其计算公式为

$$周转率（周转次数）＝周转额÷资产平均余额$$

$$周转期（周转天数）＝计算期天数÷周转次数$$

$$＝资产平均余额×计算期天数÷周转额$$

反映物业企业资产管理能力的比率主要有应收账款周转率、流动资产周转率、固定资产周转率和总资产周转率等。这些指标可以从不同角度分析物业企业不同资产的管理能力。

（一）应收账款周转率

应收账款周转率是一定时期内主营业务收入净额与平均应收账款余额的比值，是反映应收账款周转速度的指标。

$$应收账款周转率（周转次数）＝主营业务收入净额÷平均应收账款余额$$

$$主营业务收入净额＝主营业务收入－销售折扣与折让$$

$$平均应收账款余额＝（应收账款年初数＋应收账款年末数）÷2$$

$$应收账款周转期（周转天数）＝平均应收账款余额×360÷主营业务收入净额$$

应收账款周转率反映了物业管理企业应收账款变现速度的快慢及管理效率的高低。其周转率高，表明企业收账迅速，应收账款流动性强，短期偿债能力强。同时，较低的收账费用和坏账损失也相对地增加物业企业流动资产的投资收益。

【例 9-6】 某物业公司 2006 年初和年末的应收账款余额分别为 102000 元和 152000 元，2006 年度主营业务收入净额为 560000 元，求 2006 年应收账款周转速度。

$$平均应收账款余额＝（102000＋152000）÷2＝127000（元）$$

$$应收账款周转率（周转次数）＝560000÷127000＝4.41（次）$$

$$应收账款周转期（周转天数）＝127000×360÷560000＝81.64（天）$$

（二）流动资产周转率

流动资产周转率是主营业务收入净额与流动资产的平均占用额的比率。

$$流动资产周转率（周转次数）＝主营业务收入净额÷平均流动资产$$

$$平均流动资产＝（年初流动资产＋年末流动资产）÷2$$

$$流动资产周转期（周转天数）＝平均流动资产×360÷主营业务收入净额$$

流动资产周转率能够反映物业企业整个流动资产的周转速度。在一定时期内，流动资产周转次数越多、周转期越短，说明企业流动资产的利用效率越高。

【例 9-7】 某物业公司 2006 年初和年末的流动资产总额分别为 355000 元和 392000 元，2006 年度主营业务收入净额为 560000 元，求 2006 年流动资产周转速度。

平均流动资产＝(355000＋392000)÷2＝373500（元）

流动资产周转率(周转次数)＝560000÷373500＝1.5（次）

流动资产周转期(周转天数)＝373500×360÷560000＝240.11（天）

（三）固定资产周转率

固定资产周转率是指企业主营业务收入净额与平均固定资产净值的比率。

固定资产周转率(周转次数)＝主营业务收入净额÷平均固定资产净值

平均固定资产净值＝(年初固定资产净值＋年末固定资产净值)÷2

固定资产周转期(周转天数)＝平均固定资产净值×360÷主营业务收入净额

固定资产周转率能够反映物业企业固定资产的利用效率。在一定时期内，固定资产周转次数越多、周转期越短，说明企业固定资产的利用效率越高，同时也表明企业固定资产投资得当，固定资产结构合理。反之，则说明固定资产利用效率较低。分析固定资产周转率的高低主要通过和同行业企业该指标的平均值进行比较。另外，不同企业固定资产折旧方法不尽一致，在比较时应充分考虑这些因素。

（四）总资产周转率

总资产周转率是企业主营业务收入净额与平均资产总额的比率。

总资产周转率(周转次数)＝主营业务收入净额÷平均资产总额

平均资产总额＝(年初资产总额＋年末资产总额)÷2

总资产周转期(周转天数)＝平均资产总额×360÷主营业务收入净额

总资产周转率是反映企业总资产使用效率的比率。总资产周转率高，表明企业全部资产的管理使用效率较高；该比率较低，则说明企业全部资产的管理使用效率低，会影响企业的盈利能力。

三、盈利能力分析

不论是企业的投资者、债权人，还是管理者，都十分关心企业的盈利能力。盈利能力不但能够体现企业资金增值的能力，而且还是衡量管理者业绩的重要指标。一般企业的盈利能力分析只涉及其正常经营状态下的分析，不考虑非正常状况下给企业带来的收益或损失。反映物业企业盈利能力的财务比率主要有主营业务利润率、成本费用利润率、资产净利率、净资产收益率等。

1. 主营业务利润率

主营业务利润率是物业管理企业主营业务利润与主营业务收入净额的比率。其公式为

主营业务利润率＝主营业务利润÷主营业务收入净额×100%

主营业务利润是企业全部利润中最重要的一个组成部分，是影响企业整体经营成果的主要因素。主营业务利润越高越好。该指标体现了物业企业最基本的获利能力，结合企业的具体经营收入项目和经营成本加以分析，能更好地提示企业在经营策略、成本控制、费用管理方面的不足和进步。

2. 成本费用利润率

成本费用利润率是指利润与成本费用的比率。其公式为

成本费用利润率＝利润÷成本费用×100%

成本费用包括企业营业成本、营业税金及附加、营业费用、管理费用以及财务费用。

该指标越高，表明企业为取得收益所付出的代价越小，成本费用控制得越好，企业的获利能力越强。通过对不同时期该指标的比较以及与同类企业同期该指标的对比，可以客观地评价企业的成本费用管理水平及获利能力的变化。

3. 资产净利率

资产净利率是企业净利润与平均资产总额的比。其公式为

$$资产净利率＝净利润÷平均资产总额×100\%$$

平均资产总额为年初资产总额与年末资产总额的平均数。

资产净利率反映了物业企业资产获利能力的高低。该比率越高，表明物业管理企业的资产利用效益越好，盈利能力越强，经营管理水平越高。资产净利率与企业资产、资产结构以及经营管理水平有着十分密切的联系。在分析此项指标时，不但要与本企业不同时期该指标值进行纵向比较，而且要和同行先进水平、平均水平进行不同层次的分析比较。这样才能够进一步分析企业经营中存在的问题，促进企业盈利水平的提高。

4. 净资产收益率

净资产收益率是指物业管理企业一定时期内的净利润同平均净资产的比率。它可以反映投资者自有资本获取净收益的能力，是评价物业管理企业盈利能力的核心指标，也是杜邦财务体系的核心。

$$净资产收益率＝净利润÷平均净资产×100\%$$

净资产收益率又称权益净利率，能反映物业企业资本运营的综合效益。该指标通用性强，适应范围广，不受行业局限。在我国上市公司业绩综合排序中，该指标居于首位。通过对该指标的综合对比分析，可以看出物业企业获利能力在同行业中所处的地位以及与同类企业的差异水平。一般认为，净资产收益率越高，企业自有资本获取收益的能力越强，运营效益越好，对物业企业投资人、债权人的保证程度越高。

【例 9-8】　某物业企业 2006 年相关财务数据如表 9-6 所示。

表 9-6　某物业企业 2006 年相关财务数据　　　　　　　　　　单位：元

项　　目	2006 年年初	2006 年年末	2006 年度
总 资 产	640000	755000	—
净 资 产	123000	163000	—
主营业务收入	—	—	550000
营业成本	—	—	330000
营业税金及附加	—	—	15000
营业费用	—	—	46000
管理费用	—	—	61000
财务费用	—	—	25000
主营业务利润	—	—	245000
营业利润	—	—	58000
利润总额	—	—	65000
净 利 润	—	—	57000

根据以上资料计算衡量盈利能力的各指标如下。

(1) 主营业务利润率＝245000÷550000×100％＝44.55％

(2) 成本费用利润率＝65000÷(330000＋15000＋46000＋61000＋25000)×100％＝13.63％

(3) 资产净利率＝57000÷(640000＋755000)/2×100％＝8.17％

(4) 净资产收益率＝57000÷(123000＋163000)/2×100％＝39.86％

第三节 物业企业财务状况的评价

企业的财务活动是一个综合的有机整体，仅通过计算和分析财务报表中的几个简单、孤立的财务比率，或者将这些孤立的财务指标简单堆砌在一起是远远不够的，因为我们难以通过任何一项单独的财务指标全面、系统、综合地了解和掌握企业的财务状况和经营状况。财务状况的评价实际上就是将企业的资产管理能力、偿债能力和盈利能力等各项分析指标有机地联系起来，作为一套完整的体系，对企业的财务状况和经营成果进行的全方位的、合理的评价。

财务综合分析评价的方法有很多，本节重点介绍沃尔评分法和杜邦财务分析体系。

一、沃尔评分法

企业在进行财务比率分析时，计算出的财务比率往往无法判断是偏高还是偏低。在实际工作中，分析人员往往采用与本企业的历史水平进行比较的方法对指标的高低进行评价，难以评价企业在整个市场竞争中所处的优劣。

沃尔评分法是亚历山大·沃尔在 20 世纪初提出的。沃尔评分法又称评分综合法，是将七种财务比率，分别给定其在总评价中所占的分值，总和为 100 分，然后确定标准比率，并与实际进行比较，评出每项指标的实际得分，最后求出总评分，以总评分来评价企业的财务状况。

亚历山大·沃尔选择的七个财务比率分别是流动比率、净资产与负债的比、资产与固定资产的比、销售成本与存货的比、销售额与应收账款的比、销售额与固定资产的比、销售额与净资产的比。这七项财务比率在总评中各占的权重不同，总和为 100 分。沃尔评分法可用表 9-7 说明。

表 9-7 沃尔评分法

财 务 比 率	比重①	标准比率②	实际比率③	相对比率④＝③÷②	评分①×④
流动比率	25	2.00			
净资产/负债	25	1.50			
资产/固定资产	15	2.50			
销售成本/存货	10	8			
销售额/应收账款	10	6			
销售额/固定资产	10	4			
销售额/净资产	5	3			
合　计	100	—			

沃尔评分法在长期的实践中得到了较为广泛的应用，但存在着理论上的弱点和技术上的困扰。理论上，沃尔没有证明（至今也没有其他人证明）为什么要选择这样七个指标而不是其他的更多或更少的指标，也没有证明每个指标所占比重的合理性。技术上，当某一个指标

严重异常时，会对总评分产生不合逻辑的重大影响，这是由于评分是相对比率与比重的乘积所引起的。财务比率提高一倍，其评分增加100％，而缩小一倍，评分只减少50％。

二、杜邦财务分析体系

杜邦财务分析体系是利用各种主要财务比率指标之间的内在联系，对企业综合经营理财及经济效益进行系统分析评价的方法。该体系是由美国杜邦公司创造的，故称为杜邦财务分析体系。

杜邦财务分析体系的特点在于它是通过几种主要的财务比率之间的相互联系，全面、系统、直观、综合地反映企业的财务状况，从而大大节省了报表使用者的时间。由于企业的各项财务活动、各项财务指标是相互联系并且相互影响的，这就要求财务分析人员将企业财务活动看作一个大系统，对系统内相互依存、相互作用的各因素进行综合分析。

杜邦财务分析体系是采用杜邦财务分析图，将有关分析指标按内在联系排列。杜邦财务分析图如图9-1所示。

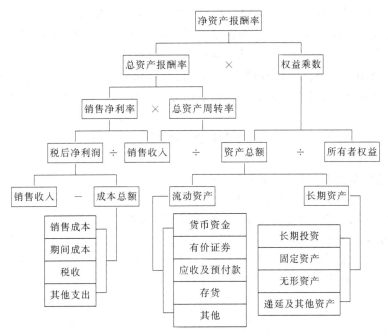

图9-1 杜邦财务分析图

从图9-1可以看出，杜邦财务分析图反映了以下几种主要的财务指标关系。

净资产报酬率＝净利润/所有者权益

＝（净利润/资产总额）×（资产总额/所有者权益）

＝总资产报酬率×权益乘数 (9-1)

总资产报酬率＝（净利润/销售收入）×（销售收入/资产总额）

＝销售净利率×总资产周转率 (9-2)

权益乘数＝（资产总额/所有者权益）×[1/（1－资产负债率）]

杜邦财务分析图直观地反映了企业各项财务指标的关系。由式（9-1）、式（9-2）可知，权益报酬率＝销售利润率×总资产周转率×权益乘数。即决定权益报酬率的因素有三个：销售利润率、总资产周转率和权益乘数。从中可以得到以下启示。

① 净资产报酬率是一个综合性最强的财务分析指标。它反映了股东财富最大化的财务管理目标，反映了所有者投入资本的盈利能力。从杜邦财务分析图中可以看出，要想提高净资产报酬率就必须提高销售利润率或加速资产的周转，或者提高权益乘数。

② 销售利润率是影响所有者报酬率的主要因素。它反映了销售收入的收益水平。从杜邦财务分析图中可以看出，销售利润率受销售额和利润额两方面的影响。其中，利润额与销售利润率成正比关系，销售额与销售利润率成反比关系。由此可见，提高销售净利润率必须在以下两个方面下工夫：一是开拓市场，增加销售收入；二是加强成本费用控制，降低耗费，增加利润。

③ 资产周转率是影响净资产报酬率的另一个主要因素。它反映了企业运用资产获取收入的能力。资产周转越快，通常说明销售能力越强，资产的使用效率越高。从杜邦财务分析图中可以看出，资产周转率受销售规模和资产总额两方面的影响。其中，资产又由长期资产、流动资产等各部分组成。各部分占用量是否合理，也影响着各资产组成部分的使用效率。为此，企业要想提高资产的周转率，一方面要扩大销售，另一方面要合理配置资产。

④ 权益乘数是影响净资产报酬率的又一个主要因素，它反映了企业的负债程度。负债比例越大，权益乘数就越高，就能给企业带来较多的杠杆利益，同时也会给企业带来较多的财务风险。因此，要求企业应有合理的资本结构。

⑤ 杜邦财务分析体系是一种对财务指标进行联系和分解的方法，而不是另外建立新的财务指标。通过对财务比率的分解，指出变动的原因和变动方向，为采取措施提供指导。

思考练习题

1. 物业企业财务报表分析的目的是什么？
2. 物业企业财务报表分析的方法有哪些？
3. 企业偿债能力、资产管理能力和盈利能力评价指标有哪些？
4. 某物业公司上年利润总额为 2500 万元，销售收入为 7500 万元，总资产平均占用额为 9375 万元，所有者权益平均为 5625 万元，企业所得税税率为 33%。要求：根据以上资料计算销售净利率、总资产周转率、总资产净利率、权益净利率。

附 录

附录一 物业管理企业财务管理规定
财政部财基字（1998）7号

第一章 总 则

第一条 为了规范物业管理企业财务行为，有利于企业公平竞争，加强财务管理和经济核算，结合物业管理企业的特点及其管理要求，制定本规定。

除本规定另有规定外，物业管理企业执行《施工、房地产开发企业财务制度》。

第二条 本规定适用于中华人民共和国境内的各类物业管理企业（以下简称企业），包括国有企业、集体企业、私营企业、外商投资企业等各类经济性质的企业；有限责任公司、股份有限公司等各类组织形式的企业。

其他行业独立核算的物业管理企业也适用本规定。

第二章 代 管 基 金

第三条 代管基金是指企业接受业主管理委员会或者物业产权人、使用人委托代管的房屋共用部位维修基金和共用设施设备维修基金。

房屋共用部位维修基金是指专项用于房屋共用部位大修理的资金。房屋的共用部位，是指承重结构部位（包括楼盖、屋顶、梁、柱、内外墙体和基础等）、外墙面、楼梯间、走廊通道、门厅、楼内存车库等。

共用设施设备维修基金是指专项用于共用设施和共用设备大修理的资金。共用设施设备是指共用的上下水管道、公用水箱、加压水泵、电梯、公用天线、供电干线、共用照明、暖气干线、消防设施、住宅区的道路、路灯、沟渠、池、井、室外停车场、游泳池、各类球场等。

第四条 代管基金作为企业长期负债管理。

代管基金应当专户存储，专款专用，并定期接受业主管理委员会或者物业产权人、使用人的检查与监督。

代管基金利息净收入应当经业主管理委员会或者物业产权人、使用人认可后转作代管基金滚存使用和管理。

第五条 企业有偿使用业主管理委员会或者物业产权人、使用人提供的管理用房、商业用房和共用设施设备，应当设立备查账簿单独进行实物管理，并按照国家法律、法规的规定或者双方签订的合同、协议支付有关费用（如租赁费、承包费等）。

管理用房是指业主管理委员会或者物业产权人、使用人向企业提供的办公用房。

商业用房是指业主管理委员会或者物业产权人、使用人向企业提供的经营用房。

第六条 企业支付的管理用房和商业用房有偿使用费，经业主管理委员会或者物业产权人、使用人认可后转作企业代管的房屋共用部位维修基金；企业支付的共用设施设备有偿使用费，经业主管理委员会或者物业产权人、使用人认可后转作企业代管的共用设施设备维修基金。

第三章 成本和费用

第七条 企业在从事物业管理活动中，为物业产权人、使用人提供维修、管理和服务等过程中发生的各项支出，按照国家规定计入成本、费用。

第八条 企业在从事物业管理活动中发生的各项直接支出，计入营业成本。营业成本包括直接人工费、直接材料费和间接费用等。实行一级成本核算的企业，可不设间接费用，有关支出直接计入管理费用。

直接人工费包括企业直接从事物业管理活动等人员的工资、奖金及职工福利费等。

直接材料费包括企业在物业管理活动中直接消耗的各种材料、辅助材料、燃料和动力、构配件、零件、低值易耗品、包装物等。

间接费用包括企业所属物业管理单位管理人员的工资、奖金及职工福利费、固定资产折旧费及修理费、水电费、取暖费、办公费、差旅费、邮电通讯费、交通运输费、租赁费、财产保险费、劳动保护费、保安费、绿化维护费、低值易耗品摊销及其他费用等。

第九条 企业经营共用设施设备，支付的有偿使用费，计入营业成本。

第十条 企业支付的管理用房有偿使用费，计入营业成本或者管理费用。

第十一条 企业对管理用房进行装饰装修发生的支出，计入递延资产，在有效使用期限内，分期摊入营业成本或者管理费用。

第十二条 企业可以于年度终了，按照年末应收账款余额的 0.3%～0.5% 计提坏账准备金，计入管理费用。

企业发生的坏账损失，冲减坏账准备金。收回已核销的坏账，增加坏账准备金。

不计提坏账准备金的企业，发生的坏账损失，计入管理费用。收回已核销的坏账，冲减管理费用。

第四章 营业收入及利润

第十三条 营业收入是指企业从事物业管理和其他经营活动所取得的各项收入，包括主营业务收入和其他业务收入。

第十四条 主营业务收入是指企业在从事物业管理活动中，为物业产权人、使用人提供维修、管理和服务所取得的收入，包括物业管理收入、物业经营收入和物业大修收入。

物业管理收入是指企业向物业产权人、使用人收取的公共性服务费收入、公众代办性服务费收入和特约服务收入。

物业经营收入是指企业经营业主管理委员会或者物业产权人、使用人提供的房屋建筑物和共用设施取得的收入，如房屋出租收入和经营停车场、游泳池、各类球场等共用设施收入。

物业大修收入是指企业接受业主管理委员会或者物业产权人、使用人的委托，对房屋共用部位、共用设施设备进行大修取得的收入。

第十五条 企业应当在劳务已经提供，同时收讫价款或取得收取价款的凭证时确认为营业收入的实现。

物业大修收入应当经业主管理委员会或者物业产权人、使用人签证认可后，确认为营业收入的实现。

企业与业主管理委员会或者物业产权人、使用人双方签订付款合同或协议的，应当根据合同或者协议所规定的付款日期确认为营业收入的实现。

第十六条 企业利润总额包括营业利润、投资净收益、营业外收支净额以及补贴收入。

第十七条 补贴收入是指国家拨给企业的政策性亏损补贴和其他补贴。

第十八条 营业利润包括主营业务利润和其他业务利润。

主营业务利润是指主营业务收入减去营业税金及附加，再减去营业成本、管理费用及财务费用后的净额。

营业税金及附加包括营业税、城市维护建设税和教育费附加。

其他业务利润是指其他业务收入减去其他业务支出和其他业务缴纳的税金及附加后的净额。

第十九条 其他业务收入是指企业从事主营业务以外的其他业务活动所取得的收入，包括房屋中介代销手续费收入、材料物资销售收入、废品回收收入、商业用房经营收入及无形资产转让收入等。

商业用房经营收入是指企业利用业主管理委员会或者物业产权人、使用人提供的商业用房，从事经营活动取得的收入，如开办健身房、歌舞厅、美容美发屋、商店、饮食店等经营收入。

第二十条 其他业务支出是指企业从事其他业务活动所发生的有关成本和费用支出。

企业支付的商业用房有偿使用费，计入其他业务支出。

企业对商业用房进行装饰装修发生的支出，计入递延资产，在有效使用期限内，分期摊入其他业务支出。

第五章 附 则

第二十一条 本规定自 1998 年 1 月 1 日起施行。

第二十二条 本规定由财政部负责解释和修订。

附录二　复利系数表

附表1　1元的复利终值系数表

$F = (1+i)^n$

n \ i	1%	2%	3%	4%	5%	6%	7%	8%	9%	10%	11%	12%	13%	14%
1	1.0100	1.0200	1.0300	1.0400	1.0500	1.0600	1.0700	1.0800	1.0900	1.1000	1.1100	1.1200	1.1300	1.1400
2	1.0201	1.0404	1.0609	1.0816	1.1025	1.1236	1.1449	1.1664	1.1881	1.2100	1.2321	1.2544	1.2769	1.2996
3	1.0303	1.0612	1.0927	1.1249	1.1576	1.1910	1.2250	1.2597	1.2950	1.3310	1.3676	1.4049	1.4429	1.4815
4	1.0406	1.0824	1.1255	1.1699	1.2155	1.2625	1.3108	1.3605	1.4116	1.4641	1.5181	1.5735	1.6305	1.6890
5	1.0510	1.1041	1.1593	1.2167	1.2763	1.3382	1.4026	1.4693	1.5386	1.6105	1.6851	1.7623	1.8424	1.9254
6	1.0615	1.1262	1.1941	1.2653	1.3401	1.4185	1.5007	1.5869	1.6771	1.7716	1.8704	1.9738	2.0820	2.1950
7	1.0721	1.1487	1.2299	1.3159	1.4071	1.5036	1.6058	1.7138	1.8280	1.9487	2.0762	2.2107	2.3526	2.5023
8	1.0829	1.1717	1.2668	1.3686	1.4775	1.5938	1.7182	1.8509	1.9926	2.1436	2.3045	2.4760	2.6584	2.8526
9	1.0937	1.1951	1.3048	1.4233	1.5513	1.6895	1.8385	1.9990	2.1719	2.3579	2.5580	2.7731	3.0040	3.2519
10	1.1046	1.2190	1.3439	1.4802	1.6289	1.7908	1.9672	2.1589	2.3674	2.5937	2.8394	3.1058	3.3946	3.7072
11	1.1157	1.2434	1.3842	1.5395	1.7103	1.8983	2.1049	2.3316	2.5804	2.8531	3.1518	3.4786	3.8359	4.2262
12	1.1268	1.2682	1.4258	1.6010	1.7959	2.0122	2.2522	2.5182	2.8127	3.1384	3.4985	3.8960	4.3345	4.8179
13	1.1381	1.2936	1.4685	1.6651	1.8856	2.1329	2.4098	2.7196	3.0658	3.4523	3.8833	4.3635	4.8980	5.4924
14	1.1495	1.3195	1.5126	1.7317	1.9799	2.2609	2.5785	2.9372	3.3417	3.7975	4.3104	4.8871	5.5348	6.2613
15	1.1610	1.3459	1.5580	1.8009	2.0789	2.3966	2.7590	3.1722	3.6425	4.1772	4.7846	5.4736	6.2543	7.1379
16	1.1726	1.3728	1.6047	1.8730	2.1829	2.5404	2.9522	3.4259	3.9703	4.5950	5.3109	6.1304	7.0673	8.1372
17	1.1843	1.4002	1.6528	1.9479	2.2920	2.6928	3.1588	3.7000	4.3276	5.0545	5.8951	6.8660	7.9861	9.2765
18	1.1961	1.4282	1.7024	2.0258	2.4066	2.8543	3.3799	3.9960	4.7171	5.5599	6.5436	7.6900	9.0243	10.5752
19	1.2081	1.4568	1.7535	2.1068	2.5270	3.0256	3.6165	4.3157	5.1417	6.1159	7.2633	8.6128	10.1974	12.0557
20	1.2202	1.4859	1.8061	2.1911	2.6533	3.2071	3.8697	4.6610	5.6044	6.7275	8.0623	9.6463	11.5231	13.7435

n \ i	15%	16%	17%	18%	19%	20%	22%	24%	26%	28%	30%
1	1.1500	1.1600	1.1700	1.1800	1.1900	1.2000	1.2200	1.2400	1.2600	1.2800	1.3000
2	1.3225	1.3456	1.3689	1.3924	1.4161	1.4400	1.4884	1.5376	1.5876	1.6384	1.6900
3	1.5209	1.5609	1.6016	1.6430	1.6852	1.7280	1.8158	1.9066	2.0004	2.0972	2.1970
4	1.7490	1.8106	1.8739	1.9388	2.0053	2.0736	2.2153	2.3642	2.5205	2.6844	2.8561
5	2.0114	2.1003	2.1924	2.2878	2.3864	2.4883	2.7027	2.9316	3.1758	3.4360	3.7129
6	2.3131	2.4364	2.5652	2.6996	2.8398	2.9860	3.2973	3.6352	4.0015	4.3980	4.8268
7	2.6600	2.8262	3.0012	3.1855	3.3793	3.5832	4.0227	4.5077	5.0419	5.6295	6.2749
8	3.0590	3.2784	3.5115	3.7589	4.0214	4.2998	4.9077	5.5895	6.3528	7.2058	8.1573
9	3.5179	3.8030	4.1084	4.4355	4.7854	5.1598	5.9874	6.9310	8.0045	9.2234	10.6045
10	4.0456	4.4114	4.8068	5.2338	5.6947	6.1917	7.3046	8.5944	10.0857	11.8059	13.7858
11	4.6524	5.1173	5.6240	6.1759	6.7767	7.4301	8.9117	10.6571	12.7080	15.1116	17.9216
12	5.3503	5.9360	6.5801	7.2876	8.0642	8.9161	10.8722	13.2148	16.0120	19.3428	23.2981
13	6.1528	6.8858	7.6987	8.5994	9.5964	10.6993	13.2641	16.3863	20.1752	24.7588	30.2875
14	7.0757	7.9875	9.0075	10.1472	11.4198	12.8392	16.1822	20.3191	25.4207	31.6913	39.3738
15	8.1371	9.2655	10.5387	11.9737	13.5895	15.4070	19.7423	25.1956	32.0301	40.5648	51.1859
16	9.3576	10.7480	12.3303	14.1290	16.1715	18.4884	24.0856	31.2426	40.3579	51.9230	66.5417
17	10.7613	12.4677	14.4265	16.6722	19.2441	22.1861	29.3844	38.7408	50.8510	66.4614	86.5042
18	12.3755	14.4625	16.8790	19.6733	22.9005	26.6233	35.8490	48.0386	64.0722	85.0706	112.4554
19	14.2318	16.7765	19.7484	23.2144	27.2516	31.9480	43.7358	59.5679	80.7310	108.8904	146.1920
20	16.3665	19.4608	23.1056	27.3930	32.4294	38.3376	53.3576	73.8641	101.7211	139.3797	190.0496

附表 2　1元的复利现值系数表

$P = (1+i)^{-n}$

i / n	1%	2%	3%	4%	5%	6%	7%	8%	9%	10%	11%	12%	13%	14%
1	0.9901	0.9804	0.9709	0.9615	0.9524	0.9434	0.9346	0.9259	0.9174	0.9091	0.9009	0.8929	0.885	0.8772
2	0.9803	0.9612	0.9426	0.9246	0.907	0.89	0.8734	0.8573	0.8417	0.8264	0.8116	0.7972	0.7831	0.7695
3	0.9706	0.9423	0.9151	0.889	0.8638	0.8396	0.8163	0.7938	0.7722	0.7513	0.7312	0.7118	0.6931	0.675
4	0.961	0.9238	0.8885	0.8548	0.8227	0.7921	0.7629	0.735	0.7084	0.683	0.6587	0.6355	0.6133	0.5921
5	0.9515	0.9057	0.8626	0.8219	0.7835	0.7473	0.713	0.6806	0.6499	0.6209	0.5935	0.5674	0.5428	0.5194
6	0.942	0.888	0.8375	0.7903	0.7462	0.705	0.6663	0.6302	0.5963	0.5645	0.5346	0.5066	0.4803	0.4556
7	0.9327	0.8706	0.8131	0.7599	0.7107	0.6651	0.6227	0.5835	0.547	0.5132	0.4817	0.4523	0.4251	0.3996
8	0.9235	0.8535	0.7894	0.7307	0.6768	0.6274	0.582	0.5403	0.5019	0.4665	0.4339	0.4039	0.3762	0.3506
9	0.9143	0.8368	0.7664	0.7026	0.6446	0.5919	0.5439	0.5002	0.4604	0.4241	0.3909	0.3606	0.3329	0.3075
10	0.9053	0.8203	0.7441	0.6756	0.6139	0.5584	0.5083	0.4632	0.4224	0.3855	0.3522	0.322	0.2946	0.2697
11	0.8963	0.8043	0.7224	0.6496	0.5847	0.5268	0.4751	0.4289	0.3875	0.3505	0.3173	0.2875	0.2607	0.2366
12	0.8874	0.7885	0.7014	0.6246	0.5568	0.497	0.444	0.3971	0.3555	0.3186	0.2858	0.2567	0.2307	0.2076
13	0.8787	0.773	0.681	0.6006	0.5303	0.4688	0.415	0.3677	0.3262	0.2897	0.2575	0.2292	0.2042	0.1821
14	0.87	0.7579	0.6611	0.5775	0.5051	0.4423	0.3878	0.3405	0.2992	0.2633	0.232	0.2046	0.1807	0.1597
15	0.8613	0.743	0.6419	0.5553	0.481	0.4173	0.3624	0.3152	0.2745	0.2394	0.209	0.1827	0.1599	0.1401
16	0.8528	0.7284	0.6232	0.5339	0.4581	0.3936	0.3387	0.2919	0.2519	0.2176	0.1883	0.1631	0.1415	0.1229
17	0.8444	0.7142	0.605	0.5134	0.4363	0.3714	0.3166	0.2703	0.2311	0.1978	0.1696	0.1456	0.1252	0.1078
18	0.836	0.7002	0.5874	0.4936	0.4155	0.3503	0.2959	0.2502	0.212	0.1799	0.1528	0.13	0.1108	0.0946
19	0.8277	0.6864	0.5703	0.4746	0.3957	0.3305	0.2765	0.2317	0.1945	0.1635	0.1377	0.1161	0.0981	0.0829
20	0.8195	0.673	0.5537	0.4564	0.3769	0.3118	0.2584	0.2145	0.1784	0.1486	0.124	0.1037	0.0868	0.0728

i / n	15%	16%	17%	18%	19%	20%	22%	24%	26%	28%	30%
1	0.8696	0.8621	0.8547	0.8475	0.8403	0.8333	0.8197	0.8065	0.7937	0.7813	0.7692
2	0.7561	0.7432	0.7305	0.7182	0.7062	0.6944	0.6719	0.6504	0.6299	0.6104	0.5917
3	0.6575	0.6407	0.6244	0.6086	0.5934	0.5787	0.5507	0.5245	0.4999	0.4768	0.4552
4	0.5718	0.5523	0.5337	0.5158	0.4987	0.4823	0.4514	0.423	0.3968	0.3725	0.3501
5	0.4972	0.4761	0.4561	0.4371	0.419	0.4019	0.37	0.3411	0.3149	0.291	0.2693
6	0.4323	0.4104	0.3898	0.3704	0.3521	0.3349	0.3033	0.2751	0.2499	0.2274	0.2072
7	0.3759	0.3538	0.3332	0.3139	0.2959	0.2791	0.2486	0.2218	0.1983	0.1776	0.1594
8	0.3269	0.305	0.2848	0.266	0.2487	0.2326	0.2038	0.1789	0.1574	0.1388	0.1226
9	0.2843	0.263	0.2434	0.2255	0.209	0.1938	0.167	0.1443	0.1249	0.1084	0.0943
10	0.2472	0.2267	0.208	0.1911	0.1756	0.1615	0.1369	0.1164	0.0992	0.0847	0.0725
11	0.2149	0.1954	0.1778	0.1619	0.1476	0.1346	0.1122	0.0938	0.0787	0.0662	0.0558
12	0.1869	0.1685	0.152	0.1372	0.124	0.1122	0.092	0.0757	0.0625	0.0517	0.0429
13	0.1625	0.1452	0.1299	0.1163	0.1042	0.0935	0.0754	0.061	0.0496	0.0404	0.033
14	0.1413	0.1252	0.111	0.0985	0.0876	0.0779	0.0618	0.0492	0.0393	0.0316	0.0254
15	0.1229	0.1079	0.0949	0.0835	0.0736	0.0649	0.0507	0.0397	0.0312	0.0247	0.0195
16	0.1069	0.093	0.0811	0.0708	0.0618	0.0541	0.0415	0.032	0.0248	0.0193	0.015
17	0.0929	0.0802	0.0693	0.06	0.052	0.0451	0.034	0.0258	0.0197	0.015	0.0116
18	0.0808	0.0691	0.0592	0.0508	0.0437	0.0376	0.0279	0.0208	0.0156	0.0118	0.0089
19	0.0703	0.0596	0.0506	0.0431	0.0367	0.0313	0.0229	0.0168	0.0124	0.0092	0.0068
20	0.0611	0.0514	0.0433	0.0365	0.0308	0.0261	0.0187	0.0135	0.0098	0.0072	0.0053

附表 3　1 元的普通年金终值系数表

$$F = \frac{(1+i)^n - 1}{i}$$

i / n	1%	2%	3%	4%	5%	6%	7%	8%	9%	10%	11%	12%	13%
1	1.0000	1.0000	1.0000	1.0000	1.0000	1.0000	1.0000	1.0000	1.0000	1.0000	1.0000	1.0000	1.0000
2	2.0100	2.0200	2.0300	2.0400	2.0500	2.0600	2.0700	2.0800	2.0900	2.1000	2.1100	2.1200	2.1300
3	3.0301	3.0604	3.0909	3.1216	3.1525	3.1836	3.2149	3.2464	3.2781	3.3100	3.3421	3.3744	3.4069
4	4.0604	4.1216	4.1836	4.2465	4.3101	4.3746	4.4399	4.5061	4.5731	4.6410	4.7097	4.7793	4.8498
5	5.1010	5.2040	5.3091	5.4163	5.5256	5.6371	5.7507	5.8666	5.9847	6.1051	6.2278	6.3528	6.4803
6	6.1520	6.3081	6.4684	6.6330	6.8019	6.9753	7.1533	7.3359	7.5233	7.7156	7.9129	8.1152	8.3227
7	7.2135	7.4343	7.6625	7.8983	8.1420	8.3938	8.6540	8.9228	9.2004	9.4872	9.7833	10.0890	10.4047
8	8.2857	8.5830	8.8923	9.2142	9.5491	9.8975	10.2598	10.6366	11.0285	11.4359	11.8594	12.2997	12.7573
9	9.3685	9.7546	10.1591	10.5828	11.0266	11.4913	11.9780	12.4876	13.0210	13.5795	14.1640	14.7757	15.4157
10	10.4622	10.9497	11.4639	12.0061	12.5779	13.1808	13.8164	14.4866	15.1929	15.9374	16.7220	17.5487	18.4197
11	11.5668	12.1687	12.8078	13.4864	14.2068	14.9716	15.7836	16.6455	17.5603	18.5312	19.5614	20.6546	21.8143
12	12.6825	13.4121	14.1920	15.0258	15.9171	16.8699	17.8885	18.9771	20.1407	21.3843	22.7132	24.1331	25.6502
13	13.8093	14.6803	15.6178	16.6268	17.7130	18.8821	20.1406	21.4953	22.9534	24.5227	26.2116	28.0291	29.9847
14	14.9474	15.9739	17.0863	18.2919	19.5986	21.0151	22.5505	24.2149	26.0192	27.9750	30.0949	32.3926	34.8827
15	16.0969	17.2934	18.5989	20.0236	21.5786	23.2760	25.1290	27.1521	29.3609	31.7725	34.4054	37.2797	40.4175
16	17.2579	18.6393	20.1569	21.8245	23.6575	25.6725	27.8881	30.3243	33.0034	35.9497	39.1899	42.7533	46.6717
17	18.4304	20.0121	21.7616	23.6975	25.8404	28.2129	30.8402	33.7502	36.9737	40.5447	44.5008	48.8837	53.7391
18	19.6147	21.4123	23.4144	25.6454	28.1324	30.9057	33.9990	37.4502	41.3013	45.5992	50.3959	55.7497	61.7251
19	20.8109	22.8406	25.1169	27.6712	30.5390	33.7600	37.3790	41.4463	46.0185	51.1591	56.9395	63.4397	70.7494
20	22.0190	24.2974	26.8704	29.7781	33.0660	36.7856	40.9955	45.7620	51.1601	57.2750	64.2028	72.0524	80.9468

i / n	14%	15%	16%	17%	18%	19%	20%	22%	24%	26%	28%	30%
1	1.0000	1.0000	1.0000	1.0000	1.0000	1.0000	1.0000	1.0000	1.0000	1.0000	1.0000	1.0000
2	2.1400	2.1500	2.1600	2.1700	2.1800	2.1900	2.2000	2.2200	2.2400	2.2600	2.2800	2.3000
3	3.4396	3.4725	3.5056	3.5389	3.5724	3.6061	3.6400	3.7084	3.7776	3.8476	3.9184	3.9900
4	4.9211	4.9934	5.0665	5.1405	5.2154	5.2913	5.3680	5.5242	5.6842	5.8480	6.0156	6.1870
5	6.6101	6.7424	6.8771	7.0144	7.1542	7.2966	7.4416	7.7396	8.0484	8.3684	8.6999	9.0431
6	8.5355	8.7537	8.9775	9.2068	9.4420	9.6830	9.9299	10.4423	10.9801	11.5442	12.1359	12.7560
7	10.7305	11.0668	11.4139	11.7720	12.1415	12.5227	12.9159	13.7396	14.6153	15.5458	16.5339	17.5828
8	13.2328	13.7268	14.2401	14.7733	15.3270	15.9020	16.4991	17.7623	19.1229	20.5876	22.1634	23.8577
9	16.0853	16.7858	17.5185	18.2847	19.0859	19.9234	20.7989	22.6700	24.7125	26.9404	29.3692	32.0150
10	19.3373	20.3037	21.3215	22.3931	23.5213	24.7089	25.9587	28.6574	31.6434	34.9449	38.5926	42.6195
11	23.0445	24.3493	25.7329	27.1999	28.7551	30.4035	32.1504	35.9620	40.2379	45.0306	50.3985	56.4053
12	27.2707	29.0017	30.8502	32.8239	34.9311	37.1802	39.5805	44.8737	50.8950	57.7386	65.5100	74.3270
13	32.0887	34.3519	36.7862	39.4040	42.2187	45.2445	48.4966	55.7459	64.1097	73.7506	84.8529	97.6250
14	37.5811	40.5047	43.6720	47.1027	50.8180	54.8409	59.1959	69.0100	80.4961	93.9258	109.6117	127.9125
15	43.8424	47.5804	51.6595	56.1101	60.9653	66.2607	72.0351	85.1922	100.8151	119.3465	141.3029	167.2863
16	50.9804	55.7175	60.9250	66.6488	72.9390	79.8502	87.4421	104.9345	126.0108	151.3766	181.8677	218.4722
17	59.1176	65.0751	71.6730	78.9792	87.0680	96.0218	105.9306	129.0201	157.2534	191.7345	233.7907	285.0139
18	68.3941	75.8364	84.1407	93.4056	103.7403	115.2659	128.1167	158.4045	195.9942	242.5855	300.2521	371.5180
19	78.9692	88.2118	98.6032	110.2846	123.4135	138.1664	154.7400	194.2535	244.0328	306.6577	385.3227	483.9734
20	91.0249	102.4436	115.3797	130.0329	146.6280	165.4180	186.6880	237.9893	303.6006	387.3887	494.2131	630.1655

附表 4 1 元的普通年金现值系数表

$$P = \frac{1-(1+i)^{-n}}{i}$$

n \ i	1%	2%	3%	4%	5%	6%	7%	8%	9%	10%	11%	12%	13%
1	0.9901	0.9804	0.9709	0.9615	0.9524	0.9434	0.9346	0.9259	0.9174	0.9091	0.9009	0.8929	0.885
2	1.9704	1.9416	1.9135	1.8861	1.8594	1.8334	1.808	1.7833	1.7591	1.7355	1.7125	1.6901	1.6681
3	2.941	2.8839	2.8286	2.7751	2.7232	2.673	2.6243	2.5771	2.5313	2.4869	2.4437	2.4018	2.3612
4	3.902	3.8077	3.7171	3.6299	3.546	3.4651	3.3872	3.3121	3.2397	3.1699	3.1024	3.0373	2.9745
5	4.8534	4.7135	4.5797	4.4518	4.3295	4.2124	4.1002	3.9927	3.8897	3.7908	3.6959	3.6048	3.5172
6	5.7955	5.6014	5.4172	5.2421	5.0757	4.9173	4.7665	4.6229	4.4859	4.3553	4.2305	4.1114	3.9975
7	6.7282	6.472	6.2303	6.0021	5.7864	5.5824	5.3893	5.2064	5.033	4.8684	4.7122	4.5638	4.4226
8	7.6517	7.3255	7.0197	6.7327	6.4632	6.2098	5.9713	5.7466	5.5348	5.3349	5.1461	4.9676	4.7988
9	8.566	8.1622	7.7861	7.4353	7.1078	6.8017	6.5152	6.2469	5.9952	5.759	5.537	5.3282	5.1317
10	9.4713	8.9826	8.5302	8.1109	7.7217	7.3601	7.0236	6.7101	6.4177	6.1446	5.8892	5.6502	5.4262
11	10.3676	9.7868	9.2526	8.7605	8.3064	7.8869	7.4987	7.139	6.8052	6.4951	6.2065	5.9377	5.6869
12	11.2551	10.5753	9.954	9.3851	8.8633	8.3838	7.9427	7.5361	7.1607	6.8137	6.4924	6.1944	5.9176
13	12.1337	11.3484	10.635	9.9856	9.3936	8.8527	8.3577	7.9038	7.4869	7.1034	6.7499	6.4235	6.1218
14	13.0037	12.1062	11.2961	10.5631	9.8986	9.295	8.7455	8.2442	7.7862	7.3667	6.9819	6.6282	6.3025
15	13.8651	12.8493	11.9379	11.1184	10.3797	9.7122	9.1079	8.5595	8.0607	7.6061	7.1909	6.8109	6.4624
16	14.7179	13.5777	12.5611	11.6523	10.8378	10.1059	9.4466	8.8514	8.3126	7.8237	7.3792	6.974	6.6039
17	15.5623	14.2919	13.1661	12.1657	11.2741	10.4773	9.7632	9.1216	8.5436	8.0216	7.5488	7.1196	6.7291
18	16.3983	14.992	13.7535	12.6593	11.6896	10.8276	10.0591	9.3719	8.7556	8.2014	7.7016	7.2497	6.8399
19	17.226	15.6785	14.3238	13.1339	12.0853	11.1581	10.3356	9.6036	8.9501	8.3649	7.8393	7.3658	6.938
20	18.0456	16.3514	14.8775	13.5903	12.4622	11.4699	10.594	9.8181	9.1285	8.5136	7.9633	7.4694	7.0248

n \ i	14%	15%	16%	17%	18%	19%	20%	22%	24%	26%	28%	30%
1	0.8772	0.8696	0.8621	0.8547	0.8475	0.8403	0.8333	0.8197	0.8065	0.7937	0.7813	0.7692
2	1.6467	1.6257	1.6052	1.5852	1.5656	1.5465	1.5278	1.4915	1.4568	1.4235	1.3916	1.3609
3	2.3216	2.2832	2.2459	2.2096	2.1743	2.1399	2.1065	2.0422	1.9813	1.9234	1.8684	1.8161
4	2.9137	2.855	2.7982	2.7432	2.6901	2.6386	2.5887	2.4936	2.4043	2.3202	2.241	2.1662
5	3.4331	3.3522	3.2743	3.1993	3.1272	3.0576	2.9906	2.8636	2.7454	2.6351	2.532	2.4356
6	3.8887	3.7845	3.6847	3.5892	3.4976	3.4098	3.3255	3.1669	3.0205	2.885	2.7594	2.6427
7	4.2883	4.1604	4.0386	3.9224	3.8115	3.7057	3.6046	3.4155	3.2423	3.0833	2.937	2.8021
8	4.6389	4.4873	4.3436	4.2072	4.0776	3.9544	3.8372	3.6193	3.4212	3.2407	3.0758	2.9247
9	4.9464	4.7716	4.6065	4.4506	4.303	4.1633	4.031	3.7863	3.5655	3.3657	3.1842	3.019
10	5.2161	5.0188	4.8332	4.6586	4.4941	4.3389	4.1925	3.9232	3.6819	3.4648	3.2689	3.0915
11	5.4527	5.2337	5.0286	4.8364	4.656	4.4865	4.3271	4.0354	3.7757	3.5435	3.3351	3.1473
12	5.6603	5.4206	5.1971	4.9884	4.7932	4.6105	4.4392	4.1274	3.8514	3.6059	3.3868	3.1903
13	5.8424	5.5831	5.3423	5.1183	4.9095	4.7147	4.5327	4.2028	3.9124	3.6555	3.4272	3.2233
14	6.0021	5.7245	5.4675	5.2293	5.0081	4.8023	4.6106	4.2646	3.9616	3.6949	3.4587	3.2487
15	6.1422	5.8474	5.5755	5.3242	5.0916	4.8759	4.6755	4.3152	4.0013	3.7261	3.4834	3.2682
16	6.2651	5.9542	5.6685	5.4053	5.1624	4.9377	4.7296	4.3567	4.0333	3.7509	3.5026	3.2832
17	6.3729	6.0472	5.7487	5.4746	5.2223	4.9897	4.7746	4.3908	4.0591	3.7705	3.5177	3.2948
18	6.4674	6.128	5.8178	5.5339	5.2732	5.0333	4.8122	4.4187	4.0799	3.7861	3.5294	3.3037
19	6.5504	6.1982	5.8775	5.5845	5.3162	5.07	4.8435	4.4415	4.0967	3.7985	3.5386	3.3105
20	6.6231	6.2593	5.9288	5.6278	5.3527	5.1009	4.8696	4.4603	4.1103	3.8083	3.5458	3.3158

参 考 文 献

[1] 王庆成主编. 财务管理学. 北京：中国财政经济出版社，2004.
[2] 王斌主编. 财务管理. 北京：中央广播电视大学出版社，2002.
[3] 黄国良等主编. 财务管理学. 徐州：中国矿业大学出版社，2002.
[4] 吕长江主编. 管理会计. 上海：复旦大学出版社，2006.
[5] 财政部会计资格评价中心编. 2008 年全国会计专业技术资格中级会计职称教材. 财务管理. 北京：中国财政经济出版社，2007.
[6] 黄雅平等主编. 物业企业财务管理. 北京：科学出版社，2005.
[7] 王化成主编. 财务管理教学案例. 北京：中国人民大学出版社，2005.
[8] 陆富彬主编. 物业管理公司财务管理. 北京：中国电力出版社，2004.
[9] 刘淑莲等主编.《企业财务管理》. 大连：东北财经大学出版社，2007.
[10] 中国注册会计师协会编. 2007 年度注册会计师教材. 财务成本管理. 北京：经济科学出版社，2007.
[11] 张显国主编. 财务管理. 北京：机械工业出版社，2006.
[12] ［美］詹姆斯．C. 范霍恩等著. 现代企业财务管理. 第 11 版. 郭浩译. 北京：经济科学出版社，2002.
[13] 蒋秋霞主编. 物业管理企业财务会计. 武汉：华中科技大学出版社，2006.
[14] 财政部会计资格评价中心编. 初级会计实务. 北京：中国财政经济出版社，2007.
[15] 杭瑞友主编. 财务管理. 北京：化学工业出版社，2008.